山东省职业教育规划教材
供高等职业教育各专业使用

心理健康教育

主　编　孟丽娟
副主编　姚其志　邹洪升　刘伟伟　王启红
编　者　（按姓氏汉语拼音排序）

　　　　李　淼（山东省烟台护士学校）
　　　　刘伟伟（烟台高级师范学校）
　　　　吕　薇（滨州职业学院）
　　　　孟丽娟（滨州职业学院）
　　　　仇冰洁（泰山护理职业学院）
　　　　田婷婷（潍坊护理职业学院）
　　　　万利娟（泰山护理职业学院）
　　　　王启红（烟台船舶工业学校）
　　　　王书宁（日照市卫生学校）
　　　　姚其志（烟台高级师范学校）
　　　　邹洪升（聊城幼儿师范学校）

科　学　出　版　社
北　京

·版权所有，侵权必究·

举报电话：010-64030229；010-64034315；13501151303（打假办）

内容简介

本书包括辨识健康、认识自我、优化人格、管理情绪、有效学习、学会交往、经营爱情、应对挫折、珍爱生命、适应职业10章，每章有"名人名言""心理故事""拓展阅读""案例""训练活动""思考与解答""推荐欣赏"等环节，阐释心理学知识与理论、融入心理操作技能、设计训练活动。

本书可供高等职业教育各专业使用，也可以作为大学生心理保健的自助读本。

图书在版编目（CIP）数据

心理健康教育/孟丽娟主编. —北京：科学出版社，2018.8
山东省职业教育规划教材
ISBN 978-7-03-057449-7

Ⅰ.心… Ⅱ.孟… Ⅲ.心理健康-健康教育-职业教育-教材
Ⅳ.G444

中国版本图书馆 CIP 数据核字（2018）第105978号

责任编辑：刘恩茂 孙岩岩／责任校对：张凤琴
责任印制：赵 博／封面设计：图阅盛世

版权所有，违者必究。未经本社许可，数字图书馆不得使用

科学出版社 出版
北京东黄城根北街16号
邮政编码：100717
http://www.sciencep.com
北京富资园科技发展有限公司印刷
科学出版社发行 各地新华书店经销
*
2018年8月第 一 版　开本：787×1092 1/16
2024年7月第六次印刷　印张：12 1/2
字数：307 000
定价：46.00元
（如有印装质量问题，我社负责调换）

山东省职业教育规划教材质量审定委员会

主 任 委 员（按姓氏汉语拼音排序）
　　　　　　冯开梅　郭向军　胡华强　杨光军　赵全红
副主任委员（按姓氏汉语拼音排序）
　　　　　　董会龙　付双美　贾银花　姜瑞涛　李　强　林敬华
　　　　　　刘忠立　司　毅　王长智　张立关　张志香　赵　波
　　　　　　赵　清　郑培月
秘 书 长　徐　红　邱　波
委　　员（按姓氏汉语拼音排序）
　　　　　　包春蕾　毕劲莹　曹　琳　陈晓霞　程　伟　程贵芹
　　　　　　董　文　窦家勇　杜　清　高　巍　郭传娟　郭静芹
　　　　　　黄向群　贾　勇　姜　斌　姜丽英　郎晓辉　李　辉
　　　　　　李晓晖　刘　洪　刘福青　刘海霞　刘学文　鹿　梅
　　　　　　罗慧芳　马利文　孟丽娟　糜　涛　牟　敏　庞红梅
　　　　　　齐　燕　秦　雯　曲永松　石　忠　石少婷　田仁礼
　　　　　　万桃先　王　鹏　王凤姣　王开贞　王丽萍　王为民
　　　　　　王艳丽　魏　红　吴树罡　项　岚　邢鸿雁　邢世波
　　　　　　宣永华　英玉生　于全勇　张敏平　张乳霞　张文利
　　　　　　张晓寒　赵　蓉

Preface 前言

拥有健康的心理，能够有效地促进学习，提高生活质量。对大学生开展心理健康教育，提升心理素质，能促进他们快乐学习、增长才干，有利于他们明确和稳固自身的世界观、人生观、价值观，进而高效地服务他人、服务社会，以实现"正心、修身、齐家、治国、平天下"的理想。

本书秉承"体验学习、积极成长"的理念，设置辨识健康、认识自我、优化人格、管理情绪、有效学习、学会交往、经营爱情、应对挫折、珍爱生命、适应职业10章，贴近大学生生活实际，涵盖大学生心理发展需要。每章有"名人名言""心理故事""拓展阅读""案例分析""训练活动""思考与解答""推荐欣赏"等环节，阐释心理学知识与理论、融入心理操作技能、设计训练活动，凸显了实用性、操作性、体验性、系统性。因此，本书可供高等职业教育各专业使用，也可以作为大学生心理保健的自助读本。

本书编写组成员均为在高校心理健康教育一线工作、经验丰富的专职教师。编写之时，正值年末，老师们克服各种困难，加班加点完成编写任务；在定稿过程中，老师们相聚滨州，查阅资料、分析案例、丰富内容；字斟句酌、反复修改、精益求精；激发思考、碰撞心灵、贡献智慧，毫无怨言、无所保留地贡献了自己的智慧和心血。各章编写者如下：第1章：刘伟伟；第2章：吕薇；第3章：王启红；第4章：孟丽娟；第5章：李淼；第6章：万利娟；第7章：仇冰洁；第8章：邹洪升；第9章：田婷婷、王书宁；第10章：姚其志。姚其志、邹洪升、刘伟伟、王启红担任副主编，孟丽娟担任主编，完成本书的统稿、审稿工作。

相信读完本书的人会感受到团队编写人员的认真、积极、主动、负责，这本身就是对心理健康教育的解读和阐释。在这股能量的吸引下，我们会获得成长、取得进步，我们期望心理学的功能越来越大、服务更多的人。

因为编写时间紧，加之能力所限，难免存在一些不足之处，恳请广大教师、学生和其他读者在使用中提出宝贵意见，使之更加完善。本教材在编写过程中，参阅了许多相关论著和图书，引用了其中的许多精粹，谨向原作者表示衷心感谢！有些资料找不到原出处，在此，一并感谢所有的智慧贡献者！

编　者

2018年4月

Contents 目 录

第1章　辨识健康　　　　　　　/ 1
　　第1节　心理健康概述　　　/ 1
　　第2节　走近心理咨询　　　/ 7
　　第3节　了解心理危机干预　/ 12

第2章　认识自我　　　　　　　/ 18
　　第1节　自我意识概述　　　/ 18
　　第2节　提升自我效能　　　/ 31

第3章　优化人格　　　　　　　/ 42
　　第1节　揭开人格面纱　　　/ 42
　　第2节　解读气质与性格　　/ 47
　　第3节　塑造健康人格　　　/ 54

第4章　管理情绪　　　　　　　/ 62
　　第1节　情绪概述　　　　　/ 62
　　第2节　大学生的情绪特点及
　　　　　　调控策略　　　　　/ 67

第5章　有效学习　　　　　　　/ 81
　　第1节　培养学习兴趣　　　/ 81
　　第2节　掌握学习策略　　　/ 85
　　第3节　养成学习习惯　　　/ 92

第6章　学会交往　　　　　　　/ 98
　　第1节　人际交往概述　　　/ 98
　　第2节　运用沟通技巧　　　/ 103
　　第3节　处理人际冲突　　　/ 108

第7章　经营爱情　　　　　　　/ 115
　　第1节　爱情概述　　　　　/ 115
　　第2节　走出恋爱困境　　　/ 118
　　第3节　培养爱的能力　　　/ 123

第8章　应对挫折　　　　　　　/ 129
　　第1节　走近挫折　　　　　/ 129
　　第2节　战胜挫折　　　　　/ 134

第9章　珍爱生命　　　　　　　/ 143
　　第1节　树立正确的生命观　/ 143
　　第2节　学会感恩与宽恕　　/ 147
　　第3节　触摸幸福　　　　　/ 154
　　第4节　健康生活　　　　　/ 158

第10章　适应职业　　　　　　 / 164
　　第1节　规划职业生涯　　　/ 164
　　第2节　适应职业角色　　　/ 169
　　第3节　做好创业准备　　　/ 173

参考文献　　　　　　　　　　　/ 182
教学基本要求　　　　　　　　　/ 184
思考与解答参考答案　　　　　　/ 189

第1章 辨识健康

对于大学生来说，正确看待心理咨询，妥善运用心理危机干预技能，学会自助，进而灵活应对心理危机、塑造健康心理，是适应未来社会生活和走向成功的关键因素，对于其健康成长、成才有着重要意义。

第1节 心理健康概述

名人名言 一旦基本生存需要得到保证后，心理健康在决定人们生活质量中起着重要作用。

——艾森伯格

> **心理故事 1-1** 　　　　　诺曼·皮耶尔牧师的故事
>
> 　　美国牧师诺曼·皮耶尔智慧过人，60多年来慰藉人们的心灵，积累了丰富的人生经验。一天，一个中年男子向他求教说："牧师先生，我这半辈子夜以继日地辛勤工作，可惜我的事业失败了。现在我失去了人生的一切，你说我该怎么办呢？"
> 　　皮耶尔牧师取出一张纸，语气平和地问道："你有夫人吗？"中年男人回答说："是的，我有一个任劳任怨默默支持我的妻子，她很出色。"
> 　　皮耶尔牧师在纸上写下"出色的妻子"，接着又问："你有子女吗？"中年男人回答说："是的，我有3个孩子，他们都很善良可爱。"
> 　　皮耶尔牧师把这一点记在纸上，随即又问："你有朋友吗？"中年男人回答说："我有让别人羡慕的朋友，他们对我都非常慷慨。"
> 　　皮耶尔牧师在纸上写下"有慷慨的朋友"，然后又问："你的身体健康吗？"中年男人回答说："还算不错，现在我只对自己的健康有信心。"
> 　　谈到这里，中年男人仔细审视皮耶尔牧师的那张纸，突然大声说："牧师先生，真是谢谢你！我明白了，我以为自己失去了一切，原来还有这么多珍贵的东西！我一定能够重新站起来。"
> 　　曾经有人用"10 000 000"来比喻人的一生，其中"1"代表健康，各个"0"分别代表生命中的快乐、事业、地位、金钱、权力……人们的生活中充满着各种纷杂的"0"，推动着生命不断向前，可是"1"更重要，它是生命的基石。以健康为基础，人们才能更好地学习知识、提升自我、感悟生命。那么什么是健康呢？健康的标准是什么？如何获得健康，拥有健康的心灵呢？

一、健康与心理健康的概念

（一）健康的概念

传统医学和世俗观念通常用人体测量、体格检查和各种生理指标来衡量人们的健康，忽略了人的内心世界和社会方面。随着传统的"生物医学"模式向"生物-心理-社会医学"模式转变，人们对健康的含义有了更深刻、更全面的认识。

1946年世界卫生组织（WHO）将健康定义为："健康乃是一种在身体上、心理上和社会上的完满状态。不仅是没有身体缺陷和疾病，还要有完整的生理、心理状态和社会适应能力。"1989年世界卫生组织对健康下了新的定义，即"健康不仅是没有疾病，而且包括躯体健康、心理健康、社会适应良好和道德健康"。因此，真正的健康应当包含生理健康、心理健康和社会健康3个方面，生理、心理和社会性共同构成了健康的三大护航舰。

（二）心理健康的概念

1946年，第三届国际心理卫生大会指出："心理健康是指在身体、智能及情绪上能保持同他人的心理不相矛盾，并将个人心境发展成为最佳的状态。"英格里斯认为："心理健康是指一种持续的心理状况，当事者在那种情况下能做出良好的适应，具有生命的活力，而且能充分发展其身心的潜能。"孟尼格尔认为："心理健康是指人们与环境相互间具有高效率的适应情况。"波孟认为："心理健康就是合乎某一水平的社会行为，一方面能为社会所接受，另一方面能为本身带来快乐。"可见，我们需要从多个角度来理解心理健康的概念。

首先，心理健康有两个层级。其一，没有心理疾病。这是心理健康的基本标准，就像身体没有疾病是身体健康的最基本条件一样，更多的是从"正常-不正常"的角度出发；其二，从不断追求完美的角度出发，是一种积极发展的心理状态，这是心理健康更高级的体现。它意味着心理健康是消除一切不健康的心理倾向，使个体处于最佳状态，在这种状况下，个体能够做出良好的适应，能充分发挥身心潜能。

其次，心理健康有广义和狭义之分。狭义的心理健康，其目的在于预防心理疾病的发生，而这是一种消极应对的态度；广义的心理健康是以促进自我心理调节、发挥更大的心理效能为目标。心理健康的人，能够不断提高自身的心理健康水平，更好地适应社会生活，更有效地为社会和人类做出贡献，这是一种积极发展的态度。

二、心理健康的标准

（一）关于心理状况的认识

1. 心理正常与异常的认识　心理状况可分为心理正常和心理异常。心理正常是指具备正常的心理活动，或是不包含精神障碍症状的心理活动；而心理异常是指有典型精神障碍症状的心理活动。那么心理正常与心理异常应如何区分？郭念锋提出，区分心理的正常与异常应该从心理学角度切入，以心理学对人类心理活动的一般性定义为依据。他提出了区分心理正常与异常的3条原则：①主观世界与客观世界的统一性原则。②心理活动的内在协调性原则。③人格的相对稳定性原则。

2. 心理健康与不健康的认识　心理正常、心理不正常与心理健康、心理不健康是我们经常接触的概念，它们之间有什么联系呢？心理正常和异常用来表述有无精神障碍，而心理健康和不健康用来表述心理健康水平高低和程度。心理健康和心理不健康都包含在心理正常范围之内。

（1）心理健康：从静态角度来看，心理健康是一种心理状态，它在某段时间内展现着自身的正常功能；从动态角度来看，心理健康是一种动态的平衡，这种平衡是在主体与内外环境的相互作用中实现的。

（2）心理不健康：当我们自身或环境发生激烈的变化时，心理健康的平衡状态就有可能被打破，进入失衡状态，我们把处于动态失衡状态的心理过程称为不健康的心理状态。依据严重程度，心理不健康状态可分为：

1）一般心理问题：是由现实因素激发，持续时间较短、情绪反应能在理智控制之下，不严重破坏社会功能、情绪反应尚未泛化的心理不健康状态。

案例1-1　　　　　　　　　李某的左右为难

近两周大学生李某偶有失眠，心情不好时注意力难以集中，读书环境越安静越容易走神。原来喜欢和同学朋友聊天的他，现在很厌烦跟别人在一起，但能控制自己维持一般的同学、朋友关系。当被问及原因时，李某称在高中时谈一女朋友，女朋友高考时落榜，现在已经工作。两人一直相处得很好。但前段时间，李某参加老乡聚会时认识一位女老乡，两人谈得很是投机，彼此间有了好感。两周前，他接到女朋友电话时，突然觉得女朋友很陌生，聊了没几句，因话不投机就吵了起来。这时李某就觉得那位老乡很亲切，很想跟她多接触，发展另一段感情，可又觉得那样做不道德，于是左右为难。

点评： 面对左右为难的事情，心中充满矛盾。李某面临的问题由现实因素引起，未出现泛化，属于一般心理问题。建议李某认真分析利弊，理清内心的思绪，再做选择。

2）严重的心理问题：是由相对强烈的现实因素激发，初始情绪反应强烈、持续时间较长、内容充分泛化的心理不健康状态。

（二）心理健康的标准

衡量一个人生理健康与否的标准非常具体和精确，有固定的参考数值。但判断一个人心理是否健康的标准和依据是什么，目前理论界存在不同的看法。

1946年，第三届国际心理卫生大会认定心理健康的标志：①身体、智力、情绪十分协调。②适应环境，人际关系中彼此能谦让。③有幸福感。④在职业工作中能充分发挥自己的能力，过着有效率的生活。

1951年，马斯洛（Maslow）和米特尔曼（Mittelman）提出心理健康的10条标准：①有充分的自我安全感。②能充分了解自己，并能恰当估价自己的能力。③生活理想切合实际。④不脱离周围现实环境。⑤能保持人格的完整与和谐。⑥善于从经验中学习。⑦能保持良好的人际关系。⑧能适度地宣泄情绪和控制情绪。⑨在符合团体要求的前提下，能有限度地发挥个性。在不违背社会规范的前提下，能适当地满足个人的基本需求。

其实，心理健康本身是一个动态的过程，可能随个体自身的发展而变化，也可能因所处情境的不同而变化。一般来说，判断个体是否心理健康主要看5个方面：一是统计学标准，根据大量正常心理特征的测量取得常模，把当事人的心理与常模进行比较。二是社会规范标准，当事人的行为符合公认的社会文化行为规范即为健康。三是临床症状标准，根据当事人是否存在医学上的症状来判断，如焦虑、抑郁、强迫等。四是经验标准，即根据当事人自己的主观感受来判断自己的心理健康状况，研究者凭借自己的经验对当事人的心理健康状况进行判断。五是自身行为标准，是指当事人以往生活中形成的稳定的行为模式即正常标准，通过观察当事人的行为是否偏离这个正常标准来判断心理健康与否。

三、大学生常见的心理问题

在我国，大学生都是通过严格考试，从全国各地选拔出来的优秀青年，大多数有较高的智力、浓厚的学习兴趣、远大的理想和抱负。但由于大学生无论在生理上还是心理上，都处于迅速成长变化的过程，处于从不成熟逐渐成熟的过渡期，对社会、自己缺乏全面正确的认识，一旦理想与现实之间发生冲突，便容易产生各种各样的心理矛盾和冲突，从而引发各种各样的心理问题。

（一）适应问题

每个人在人生发展的特定阶段，都会遇到一些事情，产生心理上的困惑进而引生一些不良情绪，我们把这种常见的、人人都会遇到的、随着年龄的增长会自动解决或缓解的一系列问题称为"心理不适应"。初入大学校门，随着生活环境的改变、人际关系的变化、学习方式的变革，大学生难免面临一系列的不适应。大学生应积极适应新的宿舍环境、人际交往、学习方式、生活习惯，完成心理适应。只有从心理上适应了大学生活，个体才能在行为上与大众融为一体，才能将自己更多的精力投入到生活和学习中去。

案例 1-2　　小王的习惯

大一新生小王按照以前的生活习惯，将闹钟调至 6 点半提醒自己起床，闹钟响时把其他室友吵醒了。室友们纷纷抱怨，小王忙道歉，但心中仍有不快：早起是我的习惯，我错了吗？

点评： 来到大学后，同学们性格不同、习惯各异，难免产生小摩擦。面对摩擦，首先要接受彼此的差异，其次学会协调与改变，适应新的环境。

（二）学习问题

大学的教学目标、教学内容、教学方式与中学有明显的差异。这就要求大学生改变学习方法，明确学习目的，端正学习态度，掌握自学方法，以适应大学学习生活，但很多大学生学习动机不足、学习方法不当或对专业知识缺乏兴趣等原因，导致学习成绩不佳，同时引发学习焦虑，甚至厌学、弃学等问题。

案例 1-3　　小张的苦恼

小张为大二学生，最近上课时精力不集中，老师讲课时自己总是听不进去，总想着课外的事情，例如，学生会纳新活动、暑假社会实践活动、班级晚会等。结果，落下了好多课程，学习成绩直线下降。他一到自习室，就浑身不自在，根本不能集中注意力去学习，感到特别苦恼。

点评： 大学时间相对充裕，课外活动也多，许多学生处理不好学业与活动的关系，致使学习成绩下滑。建议小张做好时间管理，有效利用课余时间与课上时间，高效率地度过大学生活。

（三）人际关系问题

人际交往对大学生完成学业、人格发展具有重要作用。随着大学生自我意识的增强，他们不愿意再依赖家长、老师，而是希望用自己的眼光去观察社会，用自己喜欢的方式去结交朋友。但由于个性、情绪等因素的影响，加上缺乏人际交往的经验与技巧，容易面临人际交往困扰。

（四）情感问题

爱情是最娇艳也是最刺手的玫瑰。有些大学生的爱情观还不成熟，往往凭着自己青春期的冲动，把爱情想得过于美好，一旦遇到问题，往往没有准备，难以承受。比如，同宿舍的人都有了男（女）朋友，但是自己没有，于是形成心理落差，而使情绪不稳定；有的大学生失恋后长时间沉浸在痛苦的情绪中，无法自拔，荒废了学业，甚至引发抑郁症等心理问题。

（五）求职与择业问题

求职与择业是高年级大学生面临的问题。大学生在毕业前夕，由于缺乏经验与准备，容易缺乏求职技巧；由于自我评估不准，找不到合适的工作，容易产生心理冲突。

四、大学生心理健康的标准

根据大学生的心理特征、大学生特定社会角色的要求及健康心理学的基本理论，大学生心理健康的标准可以概括为以下八条。

（一）学习兴趣浓厚

学习是大学生活的主要内容，心理健康的大学生都会珍惜学习机会，求知欲望强烈；能克服学习中的困难，学习成绩稳定；能保持一定的学习效率，从学习中体验满足与快乐。

（二）自我意识明确

大学阶段是自我意识发展与完善的重要时期。一个心理健康的大学生能客观地认识和评价自己的优缺点，能根据实际情况确立自己的理想目标，能接纳自己、正视现实、积极进取。

（三）情绪积极稳定

心理健康的大学生情绪稳定，能及时察觉并调适自己的情绪状态。在出现消极情绪时，能合理有效地宣泄、及时调整，保持良好的情绪状态。

（四）人格健全独立

健全的人格是大学生成长与成才的重要保障。了解认识自己的气质、性格、能力等人格特点并进行优化与完善，得到合理均衡发展，对于大学生的发展非常重要。

（五）人际关系和谐

和谐的人际关系是事业成功与生活幸福的重要前提。心理健康的大学生通常乐于并善于与人交往，在与他人的互动中不断认识自我、理解他人，能妥善地处理人际关系。

（六）意志品质坚定

心理健康的大学生往往具有坚定的意志和较强的抗挫折能力。在大学生活中，能够较长时间保持对某一目标的兴趣，能适时地做出决定并有效地解决问题；在困难和挫折面前，能保持信心和勇气，采取合理的应对方式。

（七）适应能力良好

大学生对自然环境和社会环境应该有较强的适应能力，不仅能面对现实和接受现实，而且能进一步改造现实而不是逃避现实。一个心理健康的大学生能够与社会保持良好的接触，能够及时调整自己的需要和愿望，使自己的思想和行为与社会协调一致。

（八）心理行为适度

心理健康的人其言行、举止都符合他所处年龄段的特点。一个心理健康的大学生应该精力充沛、勤学好问、反应敏捷、喜欢探索。

上述八条大学生心理健康的标准，心理健康状态并非是固定不变，而是不断变化的，是一种过程。心理健康的标准既是一种要求，也是一种理想尺度，它不仅为人们提供了衡量心理是否健康的标准，同时也为人们指出了提高心理健康水平的努力方向。

五、增进大学生心理健康的途径

（一）学习心理健康知识

大学生可以通过阅读相应的资料，掌握心理健康知识；也可以通过学习心理健康课程、听讲座、参加学校组织的心理健康教育活动来丰富心理健康知识；还可以通过参加集体培训，如成长自助小组等来提升自身心理健康水平。

（二）塑造积极心态

第一，大学生要树立正确的人生观、世界观，树立科学的健康观，以此促进积极人生目标的实现。第二，大学生要正确认识自己，并学会接纳自己，正视现实，适应环境。第三，大学生要学会管理和调整情绪，保持积极的态度。第四，大学生要提高自身人际交往的能力，建立和谐的人际关系。第五，大学生要学会自尊、自立、自爱。

（三）积极寻求心理帮助

大学生应正确认识心理问题，科学理解"心理咨询"。当自己面临无法解决的心理困扰时，应积极寻求专业心理咨询师的帮助。

拓展阅读 你什么时候需要心理咨询？

有人曾问美国当代最有影响的心理治疗师："什么时候才需要接受心理咨询？"心理治疗师答曰：

"当你被困住的时候。"下列情况下,我们可能需要心理咨询:

1. 当你遇到重大抉择,犹豫不决时。
2. 当你工作、生活、学习压力大,感到无力承担时。
3. 当你对新的学习、生活、工作环境适应困难时。
4. 当你经受挫折后,精神一蹶不振时。
5. 当你过分自卑,感到心情压抑难以解决时。
6. 当你在人际交往方面感到有障碍时。
7. 当你在经历了情感挫折后无法自愈时。
8. 当你的家庭生活不和谐,渴望指导改善时。
9. 当你出现饮食障碍,如出现暴食、呕吐、厌食、暴饮暴食时。

(四)做自己的心理咨询师

大学生要学会善待自己的心灵,学会在遇到心理问题时进行自我调适。常见的自我调适方法:

第一,意义寻觅法。它是一种自我寻找和发现生命的意义,树立明确的生活目标,以积极向上的态度来面对和驾驭生活的心理自助法。

第二,认知调控法。人们会因认识到刺激的意义和价值的不同而做出不同的情绪反应,所以可以通过调整和改变认知的方法来调控情绪反应和行为反应。

第三,活动调适法。它指通过从事有趣的活动,来达到调节情绪、促进心身健康的一种方法。

第四,合理宣泄法。它是利用或创设某种条件、情境,以合理的方式把压抑的情绪倾诉和表达出来,以减轻或消除心理压力、稳定情绪的方法。

第五,身心放松法。它是为达到肌肉和精神放松的目的所采取的一类行为疗法。

(五)增强自身的实力及职业规划意识

当代大学生必须充分认识到职业生涯规划的重要性,提高自己的规划意识,加强职业生涯规划学习,多与老师、同学交流,提高自身综合素质,增强职业竞争能力。

拓展阅读

5.25 全国大学生心理健康日

图 1-1

"5.25"是"我爱我"的谐音,其含义是爱自己才能更好地爱他人。心理健康的第一条标准就是认识自我、接纳自我,能体验到自己存在的价值,乐观自信,这样的人才能用信任、友爱、宽容、尊重的态度与人相处,能分享、接受、给予爱和友谊,能与他人同心协力。选择"5.25"是为了让大学生便于记忆,关注自己的心理健康。随后,全国高校都利用这一天开展多种形式的心理健康教育活动。北京师范大学心理学院院长车宏生教授说:"'大学生心理健康活动周'的举行,说明心理学已受到老百姓的重视。"如今,"5.25 大学生心理健康活动日"已遍及全国各地,成为全国大学生活动的一个著名的品牌,其影响力将会越来越大(图 1-1)。

训 练 活 动

训练活动 1-1 　　　　　　　　我们来相聚

【目的】通过活动相互认识,增进了解,学会与人交往。

【步骤】

1. 好朋友　两人一组,相互介绍,可以向对方介绍自己的班级、姓名、宿舍、籍贯、性格特点、兴趣爱好、特长以及所有愿意让对方知道的信息。

2．滚雪球　以小组为单位，围成一个圆圈，A开始介绍自己的姓名、籍贯、性格特征及兴趣爱好。B在介绍自己的时候必须要把A的信息再向大家介绍一下，并说："我是坐在具有以上特点的A旁边的B，我叫……"再开始介绍自己的信息。以此循环下去。最后每个小组选出一名同学向全班同学介绍他们组所有成员的信息。

3．教师总结。

训练活动1-2　　　　　人 生 五 样

【目的】使大学生清楚地认识自己生命中最重要的五样东西是什么，对于现在拥有的，要懂得珍惜和享受；对于现在没有的，可以做些什么来使自己更接近想要的东西。

【步骤】

1．请在白纸上端中间郑重地写下你的名字。写下你生命中最重要的五样东西。请你拿起笔，在你的人生五样中去掉一个。命运是残酷的，它又在向你发出挑战，你必须在剩下的四样中再划掉一样。命运又在捉弄你，你又遇到了人生的重大变故，在剩下的三样最珍贵的东西中，还得去掉一样。最后从你仅剩的两个挚爱中再涂掉一个。你的纸上只剩下了一样东西，这就是你最宝贵的东西。在舍弃的时候按照涂掉的先后顺序给你的人生五样重新排序，好好记住这个顺序，它们就是你人生的优先排序。

2．请同学谈感悟。

3．请每位同学按照你的人生优先排序，大声说出自己的人生五样，同时认真倾听别人的人生五样。

4．教师总结。

第2节　走近心理咨询

名人名言　人类心灵深处，有许多沉睡的力量；唤醒这些人们从未梦想过的力量，巧妙运用，便能彻底改变一生。

——澳瑞森·梅伦

心理故事1-2　　　　　伸出自己的手

小村落里下了一场暴雨，洪水马上要淹没村子了。一位神父仍在教堂里祈祷。救生员驾着舢板来到教堂营救神父。神父说："不！我深信上帝会来救我的。"

不久，警察开着快艇来救神父，神父依然说："不，我相信上帝一定会来救我的。"

又过了一会，一架直升机缓缓地飞过来，飞行员丢下了绳梯来救神父。神父还是意志坚定地说："不，上帝一定会来救我的。"

洪水滚滚而来，固执的神父终于被淹死了……神父上了天堂，见到上帝后很生气地质问："主啊，我终生战战兢兢地侍奉您，您为什么不肯救我！"上帝说："我怎么不肯救你？第一次，我派了舢板来救你，你不要；第二次，我又派一只快艇去，你还是不要；第三次，我再派一架直升机来救你，你还是不要。所以，我以为你急着来天堂陪我。"

其实，生命中太多的障碍，皆是由过度的固执与愚昧无知所造成的。在别人伸出援手之际，唯有我们自己也愿意伸出手来，人家才能帮得上忙。在现实生活中，人们会遇到各种矛盾和冲突，人们也创造出许多解决矛盾和冲突的方法，心理咨询就是其中一种。

一、心理咨询的概念

（一）心理咨询的定义

心理咨询是由受过专门训练的心理咨询师运用心理学的理论和技术，通过语言及非语言的交流，给来访者以帮助、启发和教育，使来访者改变其认知、情感和态度，解决其在生活、学习、工作等方面出现的问题，促进来访者人格的发展和社会适应能力的改善。

（二）心理咨询的特点

1. 心理咨询是助人自助的过程　心理咨询不仅是解决某些具体的心理问题，更多的是通过交谈等方式启发来访者全面地了解自己，找到自身潜在力量，使来访者在心理咨询师的帮助下，学会自己克服成长中的障碍，自尊自立地均衡发展。

2. 心理咨询是人际互动的过程　心理咨询既不依靠药物治疗，也不依靠理论说教，而是通过心理咨询师与来访者之间平等的交流互动，调动来访者内在智慧以达成咨询目标。

3. 心理咨询具有"心理性"　心理咨询是在心理学原理指导下，按照心理规律进行的辅导过程，在没有指责、评判、完整接纳的氛围中完成真诚助人的过程。

4. 心理咨询有一个安全的空间　心理咨询按照心理工作的需求，规定了为来访者信息保密的职业纪律，再加上心理咨询师的价值中立态度，这就为心理咨询建立了一个独特的、安全的心理空间，为深层心理问题的解决提供了安全保障。

5. 心理咨询是一个过程　心理咨询要解决的可能不仅仅是某一具体问题，而是长期郁积在来访者心里的各种困扰。心理问题通常不是一次咨询就能彻底解决的，同时，个体的心理成长、行为改变，也不是一蹴而就的。因此，心理咨询通常是一个或长或短的成长发展过程。

从表面看，心理咨询或许只是聊天，其实，每一句话都是心理咨询师根据多年的专业经验精心道出的，它既是一门科学也是一门艺术，是一场心理咨询师与来访者在真诚、平等、尊重的氛围中展开的精神交流。心理咨询是一种相当复杂的过程，需要心理咨询师拥有雄厚的理论基础，以及众多治疗技巧的学问。

二、正确理解心理咨询

要正确理解心理咨询，我们需要澄清以下四点。

（一）心理问题不是精神病

心理咨询在我国起步比较晚，很多人对心理咨询了解甚少，他们认为来咨询的人不是有精神病，就是有道德品质方面的问题。因此，很多人宁愿饱受精神上的痛苦折磨，也不愿或者不敢到咨询中心进行咨询。

实际上，心理问题与精神病是两个完全不同的概念，每个人在自己学习、工作、生活过程中，都会遇到各种各样的问题，导致消极情绪的产生，有些问题经过自己努力可以"消化"和"处理"，这时个体就能顺利健康地发展。但有些问题是无论个体自己怎样努力都无法解决的，有时甚至越努力越严重，这时就应该寻求心理咨询师的帮助。有心理问题去做心理咨询，并不代表有精神病。相反，这表明了个体具有较高的生活目标，希望通过心理咨询更好地完善自我，而不是回避和否认问题。

（二）心理咨询不是窥视内心

有学生说，心理咨询师太可怕了，能看穿我的一言一行。其实不然，心理咨询师只是运用心理现象和规律，对来访者提供的信息进行合理的分析，在此基础上帮助来访者找到成长的方向。

一些来访者存在种种顾虑，有的人说到一半时忽然又后悔了，改变了主题；有些人因怕露丑、害羞等原因不肯说出关键的问题。其实，来访者需详尽地提供有关情况，才能帮助自己和心理咨询师共同找到问题的症结，有利于心理咨询师做出正确的判断并进行恰当治疗。

> **心理故事1-3**　　　　扫阳光的故事
>
> 　　有一对四五岁的兄弟，发现屋内太暗。于是，兄弟俩就商量把阳光弄进屋里。可是怎么把阳光弄进来呢？哥哥说："阳光在地上，只要我们用东西把它装着拿到屋内就行了。"于是兄弟俩就拿着扫帚和畚箕，把阳光扫到畚箕里，但等到他们把畚箕搬到房间里的时候，里面的阳光就没有了。
> 　　兄弟俩不甘心，反复尝试，结果屋内还是一点阳光都没有。妈妈看见他们奇怪的举动，问明来龙去脉后，说道："傻孩子，只要把窗户打开，阳光自然会进来，何必去扫呢？"
> 　　在心理咨询中，只有来访者打开心扉，才能感受到外界的温暖。说出你的秘密，打开尘封的幽暗的心室，让新鲜的空气驱散心室的霉气，让温暖的阳光洒满心房，你会倍感爽快与轻松。

（三）心理咨询的效果不一定立竿见影

一些来访者将心理咨询师视为"开锁匠"，期盼心理咨询师能打开其所有的心结，所以常常来访一两次，没有达到所希望的"豁然开朗"的心境，就大失所望。实际上，心理咨询是一个连续的、艰难的改变过程。心理问题与来访者的个性及生活经历有关，就像一座冰山，堆积已久，没有强烈的求助、改变的动机，没有恒久的决心，便难以冰消雪融，所以来访者需有"打持久战"的心理准备。

（四）心理咨询师不是救世主

一些来访者把心理咨询师当作"救世主"，以为心理咨询师必须有能耐把他们的问题一一解决，而自己无须思考、努力、承担责任。但心理咨询师只能起到分析、引导、启发、支持、促进来访者改变和人格成长的作用，不能替来访者改变或做出决定。

在心理咨询过程中，很多来访者希望通过咨询得到一个明确的答复，是升学还是就业等，来访者往往把心理咨询师当作"救世主"。来访者需要认识到："救世主"只有一个，那就是自己。只有改变自己、战胜自己，最终才能超越自我，达到理想目标。倘若把自己完全交给心理咨询师，消极被动，推卸责任，只会削弱自己努力的力量。

三、心理咨询的原则

（一）来访者自愿原则

原则上讲，到心理咨询室的来访者必须出于完全自愿，这是确立咨询关系的先决条件。没有咨询愿望和要求的人，心理咨询师不会去主动找他（她）并为其进行心理咨询。只有自己感到心理不适，为此而烦恼并愿意找心理咨询师诉说烦恼以寻求来访者的心理援助，问题才得以解决。

（二）信息保密原则

心理咨询师保守来访者的内心秘密，妥善保管来往信件、测试资料等。如因工作需要不得不引用咨询事例时，应对材料进行适当处理，不得公开来访者的真实姓名、单位或住址。

保密是心理咨询专业操守的体现，反映了心理咨询师对于来访者的尊重。保密也是有限度的，对于某些问题来访者可以不保密。根据美国心理学家协会（APA）的条例，以下几种情况属于例外。

1. 当确信一名未成年人是性虐待或其他虐待行为的受害者时。
2. 当来访者有自杀倾向，或经由一项测验显示来访者有高度危险时。
3. 当来访者有强烈伤害他人的倾向时。
4. 当法庭要求提供个案资料时。

（三）助人自助原则

问题就是一次学习的机会，心理咨询师帮助来访者理清思绪，学习理性地处理问题，并在咨询过程中，使来访者的心理素质得到提升。因此，咨询本身就是一个来访者学习并成长的过程，同时也是心理咨询师"助人自助"的过程。

（四）价值中立原则

不要期望心理咨询师给你"决策"，如"分不分手"等问题，不少来访者希望心理咨询师给一个明确的指导。而心理咨询师只能给你一些观点和道理，来启发、疏导你的"症结"，最后的"大主意"还得由你自己拿。

（五）感情限定原则

咨询关系的确立和咨询工作顺利开展的关键，是心理咨询师和来访者心理的沟通和接近。但这也是有限度的，来自来访者的劝诱和要求，即便是好意，在终止咨询之前也是应该予以拒绝的。个人私下接触过密的话，不仅容易使来访者过于了解心理咨询师内心世界和私生活，阻碍来访者的自我表现，也容易使心理咨询师该说的不能说，从而削弱客观公正地判断事物的能力。

四、心理咨询的理论与方法

不同心理学家对于心理咨询研究的侧重点会有所不同，当代心理咨询的主要理论包括精神分析理论、行为主义理论、认知理论和人本主义理论。

（一）精神分析理论与治疗方法

精神分析由19世纪奥地利心理学家、精神病学医生弗洛伊德开创。精神分析心理疗法治疗的目的在于建立来访者内在心灵的协调，以扩展来访者对本我力量的觉知，减少对超我要求的过分顺从并增强自我的力量，达到本我、自我和超我的动力平衡。分析师的治疗在于了解来访者为什么要以压抑来处理冲突，把不被接受的欲望压抑在潜意识中，帮助来访者把被压抑的想法带到意识层面，引导来访者领悟现有症状与长期压抑的冲突之间的关系。具体的治疗方法有自由联想、梦的解释、移情等。该疗法不仅要消除个别症状，解决冲突，还要重建来访者的健康人格，提高个体爱的能力和工作能力。

在精神分析的发展中出现了许多新的治疗和咨询方法，特别是表达性治疗方法，如绘画疗法、舞蹈疗法和沙盘游戏治疗。

拓展阅读　　　　神奇的催眠术

催眠术是催眠师诱导被催眠者进入一种特殊意识状态的技术。催眠术源于麦斯麦术，但可追溯到埃及、波斯、印度、希腊和罗马等古老国家中的巫师、牧师采用的有关法术或巫术。直到18世纪，它才被人们加以研究。奥地利医师麦斯麦在1772年提出动物通磁理论，并形成被称为"麦斯麦术"的技术，治疗患者取得神奇疗效。1842年，英国医生布雷德进一步研究该技术，并将之命名为催眠术。催眠术有凝视法、节拍读数法、按摩法及快速催眠法等形式。临床实践经验表明，疗效较肯定的适应证有癔症、失眠症及某些心因性障碍，也有利用其进行无痛分娩的报道。

（二）行为主义理论与治疗方法

行为主义的主要理论基础是心理学中的学习理论，包括华生、桑代克、巴甫洛夫和斯金纳等的研究结果和提出的理论。行为主义认为，人类的适应不良行为和症状是人与环境不相协调的结果，或是学习得来，或是缺乏必要的学习能力所致。条件反射是机体最基本的学习形式，在不良行为和某些疾病的形成中起着重要的作用。

关于行为以及行为对人格的影响，尽管存在着许多理论，但大多数行为治疗师认为，最基本的理论是强化原理和观察学习。人们以多种方式应用它们，以发展出治疗技术来帮助个体改变内隐和外显的行为，如行为塑造法、代币制管理法、示范法、系统脱敏法等。

> **拓展阅读** 　　　　　　　　系统脱敏法
>
> 　　系统脱敏法又称交互抑制法，是由美国学者沃尔帕创立和发展的。这种方法主要是诱导求治者缓慢地暴露出导致神经症焦虑、恐惧的情境，并通过心理的放松状态来对抗这种焦虑情绪，从而达到消除焦虑或恐惧的目的。系统脱敏法的程序是逐渐加大刺激的程度，当某个刺激不会再引起求治者焦虑和恐惧反应时，施治者便可向求治者呈现另一个比前一刺激略强一点的刺激。如果一个刺激所引起的焦虑或恐惧状态在求治者所能忍受的范围之内，经过多次反复的呈现，他便不再会对该刺激感到焦虑和恐惧，治疗目标也就达到了。这就是系统脱敏疗法的治疗原理。

（三）认知理论与治疗方法

认知理论认为，个体对自己或对周围世界所持的看法是个体采取或表现的行为的依据。认知疗法是通过改变来访者的适应不良性认知，以改变其不良情绪和行为。适应不良的心理与行为是个体不正确或扭曲的认知所致，改变个体曲解的认知即可改善其心理和行为。20世纪中叶，认知心理学和人本主义心理学的兴起为该疗法的发展创造了有利条件；50年代美国心理学家埃利斯创立合理情绪疗法；70年代后美国临床心理学家贝克运用该疗法研究和治疗抑郁症来访者，加拿大心理学者梅钦鲍姆提出自我指导治疗方法，使认知疗法获得迅速发展。

> **心理故事1-4** 　　　　　　　　皮鞋的来历
>
> 　　很久以前，人们都是赤脚走路的。后来，有个国王到各地巡视，走在崎岖不平的沙石路上，他的脚常常被磨出水疱来，疼痛难忍。于是他下令把全国的道路都铺上牛皮，这样人们走起路来脚就会好受些。但那得要杀死多少牛呀？全国的牛都被杀光了也铺不了多少路，一时间，人们怨声载道。铺路的事困难重重。
> 　　后来，有位大臣想了一个办法，他向国王建议：何不把脚用牛皮裹起来？这样既解决了脚被磨的问题，也不用杀那么多的牛。国王听后大喜，于是停止了杀牛铺路，改用牛皮裹脚。由此产生了皮鞋。
> 　　人们常常受到生活事件（如脚被磨出疱）或心灵的困扰（如本想铺路却引来民众怨声载道），解决之道往往就在于改变一下自己的认知角度。

（四）人本主义理论与治疗方法

人本主义咨询是以人本主义心理学思想为指导的，强调促进个人的全面成长。代表人物主要有罗杰斯、马斯洛等。与重视个体过去经验的心理分析治疗及重视现在情况的行为治疗不同，此类治疗更强调个体未来的发展。注重治疗关系及其影响因素、反对技术至上是这一类治疗的特点之一。此类治疗把治疗关系看作治疗者与来访者双方共同参与的，为使双方都得到成长的一种努力。因此，治疗者的最基本的工作重点是个体的体验及其意义，而非针对外显行为进行工作。治疗的目标远非症状的消除、环境的改善或问题的解决，而是着眼于个人的成长、自我的理解、再教育和自我实现，帮助来访者澄清自己的信念和价值观。

上述四派理论虽然不同，但在心理治疗上仍具有共同的因素，都可以取得一定的效果，因为治疗本身就具有安慰的作用。究竟哪种方法更好，这要看对什么样的来访者和对什么心理障碍、疾病而言（图1-2）。

图1-2

训练活动

训练活动 1-3　　　　　你来扮我来演

【目的】通过模拟咨询了解心理咨询的具体过程,学会体验心理咨询师和来访者的角色感受和咨询原则。

【步骤】

1. 分组　3人一组,随机组合,共同学习讨论咨询原则。
2. 秘密大公开　小组中的每位成员,都将曾经困扰过或现有的心理问题与小组其他成员进行交流,并最终确定三个需要咨询的问题。
3. 漂流瓶　每个同学将自己的咨询问题装入事先准备好的漂流瓶中,用于全班同学随机抽取咨询主题。
4. 你来扮我来演　以小组为单位,随机抽取漂流瓶内的咨询问题,分角色进行模拟咨询。
5. 分享　咨询结束后,每组推选一名代表上台交流咨询的感受。

训练活动 1-4　　　　　缩小包围圈

【目的】

1. 使小组充满活力。
2. 创造融洽的气氛,为后续训练活动的开展奠定良好基础。
3. 让队员们能够自然地进行身体接触和配合,消除害羞和忸怩感。

【步骤】

1. 让队员们紧密地围成一个圈,包括你自己。
2. 让每个队员把自己的胳膊搭在相邻伙伴的肩膀上。
3. 告诉大家我们将要面临一项非常艰巨的任务。这项任务是要求大家一起向着圆心迈三大步,同时要保持大家已经围好的圆圈不被破坏。
4. 等大家都弄清楚游戏要求之后,让大家一起开始迈第一步。迈完第一步后,给大家一些鼓励和表扬。
5. 开始迈第二步。第二步迈完之后,你可能就不必挖空心思去想那些表扬与鼓励的词语了,因为目前的处境已使大家忍俊不禁了。
6. 迈第三步,其结果可能是圆圈断开,很多队员摔倒在地。尽管很难成功地完成任务,但是这项活动会使大家开怀大笑,烦恼尽消。
7. 讨论总结。

变通:如果参加人数较多的话,如多于40人,可能分成小组来做游戏会更好一些。可以把队员们的眼睛都蒙起来做这个游戏。

第3节　了解心理危机干预

名人名言　让你疲惫的不是连绵不断的群山,而是你鞋子里的一粒沙子。

——萧伯纳

心理故事 1-5　　　　　海啸幸存者的噩梦

曾经发生在印度洋的海啸令全世界震惊和悲痛,随着救援工作的推进,人们关注的焦点逐渐从遇难者转向幸存者,相关报道显示:至少800名泰国幸存者患上了后海啸恐惧症,他们担心海啸还会卷土重来;一些幸存者为同伴相继死去而自己却存活下来感到负罪感,甚至想要自杀;还有许多人脑海中不时出现灾情场面,或是仿佛听到海啸警报声;至于失眠、焦虑等问题更是非常普遍。幸存者所遭受的心灵重创和噩梦一般的回忆,可能一生一世都难以抹去。

> 大部分海啸幸存者存在着认知影响、记忆损害、忧虑，并伴有震惊、恐怖、易激怒、无助感等情绪波动。例如，罗原本美好的一家10口人就剩下了她和弟弟两个人。她不太爱说话，总是低着头，说自己经常想起死去的家人。另外，经常做噩梦的难民人数很多。甚至平时好好的人会突然之间哆嗦一下，一脸的惊恐，冒一身冷汗。
>
> 当个体突然遭受严重灾难、重大生活事件或精神压力时，容易陷入心理危机。那么心理危机是怎么样产生的？危机产生之后人会有怎样的表现形式？当你面临心理危机时，你该怎么办？如果你周围的朋友、同学有了心理危机的种种表现，你该怎么做？

一、心理危机

当个体在现实生活中遇到个人能力无法解决的困难，这些困难给当事者在心理上造成了无法逾越的障碍，打破了个体在心理上的平衡状态时，个体就会面临心理危机。

（一）心理危机的概念

一般而言，危机有两个含义，一是指突发事件，即出乎人们意料发生的，如地震、水灾、空难、疾病暴发、恐怖袭击、战争等；二是指人所处的紧急状态。危机状态对人的影响程度依赖于当事人对所面临的意外的熟悉程度。如果不熟悉，个体会产生无望的、害怕的感觉，伴随着软弱感和无助感。如果进行有效的干预，当事人自身就会重新产生"世界是安全的、可靠的"理念，并努力达到与周围环境之间的平衡。

所有危机后面共存的就是心理危机，心理危机是指当人们面临突然的或重大的生活逆境时所出现的心理失衡状态，是伴随着危机事件的发生而出现的一种内在精神世界的失衡状态，就是指人的情绪与行为出现的严重心理失衡状态。

拓展阅读 　　　　　　值得重点关注的大学生群体

1. 遭遇突发事件而出现心理或行为异常的大学生，如家庭发生重大变故、遭遇性危机、受到自然或社会意外刺激的大学生。
2. 既往有自杀未遂史或家族中有自杀者的大学生。
3. 身体患有严重疾病、个人很痛苦、治疗周期长的大学生。
4. 学习压力过大、学习困难而出现心理异常的大学生。
5. 个人感情受挫后出现心理或行为异常的大学生。
6. 人际关系失调后出现心理或行为异常的大学生。
7. 性格过于内向、孤僻、缺乏社会支持的大学生。
8. 严重环境适应不良导致心理或行为异常的大学生。
9. 家境贫困、经济负担重、深感自卑的大学生。
10. 由于身边的同学出现个体危机状况而受到影响，产生恐慌、担心、焦虑、困扰的大学生。
11. 其他有情绪困扰、行为异常的大学生。

（二）心理危机的表现形式

危机中的个体总是以各种不同形式表现出来，如情绪不好、吃不下饭等。

1. **性格**　平时性格开朗、生活态度积极乐观，出现危机时则相反，如果平时性格内向，可能会加重。或许性格变得暴躁、易怒、抱怨一切事情，甚至认为社会对他不公平等。
2. **情绪**　紧张、恐惧、怕见人、情绪低落或不稳或表面平静、给人的感觉眼神游离。
3. **言语**　沉默少语或言语本身带来特定意义令人费解，如打听什么方式自杀没有痛苦、直接询问哪种药物吃多少会死、说"活着不如死了"等。

4. 行为　躲避人、对关心他的人采取回避的态度、呆坐沉思、麻木。

5. 其他　失眠、食欲食量变化、做事注意力不集中、工作或学习能力下降，严重者出现自杀、药物滥用等。

每个人对危机事件都会有所反应，但不同的人对同一性质事件的反应强度及持续时间不同。一般的应对过程可以分为三个阶段：第一阶段立即反应，当事者表现为麻木、否认或不相信；第二阶段完全反应，当事者感到激动、焦虑、痛苦和愤怒，也会有罪恶感、退缩或抑郁；第三阶段消除阶段，当事者接受事实并为将来做好计划。危机过程持续不会太久，如亲人或朋友突然死亡的居丧反应一般在6个月内消失，否则应视为病态。

二、心理危机干预

（一）心理危机干预的概念

每一个人在一生中都会遭遇各种各样的危机，对处在危机状态下的人进行专业的帮助便称为危机干预。广义的危机干预可以是全方位的帮助，而狭义的危机干预便是作为简短心理疗法的危机干预，就是从心理上解决迫在眉睫的危机，使症状得到立刻缓解和持久的消失，使心理功能恢复到危机前水平，并获得新的应付技能，以预防将来心理危机的发生。

案例1-4　　　　　　　　抓住信号关系生命的去留

2005年6月21日22点40分左右，北京理工大学机电工程学院三年级大学生张乃健从学校中心教学楼13层的厕所跳楼自杀。1个小时之后，有人在教学楼西北角的过道里，发现了他的尸体。中心教学楼值班的保安对《瞭望东方周刊》说："他跳下去的窗户前放着一把椅子，好像是在那里坐了一段时间才跳下去的。"　与张乃健相比，北京师范大学研究生晓岚很幸运，因为在她准备跳楼的时候，同学拉住了她伸向死神的手。"我马上拉住她，她拼命往下溜。我不知道当时怎么会有那么大力气，把她从窗台上拖了下来。"娜娜（化名）是晓岚最要好的同学，她几天前就发现了晓岚的异常。

点评：自杀者在采取行动时会有信号。及时关注他们的异常表现，予以危机干预，能够避免许多悲剧的产生。

（二）心理危机干预的目的

1. 防止过激行为，如自残、自杀或攻击行为等。
2. 促进交流，鼓励当事者充分表达自己的思想和情感，鼓励其树立自信心和进行正确的自我评价，提供适当建议，促使问题解决。
3. 提供适当医疗帮助，处理晕厥、情感休克或激动状态。

（三）心理危机干预的原则

1. 及时性原则　危机干预最好是24小时开放。由于来访者的不稳定性，心理咨询师必须本着Butcher和Maudal提出的一个原则："所有的危机干预单元都必须被当作最后一次与来访者的接触。"因此，要迅速确定要干预的问题，强调以目前的问题为主，并立即采取相应措施。

2. 现实性原则　由于危机干预的紧迫性，心理咨询师应该把治疗重点放在现时现地，帮助来访者分析事件的性质和其在事件中扮演的角色；指出来访者的当前目标、生活风格和思想观念的不合理性，以及来访者面对事件所采取的错误的自我防御机制。

3. 支持性原则　处在危机之中的来访者比平时更需要支持。心理咨询师不仅需要提供当下直接的支持，而且还应努力地寻求更多的来自家庭、单位、社区的支持。虽然危机干预通常仅仅维持五六次，但心理咨询师必须让来访者感受到不管何时，只要他需要，心理咨询师都会提供必要的支持。在结束危机干预之后，来访者可以进一步接受更具体的长程心理咨询。因此，最好有其家人或朋友参与危机干预。另外，还要鼓励来访者学会自信、自立，不要让他产生过分的依赖心理。

拓展阅读　　心理危机干预范例

2003年，北京某中学吴老师不幸感染SARS，于5月15日去世。吴老师的去世令她的同事和学生极为震惊，师生们陆续出现负重情绪和不良行为反应。

针对上述问题，心理咨询师第一步对教师进行团体辅导，帮助教师解除情绪和行为困扰。这样做既缓解了教师间的紧张氛围，又为学生辅导的顺利进行奠定了基础。第二步起草了"致初二年级同学"和"致初二年级学生家长"两封信，表达了对吴老师的哀悼之情。

心理咨询师为吴老师任教班级举行了名为"告别"的特别主题班会。

1. 让学生表达面对死亡的想法和感受（呈现）。
2. 播放吴老师生前与学生们活动的视频，宣泄情绪（追忆）。
3. 让每个学生选择一张彩色纸，写上对吴老师的祝福，放到纪念册中，作为送给吴老师的一份特别礼物；重新定位他们与吴老师的关系：把老师比作蒲公英（告别）。
4. 进行"结网"的游戏（编织希望的网）。

（四）心理危机干预的方法

1. **确定问题**　从来访者的角度，确定和理解来访本人所认识的问题。为帮助其确定危机问题，可使用积极倾听技术：同情、理解、真诚、接纳及尊重，既注意来访者的言语信息，也注意其非言语信息。

拓展阅读　　识别自杀的危险信号

当发现周围的人包括自己有对未来感到特别痛苦、绝望或无望，或想要结束生命的警示信号时都值得我们一问：

1. 言语线索——直接和间接的表达

（1）直接线索：我不想活下去了；我想自杀；真希望我死了；如果不……我就自杀。

（2）间接线索：生活没有意义；我的问题解决不了；死了比活着好；没有我大家会更好；我再也无法忍受了；很快我所有的问题都结束了；现在没有人能帮我；我感到没有希望。

2. 情感线索——感受　绝望、愤怒、内疚、无价值感、孤独、难过、无望、无助。

3. 行为线索——行动　疏远家人和朋友，在学校中表现出退缩；食欲减退；分发财物，道别；酒精或药物滥用；不计后果的行为；极端的行为改变；冲动性、自我伤害。

4. 情境线索——伴随丧失感的压力事件　突然被所爱的人拒绝，不情愿地分手；失去重要的目标或梦想（例如，没考上大学）；感到被所爱的人背叛；至爱的人去世；与重要他人的近期冲突；意料之外的失去经济保障或面临其他重大经济问题。

2. **保证来访者安全**　保证来访者对自我和对他人的生理和心理危险性降到最小可能性，这是危机干预全过程的首要目标。在危机干预实践中，来访者的安全一直是强调的重点。

3. **提供支持**　强调与来访者沟通与交流，使来访者相信心理咨询师是能够给予其关心和帮助的人。心理咨询师必须无条件地以积极的方式接纳所有的来访者。

4. **提出可变通的应对方式**　心理咨询师要帮助来访者认识到，有许多可供变通的应对方式可供选择。思考变通方式的途径：①环境支持，有哪些人现在或过去能关心来访者？②应付机制，来访者有哪些行动、行为或环境资源可以帮助自己战胜危机？③积极的、建设性的思维方式，可以用来改变自己对问题的看法并减轻应激与焦虑水平。

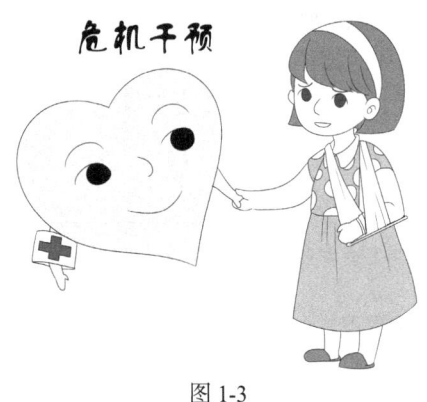

图 1-3

5. 制订计划　帮助来访者做出现实的短期计划，确定来访者理解的、自有的行动步骤。即将变通的应对方式以可行性的时间表和行动步骤的形式列出来，必须确保计划制订过程中来访者的参与和自主性。计划应该与来访者共同制订，让其感受到这是他自己的计划（这点很重要）。

6. 获得承诺　帮助来访者向自己承诺采取确定的、积极的行动步骤，这些行动步骤必须是来访者自己的、从现实的角度是可以完成的或可以接受的。在结束危机干预前，咨询师应该从来访者那里得到诚实、直接和适当的承诺（图 1-3）。

拓展阅读

应该做些什么？

如果处于心理危机中，我该做些什么？
1. 不要等待，主动寻求帮助。
2. 如果你的倾诉对象不知道如何帮助你，可以到学校的心理咨询中心或找专业的心理咨询师寻求帮助。
3. 坚持，有时为找到一个真正能帮助你的人需要时间，可能你得反复多次见心理咨询师。
4. 不要冲动行事，强烈的痛苦会使得你更难做出合理的决定。

我如何帮助处于心理危机中的人？
1. 多听、少说。让处于心理危机中的人有更多的时间说出内心的感受和担忧。
2. 不要担心他们的哭泣，这样有利于他们情感得到释放。
3. 不要试图将自己的想法强加于有心理危机的人。
4. 要留心任何自杀念头，不要害怕询问他们是否考虑自杀。
5. 如果你发现他们要立即采取自杀行为，不要让他们独处。尽快将情况报告学校的老师。
6. 如果他们已经采取自杀行为，应立即上报学院，同时送医院抢救。

训 练 活 动

训练活动 1-5　　　　优点轰炸——我真棒

【目的】
1. 帮助大学生学会面对面地给予他人具体的正面回馈，增加相互了解。
2. 帮助自信心不足的大学生了解自己的长处，增强自信心。

【步骤】
1. 准备礼物
（1）做信封：每个同学自己做一个信封，信封上写上自己的名字。
（2）做卡片：每个同学再准备 10 张左右的卡片。
（3）写优点：每个同学从 3 个范围（教室小组成员、宿舍成员、班级内所有成员）中选择同学，并分别在卡片上写出他们 5 个左右的优点（注意：要诚恳）。
2. 互送礼物
（1）送礼物：每个同学将写好的卡片分别塞到同学的信封中。
（2）收礼物：每个同学先不拆开信封看收到的礼物。
（3）交礼物：全班同学的礼物都放到讲台上，大"洗牌"。
3. 猜猜他是谁
（1）抽奖时间：同学依次上台，随机抽取 3 个信封。

（2）开奖时间：每个同学将抽取的信封打开，分别念卡片上的内容，大家猜猜他是谁。
4．全班同学分享活动感受，教师总结。

训练活动 1-6   沧海一粟——树与人

【目的】体验人生的短暂和生命存在的意义。
【步骤】
1．**热身活动** 自然界中都有哪些种类的树？你喜欢哪种树？
2．**分组** 按树的种类分组（杨树组、松树组、白桦树组、柳树组、苹果树组等）。
3．**开展活动**
（1）参天大树：每个同学画出自己喜欢的大树，想象它有多少岁，经历了多少风风雨雨，饱受了多少世间沧桑，它都有哪些价值，自己和它相比，是怎样的感觉。
（2）树与人的对话：每个同学与自己画的树进行一次心灵的对话，并将对话写在树的下方。
4．**活动总结** 老师结合大家的作品做总结发言。

小　结

本章主要从心理健康的概念及标准、大学生常见的心理问题及自身心理健康维护、心理咨询的概念及正确看待和寻求心理咨询、心理危机干预的概念及心理危机干预技术等内容进行阐述，帮助大学生掌握增进自身心理健康的技巧、增强面对重大危机事件的常用技能，进而保持积极的心理状态，健康成长。

思考与解答

1．维护心理健康是一个人一生的"事业"，我们一直行走在路上，你能结合自己的生活经历，给自己制订一份心理健康方案吗？
2．知识问答
（1）什么是心理健康？心理健康的标准有哪些？
（2）结合自己的实际情况，谈谈大学生常见的心理问题有哪些？
（3）什么是心理咨询？大学生应如何以科学的态度认识心理咨询？
（4）什么是心理危机干预？
（5）结合你的生活实际，谈谈如何帮助自己和他人应对心理危机？

推荐欣赏

电影推荐
The Game
书籍推荐
理查德·格里格，菲利普·津巴多. 2003. 心理学与生活. 王垒译. 北京：人民邮电出版社
王耀廷，王月瑞. 2009. 改变生活的68个心理学经典故事. 长沙：湖南人民出版社

第2章 认识自我

"我是谁?"是每个人在成长过程中扪心自问过无数遍的问题。认识自我是一个永恒的话题,人的一生也是一个探索自我的过程。认识自我是"让你说"之旅的出发点,是实现自我价值的基础。"我"既不是"我"父母的续集,也不是"我"子女的前传,"我"就是"我",是自己人生的主宰。只有正确地认识自己,我们才能导演出无悔的人生。全面了解自己,准确把握自身的优势,提升自尊和自我效能,对于大学生成长有重要意义。

第1节 自我意识概述

名人名言 青年期最有价值的心理成果就是发现了自己的内部世界及价值,对于青年来说,这种发现与哥白尼当时的革命同等重要。

——科恩

> **心理故事 2-1** 小白羊和小黑羊的比较
>
> 有一位农夫,家里养了3只小白羊和1只小黑羊。3只小白羊以有雪白的皮毛而骄傲,它们对那只小黑羊不屑一顾。一只小白羊对小黑羊说:"你看看自己身上的毛!像什么?""黑不溜秋的,像锅底!"第二只小白羊说。第三只小白羊也附和道:"依我看啊,像炭灰,像用了几代的旧被褥,脏死了!"不但小白羊,就连农夫也看不起小黑羊,常常给它吃最差的草料,还时不时抽它几鞭子。小黑羊也觉得自己比不上那3只小白羊,常常伤心地独自流泪。
>
> 初春的一天,小白羊和小黑羊一起外出吃草,走得很远。不料寒流突如其来,下起了鹅毛大雪,小羊们躲在灌木丛中相互依偎着……不一会儿,灌木丛和周围全铺满了雪。它们打算回家,但是雪太厚了,无法行走,只好挤作一团,等待农夫来救它们。
>
> 农夫发现四只羊羔不在羊圈里,便立刻上山去找,但满眼都是白茫茫的积雪,哪里有羊羔的影子?正在这时,农夫突然发现远处有一个小黑点,便快步跑了过去。到那里一看,果然是那四只濒临死亡的羊羔。农夫抱起小黑羊,感慨地说:"多亏小黑羊啊,不然,羊儿可都要冻死在雪地里了!"
>
> 世界上没有两个完全相同的人,就像没有两片完全相同的树叶一样。每个人都是独特的,都有其独特的价值。全面客观地了解自己,接纳自己,欣赏自己的优点,接纳自己的局限,不断地激励自我、完善自我是幸福人生的必备技能。

一、自我意识的概念

意识是人类的大脑对客观世界的反映。这种反映是复杂的、主动和自觉的,是心理发展的最高水平,也是人的心理与动物心理的本质界限。

心理学家认为,意识是人类在觉醒状态下的觉知。在清醒状态下,人类不但会觉知外界事物(如看到汽车疾驰而过,听到路人的尖叫声),也会觉知自身的内部状态(如感到饥肠辘辘、心跳加速)。意识不仅涉及个体在觉知时刻的各种直接经验,也包括个体对这些内容和自身行为的评价(如感到无奈、觉得羞耻)。意识统合、管理和调节着人类的身心系统,对人类的生存与发展有着重要的意义。

自我意识是人类对自身自觉的、主动的反映,指一个人对自己的意识。心理学家威廉·詹姆斯(William James)把自我分为主体我(I)和客体我(Me)两部分,从这一角度上讲,自我意识就是主体我对客体我的意识,不但包括个体对自身的认识和态度,还包括个体对自身与周围世界关系的认识和态度，是一个多层次、多维度、复杂的心理系统，是人格的主要组成部分，也是推动人格发展的内部动因。

二、自我意识的结构

自我意识是一个复杂的系统，对于其结构，可以从不同的角度进行划分。

（一）自我认知、自我体验与自我调控

个体的自我意识是一个由知、情、意三部分构成的动力系统，所以从形式上，可将自我意识分为自我认知、自我体验和自我调控三部分。

自我认知是自我意识中的认知成分，是个体对自己的身心特征及自己与周围世界关系的认识，由自我观察、自我感觉、自我分析和自我评价等成分构成，主要探讨"我是谁？""我为什么是这样的人？"等问题。

自我体验是自我意识中的情感成分，是个体在探索自我、认识自我的过程中所产生的情感体验。主要涉及"我对自己是否满意"等问题。自尊、自信、自卑、自负、自我效能、责任感、成就感及羞耻感等都属于自我体验的内容。

自我调控是自我意识中的意志成分，指个体对自己行为、心理活动、与他人及周围世界关系的调节与控制，主要涉及"我是否能调节自己？""如何改善现在的我，成为理想中的我？"等问题。自我调控可表现为自主、自律、自我监督、自我控制、自我教育等形式。

个体的自我认知、自我体验与自我调控是相互联系和相互制约的。首先，个体自我认知的结果可以影响个体的自我体验，引领个体对自己的心理和行为进行调控；其次，个体的自我体验又可以深化其自我认知，增强或减弱个体自我调控的力度；最后，自我调控是个体自我完善的主要途径，对个体的自我认知和自我体验都具有调节作用。这三方面协调一致，个体的自我意识才能完整、健康。

（二）主体我与客体我

从主客体关系角度来划分，自我意识可划分为主体我与客体我，主体我在自我意识中处于主动地位，在个体的自我意识中扮演观察者、评价者和调节者的角色，是自我意识中的动力部分；客体我在自我意识中处于被动地位，是被个体观察、评价和调控的那部分自我。例如，"我喜欢现在的我"，前一个我就是主体我，而后一个我则是客体我。人群中的每个人都是主体我与客体我的统一体，一方面，主体我引导着客体我的发展与变化；另一方面，客体我会影响主体我的活动。

（三）生理自我、心理自我与社会自我

依据自我意识涉及的内容，可将自我意识分为生理自我、心理自我和社会自我。

生理自我是个体对自己的身高、体重、外貌、性别等生理状态的认识和评价。

心理自我是个体对自己的心理过程、人格特征、心理状态等心理属性的认识和评价。

社会自我是个体对自己社会属性的认识与评价，个体对自己在群体中承担的角色、所处的地位、拥有的权利、与他人的关系等方面的认识都属于社会自我的范畴。

（四）现实自我、投射自我与理想自我

根据自我的存在方式，自我意识可分为现实自我、投射自我与理想自我。

现实自我是个体站在自己的主观立场上对自己目前实际状况的认识和评价，如我是一个听话的孩子、我是一个成绩中等的学生。

投射自我又可称作镜中自我，是个体通过想象自己在他人心中的形象、他人对自己的看法及评价的基础上形成的自我感。如同学们都投我票，说明大家都认可我的能力，我是个具有领导力

的人。但个体的现实自我与投射自我之间往往会存在差距，当这一差距足够大时，个体就会觉得不被理解，知音难觅。

理想自我是个体在理想中想要达到的一种比较完美的自我形象，也就是个体想要成为的那个人，个人愿望、道德理想、价值观念等都属于理想自我的内容。一般情况下，个体的理想自我与现实自我之间会存在一定差距，这一差距是个体自我完善的动力。

拓展阅读　　　　自我意识的理论依据

1. 罗杰斯的观点　罗杰斯认为，人的自我可以分为现实自我和理想自我，两者之间的矛盾和冲突是个体心理不协调乃至失常的原因；个体在生活中获得的肯定评价，可以减少两种自我间的矛盾，有利于个体人格正常、健康地发展。

2. 弗洛伊德的观点　弗洛伊德把个体的自我分为本我、自我与超我三部分。他认为，上述三个方面保持平衡，个体的人格就会正常发展。否则，个体就会体验到焦虑，严重时还会出现人格异常或精神疾病。

3. 威廉·詹姆斯的观点　威廉·詹姆斯认为，个体自我的发展可分为三个阶段，即躯体我、社会我、精神我。他认为，个体最早是从自己的身体认识到自己存在，因此躯体我是个体最早产生的自我意识；然后，个体在与人交往的过程中，从他人对自己的反应以及自己承担的社会角色中获得社会我；最后，个体通过自身的心理发展及对生活经验的分析，逐步形成精神我。

4. 艾里克森的观点　艾里克森认为，个体自我意识的发展会持续一生，会经历不同的发展阶段，即婴儿期、幼儿期、游戏期、学龄期、青春期、成年初期、成年期、老年期。他指出每个阶段都有一个核心发展课题，每个阶段都不可逾越，只是达到的时间早晚会因人而异。

三、自我意识对个体成长的作用

自我意识是人类特有的心理现象，对个体的健康成长有非常重要的作用。

（一）自我意识可提高个体的认知能力

健康的自我意识可以提高人类认知过程的效能，使个体的感觉、知觉、记忆、想象、思维等认识活动更加合理有效。个体不仅可以认识客观世界，还可以把自己的认知过程当作认识的客体进行认识、监督、分析和调整，这就使个体有机会发现自己认识过程中存在的问题，选用更科学的认知策略，使自己的认识活动更完善、更客观。

（二）自我意识可以使个体拥有更丰富的情绪体验

在个体成长的过程中，自我意识健全的个体可以认识到"自我"的独特性，因而会体验到不同程度的"孤独感"；当个体产生自尊的需要时，就会体验到与自尊感相联系的"羞耻感"和"腼腆感"；随着自我探索的深入，个体会意识到自己的现实自我与理想自我之间的差距，"无奈、苦恼"等情感体验就会伴随而来……可见，自我意识的存在和发展使个体的情感世界变得日益丰富和复杂。

（三）自我意识可以促进个体意志的发展

人类意志行动的首要特征就是具有明确的行为目的，而行为目的的确定又以个体自我意识的存在为前提。在意志行动的完成过程中，个体需要对自我和环境进行严格区分，这就需要个体自我意识的参与。此外，动机的性质和强度会影响个体的意志力。研究表明，社会意义丰富的动机会比社会意义贫乏的动机更能支持人的意志行动，但动机的社会意义丰富与否是由行为者的自我意识从主观上加以判断和认定的。

（四）自我意识可以促进个体道德的发展

个体生活在社会中，其自我概念的发展就会受到社会规范的制约。每个个体都在生活中扮演一定的社会角色，社会对这些角色有一定的角色期望，这些角色期望承载着社会规范的要求、对个体的心理和行为进行约束。因此，社会道德就逐渐内化为个体自我意识的内容，调节着个体的心理和行为，使个体成为拥有道德意识和道德行为的人，从而极大地丰富了人的社会属性。

四、大学生自我意识的特点

与同龄人相比，大学生的自我意识受其教育背景和生活阅历的影响，有其独特性，主要有以下四个特点。

（一）强烈关注自我的发展

大学生的生理、心理日趋成熟，自我意识进一步发展，没有了中学阶段繁重的课业负担，而是有更多的时间和精力来进行自我探索。在此阶段，大学生会围绕个人未来的发展、个人的社会价值、个人的能力和品质以及个人影响力等主题，积极主动地进行自我探索，不少学生会自觉地把个人命运和集体、国家的命运结合起来，依据社会需要来调整个人的发展方向。

（二）日趋客观的自我评价

随着个体年龄的增长，个人知识经验的增加，大学生越来越能够客观、全面地评价自己。相关研究表明，大学生的理想自我与现实自我之间存在较高的相关性，其相关系数为 0.50~0.60，甚至达到 0.90，说明大多数学生的自我评价是基本客观的，能根据社会的需要来评价和设计自己。但是部分学生也会存在自我评价偏差，时而高估自己，时而低估自己。

（三）丰富而复杂的自我体验

研究者发现，在大多数时间里，大学生自我体验到情绪情感的基调是积极和健康的。他们对涉及我和与我有关系的事情都非常敏感，对别人的言行和态度也很在意，其情绪体验的内容也相当丰富。大多数学生喜欢自己、对自己的现状满意，有较强的自尊心和自信心。但同时，大学生的自我体验也具备复杂、含蓄的特点，且有一定程度的波动性。成功时，他们会产生积极、肯定的自我体验，甚至自高自大、得意忘形；失败时又容易产生消极、否定的情绪体验，会悲观失望甚至自暴自弃。其情绪体验两极性明显。

（四）显著提高的自我控制能力

在大学里，大部分学生能较客观地认识自己，有强烈的自我设计和自我规划的愿望，可以依据社会的需要并结合自己的实际情况来主动制定自己的发展目标和行动计划，并依据发展目标和计划来调节自己的行为，这说明大学生的自我控制能力有明显的提高。但同时，大学生又有强烈的独立和自主的愿望，他们渴望有自己独立的空间，希望摆脱管束。

五、大学生常见的自我意识偏差及成因

（一）自卑

案例 2-1　　　　　　　　　小然的苦恼

小然是大学一年级学生，来自农村，自幼学习刻苦，在中学阶段学习成绩一直名列前茅。入大学后，由于家庭条件较差，他总觉得自己穿着较土，而来自城市的同学个个都穿着时尚；在宿舍里聊天，城市同学能侃侃而谈，而小然则因为见识有限，又笨嘴笨舌，加上满口的家乡话，常常惹得同学们哄堂大笑。为此，小然自己觉得很丢脸，认为自己的口头表达能力差，由于害怕被嘲笑，所以很少与同学交流，加之原本突出的学习成绩不再突出，所以总觉得自己一无是处，并因此而感到痛苦，甚至想退学。

点评：小然觉得家庭条件不如同学好，学习成绩不如同学好，口头表达能力不如同学好，认为自己一无是处，产生了自卑心理。建议小然接纳自己的不足，找到自己的优势，慢慢提高自信。

自卑，是个体因为自己的某些不足或缺陷而对自己感到不满意，表现为对自己的能力或品质评价过低，轻视自己或看不起自己，总感到自己方方面面都不如别人，对自己没有信心。心理学家阿德勒认为：自卑感普遍存在于人类身上，只是自卑的程度、内容不同。他还强调自卑是人行为的原始决定力量或权利意志的基本动力。在他看来，自卑既可能促使个体发奋图强、超越自我、追求卓越以补偿自己的弱点，也可能会使个体迷失自我、自暴自弃，甚至出现严重的心理问题或精神疾病。

片面的自我认识与自我评价、性格内向、错误的归因、不恰当的社会比较是导致大学生自卑常见的主观原因，家庭困难、生理缺陷是常见的客观原因。

（二）自负

心理故事 2-2　　小老鼠与哈哈镜

在很久之前，森林里住着一只小老鼠，它有一面神奇的哈哈镜，那面镜子不光能把照镜者放大，还能将其照得仪表非凡。于是，小老鼠在这面镜子面前流连忘返，自我陶醉，渐渐地它相信镜中的生物就是自己，相貌堂堂、高大威猛、力大无穷、举世无双。它认为森林之王非己莫属，瞧不起同类，不愿与之为伍。

有一天，小老鼠在森林深处遇到了大象。它看不起大象，认为它既丑陋，又蠢笨，自己动一下脚趾头，就能让大象粉身碎骨，于是对大象出言不逊。大象泰然自若，不慌不忙地吸满了一鼻子水，把水喷向狂妄的小老鼠。一股巨大的水柱把小老鼠从石头上冲了下来，几乎把小老鼠呛死。小老鼠一瘸一拐地回到了家，幡然醒悟，原来这世上有比它强大得多的动物。

自负是个体不切实际地评价自己，高估自己的能力与优点，难以看到自身的缺点和不足，自以为是、自命不凡、目空一切。自负的人往往不愿听从师长的教诲，听不进同龄人的建议，特立孤行，骄傲自大。因为缺少自知之明，自负的人容易遭遇失败，也容易受伤。

自负与自信是两个不同的概念。自信是个体对自己发自内心的自我肯定与相信，通常表现为个体相信自己的价值，相信自己能力，是一种积极的自我评价。但如果个体过度膨胀，过于自信，高估自己的能力，不切实际地自我夸大，就有可能演变成自负。自信与自负的区别见表2-1。

表2-1　自信与自负的区别

项目	自信的人	自负的人
对他人的评价	总能看到别人的潜力	总带有优越感，多用负面词汇评价他人
对他人的态度	相信别人和自己一样优秀	认为自己比别人优秀
对自己的看法	能察觉自身的缺点，并努力去改进	活在自我崇拜中，无视自身的缺点
对他人的意见	能听取他人意见，主动取他人之长，补己之短	目空一切、固执己见、独断专行，遇挫折迁怒于他人

父母不恰当的教育方式、过于平顺的生活经历、过强的自尊心、片面的自我认识等都是导致大学生自负的主要原因。

（三）自我中心

案例 2-2　　没人缘的"才女"

怡欣，女，某大学二年级学生，不仅相貌出众、多才多艺，而且学习也好，再加上家庭比较富有，时常瞧不起班上其他同学。别的同学向她请教问题，她会随口说："这么简单也不会。"当看到别人穿着一般时，她也会说："太土了，不会买件好的穿上。"她给人的感觉就像是"公主"。有时她自己做错事了，也不承认，还多方辩解。在宿舍里，她想做什么就做什么。例如，熄灯后，她经常"煲电话粥"，影响舍友的休息，虽然舍友多次向她提出意见，但她总说自己有重要的事，必须接打电话，很少顾及其他同学的感受。她与同学的关系相当紧张，同宿舍的同学已联名写信给辅导员要求调换宿舍，怡欣自己也很郁闷，自己这么优秀的一个人，怎么会没人缘呢？
点评：做事以自我为中心，只考虑自己，不考虑他人，即使再优秀，也难免引起同学们的意见与不满。建议怡欣正确处理自己与他人的关系，学会换位思考。

自我中心是指个体过多地从自己的角度和标准去评价、认识事物的思维模式和行为方式，在生活中，考虑问题、处理事情都以自己为中心，只考虑自身的利益得失，不能换位思考，不能设身处地为别人着想，习惯别人迁就、服从自己，目中无他人，甚至自私自利。这种心理会妨碍大学生的人际交往，不利于个体的社会化。

家庭的娇惯与纵容、一帆风顺的生活经历、人际交往的缺少及社会上不良风气的影响是大学生出现自我中心问题的原因。

（四）苛求完美

案例 2-3　　　　　　　　　　刘琳的烦心事

刘琳，某职业学院大学二年级学生，是个非常严谨和认真的人。她做事情时总是想做到最好，用她自己的话说，就是一点瑕疵都不能有。其实她自己知道这样做没有必要，也很难做到，可是就是要尽力这样做。这种性格特点给刘琳带来了不少困扰，首先，做事情无论大小总是比别人费时费力；其次，由于老怕自己做不到最好，所以虽然刘琳渴望，但却不敢参加竞赛和接受挑战性的任务，她有一肚子苦水，认为自己的心理素质不是一般的差。
点评：刘琳的烦心事来源于自己苛求完美的心理。建议调整期望值，接受不完美，学会悦纳自我。

"做事情时总是想做到最好"是一种追求完美的心理倾向。这种心理倾向可以让我们不断挑战和超越自我，把事情做到精益求精。但在生活中过于追求完美，要求事事都达到自己内心的标准，对瑕疵缺憾零容忍，就会给个体带来巨大的心理压力。这种倾向会让人面对现实无能为力、急躁、自卑，甚至急功近利，这对个体的健康极为不利。在大学生中，对自己要求过高，过度关注自身不完美之处都是苛求完美的表现。

不能区分他人的期望和自己内心的需要，不能灵活地调整参照标准是导致部分大学生苛求完美的主要原因。

拓展阅读　　　　　　　　　犯错误效应

社会心理学家阿龙森曾做过这样一个实验，在一个竞争激烈的演讲会上，有四位选手，两位才能出众，而且不相上下，另两位才能平庸。演讲过程中，才能出众的选手中有一位不小心打翻了桌上的饮料，而才能平庸的选手中也有一位打翻了饮料。如果让你来评判，你会觉得这四个人当中，哪个更有吸引力呢？

实验结果表明：四人中，才能出众但犯了一点小差错的人最受欢迎；最缺乏吸引力的是才能平庸又犯小错误的人；排在第二的是才能出众但没有犯错误的完美者；才能平庸但没有犯错误的人的吸引力位居第三。

这一实验说明了一个道理，白璧微瑕比洁白无瑕的人更让人喜爱，小差错可以让才能出众的人更具魅力。

六、良好自我意识的标准

个体的良好自我意识是判断个体心理健康水平的重要指标。虽然目前尚无绝对、统一的标准，但大部分学者都认可,一个具备良好自我意识的人应该有自知之明,能积极地自我肯定、主动地自我反省,其自我认识、自我体验、自我控制协调,行动独立且又能与外部世界保持协调,理想我与现实我相统一,能主动发展自我并能促进社会进步。作为一个特殊的青年群体,判断一个大学生的自我意识是否健全,可参考以下指标。

1. 接受自己的生理状况,不自怨自艾。
2. 对自己的心理素质有较清晰的认识,知道自己的长处和短处。
3. 对自己所处的环境有较清晰的认识,包括家庭和学校环境。
4. 对自己的经历有正确的评价。
5. 对未来自我发展有明确的目标。
6. 对自己的需求有清楚的认识。
7. 知道生活中什么是应该珍惜的,什么是应该抛弃的。
8. 对妨碍自己达到目标的因素有较为清楚的认识。
9. 对自己能够做到的事情有较为清楚的认识。
10. 对自己的希望和能力的差距比较清楚。
11. 能正确估计自己的社会角色。
12. 对自己的情绪有较为清楚的认识。
13. 明白自己能力的极限。

拓展阅读　　　　自我和谐

自我和谐是由美国人本主义心理学家罗杰斯最早提出的,是其人格理论中一个非常重要的概念。其含义涉及三个方面,即自我内部的协调一致、自我知觉间的一致性和自我与经验之间的协调。

在日常生活中,当个体的各种自我知觉之间出现了冲突或自我与经验之间出现了矛盾时,个体就会处于"不和谐"的状态,体验到内心的不安和困扰。现有的研究表明,个体的自我和谐水平是反映其心理健康状况一个非常重要的内在指标。我们每个人都曾经历过不同程度的"不和谐",自我和谐的过程实际上是个体在成长的过程中不断地自我探索,充分发挥自己的潜能,努力自我完善,在最大程度上促使现实的自我和理想的自我趋近一致的过程。两者之间的矛盾与冲突一旦得以解决,个体的自我意识便会协调一致,个体就会呈现出和谐状态。

七、完善自我的途径与方法

(一)正确认识自我

常言道:"人贵有自知之明",可见古人认为能够自知是人的可贵之处,同时也说明能正确认识自我并非是件容易的事情。古人又把自知称为"明",认为自知是一个人智慧的体现,所以对每个大学生来说,正确认识自我是非常重要的。怎样才能更好地认识自我呢?实践证明可以通过以下 5 条途径实现。

1. **通过自我反省来认识自我**　"吾日三省吾身。为人谋而不忠乎?为朋友交而不信乎?传而不习乎?"这种自我反省的方法是古人修身养性的重要方式,也是个体可以借鉴的正确认识自我的方法。每个大学生都应该主动去思考:"我是一个什么样的人?我要什么样的生活?我将如何度过我的大学时光?我有哪些长处和短处?今天的我是否为我的未来尽力了?"等问题,通过这样一系列的自我反省,个体能够更深刻地了解自己,完善自我评价标准,从而更加全面深刻地认识自我。

2. **通过与他人比较来认识自我**　个体总是不自觉地把自己与他人进行比较,有比较才能有鉴别。通过与周围的普通人比较，个体可以了解自己的实际能力水平和在群体中所处的地位，明了自己的优势与不足；通过与强者比较，个体则能找到自己的差距和努力的方向，激发自己前进的动力。合理的社会比较可以提升个体的自信心，是个体自我完善的基石。不过，个体在与他人比较时应注意选择恰当的比较群体。

3. 从他人的评价中来认识自我　唐太宗曾说过："夫以铜为镜，可以正衣冠；以古为镜，可以知兴替；以人为镜，可以明得失。"一般来说，个体重视他人对自己的看法，特别是权威人士对自己的评价。他人的评价是站在客观的立场上，可以帮助个体发现自己平时难以觉察的特征，所谓"当局者迷，旁观者清"就是这个道理，借鉴他人对我们的评价有利于个体更全面地认识自我，减少盲区。因此，合理地利用他人的评价是个体客观认识自我的一个有效方法。

4. 从实际生活和工作中认识自我　个体可以通过分析自己曾经做过的事情，分析自己成功或失败的经历来了解自己。例如，可以通过分析自己做事的效率和效果来判断自己的能力高低；也可以在生活和工作中寻找适当机会来验证自己是否具有某方面的天赋或才能，与其他的认识自我的方法与途径相配合，个体可以更全面、更客观地认识自我。

5. 通过专业的心理测评来认识自我　设计科学、操作严谨的专业心理测验可以作为一种辅助工具来帮助个体了解自我。比如，个体可以通过智力测验来了解自己的智力水平，通过人格测验来了解自己的人格特征。运用心理测验的目的是让个体更好地发现自我、完善自我、适应社会和驾驭人生（图2-1）。

认识自我

图 2-1

拓展阅读　　　　　乔韩的窗口理论

乔韩的窗口理论由美国心理学家 Jone 和 Hary 提出，他们认为个体的自我可以分为四部分，即公开的我、盲目的我、秘密的我和未知的我（表2-2）。

表 2-2　乔韩的窗口理论

	自己知道的	自己不知道的
他人知道的	公开的我	盲目的我
他人不知道的	秘密的我	未知的我

公开的我，是个体愿意公开或不能隐藏的那部分自我，也就是真实、透明的自我。包括个体的性别、名字、相貌、职业等许多自己与他人都知道的东西。

盲目的我，是个体没有意识到或在他人面前无意识地表现出来的那部分自我，如个体的一些习惯性的动作、口头禅及认知上的偏见等。

秘密的我，是个体不愿让他人知道或不愿在他人面前显露的那部分自我，是个人的隐私部分，如对某人真实的看法、羞愧的过往等，都属于这一部分。

未知的我，属于无意识层面，虽然没有被个体觉察到，但可以驱使个体去做某些事情。通过一些契机这一部分可以被激发出来。

这四个部分在每个人身上所占的比例有所不同，并会随着个人的成长、生活经历和教育环境的变化而变化。个体公开的我越大，个体的自我认识和自我评价就越客观、越全面，个体的心理就越健康。实际上，个体自我认识的过程就是不断地扩大公开的我，减少盲目的我和未知的我的过程。

（二）主动悦纳自我

悦纳自我，是指个体对现实的自我持肯定、认同和接纳的态度，即"我接受我，我爱我。"相关研究表明，能够认同和欣赏自己的个体通常具有较强的自信心。因此，积极主动地悦纳自我是个体心理健康水平的重要保障，也是科学塑造自我、努力完善自我的前提。

1. 无条件地接受自己　世界上的每个人都是独一无二的，接受自己的独特性，是指既接受自己的优势、强项，也接受自己的不足和缺憾，因为人无完人，所有这些都是个体独特性的一部分。只有完完全全地接受自己，个体才能喜欢自己、欣赏自己，才会有积极的自我体验。

2. 避免过度自我批评　传统文化倡导批评与自我批评，目的是帮助个体更好地改善自我，但是自我批评过度就可能使个体养成自我否定的习惯，而过多的自我否定会压抑个体的潜能，瓦解个体的自尊和自信，令个体失去人生方向，陷入自卑的泥沼。因此，个体要学会自我鼓励以肯定自身的价值。

3. 调整自我期望水平　每个人都对自己有很多的期望，合理的自我期望可促使个体自我完善、自我实现，是个体前进的动力。但是如果自我期望与现实状况反差太大，个体就会感到巨大的心理压力，这样的期望会成为个体发展的负担和障碍，所以个体应该根据自己的实际情况来调整自我期望的水平。

（三）有效控制自我

自我控制是个体完善自我的重要途径，是指个体主动地对自己的心理品质、心理特征及行为进行改造的过程，即主动提升、完善现实我以达到理想我的过程。在这一过程中，个体应遵循以下步骤：首先，在分析社会需求的基础上，结合自己的实际情况确立合适的"理想我"；其次，提升自己的自信心和自我效能，这两者是个体有效控制行为的激励因素，较高的自信心和自我效能水平可以推动个体为实现理想我而不断奋进、勇往直前；最后，培养顽强的意志品质。坚强的意志是个体有效控制自我的保障。自觉地明确自己发展的目标、主动排除干扰、克服困难、理智地对待成功与失败、做到胜不骄败不馁等，都是个体意志力的重要表现。为了增强个体的意志力，个体应多参加实践活动，特别是那些平淡、枯燥或困难的活动，以磨炼意志品质。

（四）不断超越自我

个体的成长过程就是对原有的自我不断进行改造、超越，不断地抛弃旧我、产生新我的过程。自我超越是个体成长、成熟的必经过程，没有对自我的超越，个体就无法走向成熟。就大学生来说，超越自我应成为其终身奋斗的目标，所以个体应善于利用自己的优势，充分挖掘自身的潜能，勇敢接受挑战，不断自我完善，以达成健全自我意识的终极目标。

训 练 活 动

训练活动 2-1　　　自己眼中的我，他人眼中的我

【目的】认识到自我评价与他人评价之间的差异。

【步骤】

1. 学生自由组合，两人一组。
2. 教师宣读指导语

（1）假如让你做一个自我介绍，请写下5个最能代表你自己特点的词汇来描述一下自己。

自己眼中的我：_____

（2）假如让你介绍一下你的同伴，请写下5个最能代表他特点的词汇来描述一下他。

他人眼中的我：_____

3．学生交换彼此的评价，对比自我评价与他人评价之间的差异，并讨论出现差异的原因。

训练活动 2-2　　　　我的二十行诗

【目的】在同伴的帮助下客观地认识自己。

【步骤】

1．要求学生完成 20 句"我是一个怎样的人"，尽量选择最能够代表个人风格的句子，避免出现"我是一片云"等过于抽象的语句。

2．要求学生将自己所写的句子根据内容归类。

（1）生理特点（外貌、身高、体型等）有＿＿＿＿句。

（2）心理特点（情绪、性格、心智等）有＿＿＿＿句。

（3）社会状况（与他人的关系、社会地位、与事件的关系等）有＿＿＿＿句。

3．要求学生传看彼此的作业，并标注自己的看法。

（1）在你认为最能代表他特点的语句前标上"☆"。

（2）在你认为不客观的语句（或你不喜欢他这样说自己）前面标上"？"。

4．学生对自己作业中标"？"的语句进行讨论并修正。

训练活动 2-3　　　　理 想 的 我

【目的】了解自己的理想，明确努力方向。

【步骤】要求学生尽可能多地想出自己在人生每个阶段中所扮演的重要角色，如学生、子女（儿子或女儿）、职场人士、持家者（丈夫或妻子）等，越全面越好。请描述出自己在每个角色中想成为的那个人，思索一下现在应如何去做，才能达到自己理想中的自我，然后完成表 2-3。

表 2-3　我的角色

角色	理想的我	我的努力方向
学生		
职场人士		
持家者		
…		

训练活动 2-4　　　　个人优点检查表

【目的】全面认识自己的优点。

【步骤】学生完成个人优点检查表，并对照自己的优点找出相应例证。

个人优点检查表

情绪上的优点　　　　　　　　　　　　　　　　　　　　实例

☐ 温暖

☐ 敏感

☐ 关心别人

☐ 有同情心

☐ 具有同理心

☐ 能针对别人的需要做出适当的反应

☐ 慷慨

- [ ] 慈善
- [ ] 能鼓舞别人的信心
- [ ] 了解别人
- [ ] 体贴
- [ ] 能照顾别人
- [ ] 考虑周到
- [ ] 能支持别人
- [ ] 大度
- [ ] 有直觉力
- [ ] 其他情绪上的能力

智能上的优点　　　　　　　　　　　　　　　　　　　实例
- [ ] 善于分析
- [ ] 知觉敏锐
- [ ] 聪明
- [ ] 有智慧
- [ ] 反应快
- [ ] 善于掌握观念
- [ ] 有逻辑能力
- [ ] 能急中生智
- [ ] 领悟力强
- [ ] 记忆力好
- [ ] 对学问有好奇心
- [ ] 语文能力好（听、说）
- [ ] 语文能力好（读、写）
- [ ] 推理能力佳
- [ ] 其他智能上的优点

美感上的优点　　　　　　　　　　　　　　　　　　　实例
- [ ] 对颜色敏感
- [ ] 设计能力不错
- [ ] 有创意
- [ ] 有想象力
- [ ] 会发明一些小东西
- [ ] 懂得配置家具
- [ ] 很会选衣服
- [ ] 很会烹饪
- [ ] 很会安排食物
- [ ] 很会插花或摆设盆景
- [ ] 懂得园艺
- [ ] 能弹奏乐器
- [ ] 绘画在行
- [ ] 很会唱歌
- [ ] 演奏能力不错
- [ ] 会创作音乐
- [ ] 很会演戏
- [ ] 能做手工艺

☐ 很会跳舞
☐ 其他美感上的优点

人格上的优点　　　　　　　　　　　　　　　　　　　　　　实例
☐ 热心
☐ 有勇气
☐ 有决心
☐ 诚实
☐ 坦白
☐ 公平
☐ 有幽默感
☐ 迷人
☐ 有坚持力
☐ 自然不做作
☐ 有口才
☐ 有说服力
☐ 开放
☐ 有弹性
☐ 活泼有趣
☐ 有领导能力
☐ 负责任
☐ 努力不懈
☐ 有自省力
☐ 温和的
☐ 热情的
☐ 整洁的
☐ 其他人格上的优点

体能上的优点　　　　　　　　　　　　　　　　　　　　　　实例
☐ 平衡能力不错
☐ 体力不错
☐ 耐力不错
☐ 协调性好
☐ 动作灵敏
☐ 有运动精神
☐ 双手灵活
☐ 体型良好
☐ 其他体能上的优点

训练活动 2-5　　　　自我和谐测量

【目的】通过完成心理测验来了解自己的自我和谐水平。

【步骤】根据指导语，完成下列测验，并依据教师提供的评分标准，对自身的自我和谐水平进行评判。

自我和谐量表

指导语：以下列出了一些人对自己的看法，请仔细地阅读每一道题目，然后根据您的实际感觉与情况，请在符合自己情况的项目标记栏中打"√"。

项　　目	完全不符合	比较不符合	不确定	比较符合	完全符合
1. 我周围的人往往觉得我对自己的看法有些矛盾。					
2. 有时我会对自己在某方面的表现不满意。					
3. 每当遇到困难，我总是首先分析造成困难的原因。					
4. 我很难恰当地表达我对别人的情感反应。					
5. 我对很多事情都有自己的观点，但我并不要求别人也与我一样。					
6. 我一旦形成对事情的看法，就不会再改变。					
7. 我经常对自己的行为不满意。					
8. 尽管有时得做一些不愿做的事，但我基本上是按自己的愿望办事的。					
9. 一件事情好就是好，不好就是不好，没有什么可以含糊的。					
10. 如果我在某件事上不顺利，我就往往会怀疑自己的能力。					
11. 我至少有几个知心的朋友。					
12. 我觉得我做的很多事情都是不该做的。					
13. 不论别人怎么说，我的观点绝不改变。					
14. 别人常常会误解我对他们的好意。					
15. 很多情况下，我不得不对自己的能力表示怀疑。					
16. 我朋友中有些是与我截然不同的人，这并不影响我们的关系。					
17. 与别人交往过多容易暴露自己的隐私。					
18. 我很了解自己对周围人的情感。					
19. 我觉得自己目前的处境与我的要求相距太远。					
20. 我很少去想自己所做的事是否应该。					
21. 我所遇到的很多问题都无法自己解决。					
22. 我很清楚自己是什么样的人。					
23. 我能很自如地表达我想表达的意思。					
24. 如果有了足够的证据，我也可以改变自己的观点。					
25. 我很少考虑自己是一个什么样的人。					
26. 把心里话告诉别人不仅得不到帮助，还可能招致麻烦。					
27. 在遇到问题时，我总觉得别人都离我很远。					
28. 我觉得很难发挥出自己应有的水平。					
29. 我很担心自己的所作所为会引起别人的误解。					
30. 如果我发现自己在某些方面表现不佳，总希望尽快弥补。					
31. 每个人都在忙自己的事情，很难与他们沟通。					
32. 我认为能力再强的人也可能会遇上难题。					
33. 我经常感到自己是孤立无援的。					
34. 一旦遇到麻烦，无论怎样做都无济于事。					
35. 我总能清楚地了解自己的感受。					

【计分方法和结果解释】

各分量表的得分为其所包含的项目分直接相加。三个分量表包含的项目分别为：

（1）自我与经验的不和谐：1、4、7、10、12、14、15、17、19、21、23、27、28、29、31、33，共16项。

（2）自我的灵活性：2、3、5、8、11、16、18、22、24、30、32、35，共12项。

（3）自我的刻板性：6、9、13、20、25、26、34，共7项。

总分的计算方法：完全不符合计1分；比较不符合计2分；不确定计3分；比较符合计4分；完全符合计5分。将自我的灵活性反向计分，再与其他两个分量表得分相加。得分越高，个体的自我和谐程度就越低。大学生的参照标准：低于74分为低分组；75～102分为中间组；103分以上为高分组。

第2节 提升自我效能

名人名言 我们这个时代最伟大的发现，就是人们可以通过改变自身的思想观念，进而改变自己的生活。

——威廉·詹姆斯

心理故事 2-3　　　　　　　安徒生的故事

安徒生在很小的时候，他的父亲就去世了，留下他与母亲相依为命。有一天，他和一群小孩获邀到皇宫里去晋见王子，他满怀希望地唱歌，朗诵剧本，希望他的表现能获得王子的赞赏。等到表演完后，王子和蔼地问他："你有什么需要我帮助的吗？" 安徒生大声地说："我想写剧本，并在皇家剧院演出。"

王子把眼前这个有着小丑般大鼻子和一双忧郁眼神的笨拙男孩从头到脚看了一遍，对他说："背诵剧本是一回事，写剧本则是另外一回事，我劝你还是去学一项有用的手艺吧！"但是，安徒生相信自己的能力，相信自己一定能够实现自己的梦想。他回家后，不但没有去学糊口的手艺，还打破了存钱罐，向母亲道别，到哥本哈根去追寻他的梦想。他在哥本哈根流浪，敲过所有哥本哈根贵族家的门，虽然被屡次拒绝，但是他从未想到过退却。他一直坚持写史诗、爱情小说，并相信自己有能力写出受欢迎的剧本。他说："我相信自己能够成功，即使有再多的困难，我仍旧要坚持写下去！"

1825年，安徒生随意写的几篇童话故事，出乎意料地引来了孩子们的争相阅读，许多读者还渴望他能不断地发表新作品。直至今天，《皇帝的新装》《丑小鸭》等许多童话故事还在陪伴着世界各国的儿童共同成长。

在生活中，有些个体可以将积极进取的奋斗状态长期保持，从而取得了巨大成就；而另外一些个体虽然可以意识到自己的任务，也明白完成任务对自己的重要性，但往往会中途放弃，最终的表现自然也就平平。导致这种差距出现的原因是个体的自我效能——一个可以影响人们活动持久性和积极性的心理因素。

一、自我效能

（一）自我效能的含义

1977年，美国心理学家艾伯特·班杜拉在长期的研究中捕捉到了积极思维模式对个体的影响，提出了自我效能的概念，这是班杜拉的社会认知理论中的核心概念。班杜拉认为，自我效能是个体在解决问题的过程中，对自己能力、效率及信心的认识。他在对自我效能进行了长期、大量的研究后发现，具有较高自我效能的个体通常相信自己可以控制自己的命运，认为自己有能力应付生活中的各类事件，有能力克服障碍，有能力取得成功。因此，他们会主动寻求挑战并坚持到底。后来，越来越多的研究者开始关注自我效能的研究，20世纪80年代，自我效能的理论得到了极大的丰富与发展。

自我效能既不是技能，也不是一个人的真实能力，而是个体对自己能力的主观感受，是个体对自己完成特定任务所具有的行为能力的自信程度。它包含三层含义：第一，自我效能是个体对能否达到某一表现水平的预期，产生于活动发生之前；第二，自我效能是针对某一具体活动的能力知觉，与能力的自我概念不同；第三，自我效能是个体对自己能否达到某个目标或特定表现水平的主观判断。生活中，当个体对某种活动具备较高的自我效能时，个体就会去从事该活动。

（二）自我效能、自我概念及自尊辨析

自我效能、自我概念、自尊是三个不同的概念。自我效能是个体对自己在特定情境下完成某项特定任务能力的评价。大量研究表明，自我效能具有情境特定性，可随着主题或任务的变化而改变。例如，个体在绘画方面的自我效能很低，但对自己的运动能力信心十足。自我概念涵盖的内容更广泛，自我效能只是个体自我概念的一部分。自我概念需要个体通过内外世界的对比来发展，在此过程中个体通常会以他人或自我的其他方面作为参照框架，而自我效能关注的是个体能够成功完成一项特定任务的能力，不需要与他人对比。同时，个体自我效能对其行为的预测力要比自我概念强。

个体的自尊是个体对自我价值的判断，而自我效能则是对个人能力的判断，两者之间没有直接的关系。个体可以具有某种较高的自我效能，如较高的学业自我效能、计算机自我效能等，但却未必同时具有较高的自尊，反之亦然。例如，个体绘画方面的自我效能很低，却不会影响个体的自尊水平，因为在个体看来，绘画在个体的生活中并不是必需的。但当个体在自己看重的某些领域缺乏效能时，其自尊就会受到影响。

（三）自我效能的维度

班杜拉认为，个体的自我效能会在幅度（magnitude）、强度（strength）和广度（generality）三个维度上发生变化。

个体自我效能在幅度上的变化是指一个人认为自己所能完成的、指向特定目标的行为的难易程度。一般来说，在完成任务的过程中，个体所从事的指向同一目标的不同行动，其难度存在差异；另外，同一行动在不同情境和身心状态下，其难度也会不同。例如，在平时做练习时，学生处于身心放松状态，他们比较有把握能顺利完成各个题目；但在充斥着压力和紧张气氛的考场上，学生往往处于高度焦虑状态，往往会对自己的能力产生怀疑。

自我效能在强度上的变化是指个体对自己实现特定目标行为的确信程度，也就是个体对自己是否有能力完成不同难度、不同复杂度的活动或任务的信心。例如，两位吸烟者都认为自己能在朋友聚会的场合不抽烟，但其中一个人可能会有更强的自信心。个体在面对挫折、痛苦或其他影响目标实现的障碍时所表现出的坚持性和意志力，就是个体自我效能强度的最好证明。

自我效能的广度，实则就是自我效能的可迁移性，是指个体在某一领域内的自我效能水平会在多大程度上影响其在其他领域内的自我效能。比如，个体由于顺利完成学习任务而获得的较高自我效能，是否会增强个体在其他领域完成任务时的信心，如坚持锻炼、节食减肥等。

（四）自我效能对个体的作用机制

心理故事 2-4　　　　　　　魔法妈妈的坚定信念

1997 年，由乔安妮·凯瑟琳·罗琳创作的《哈利·波特》系列的第一部《哈利·波特与魔法石》在英国出版后，引起了全世界的轰动，无论是成年人还是孩子都被书中描述的奇妙的魔法世界深深吸引，罗琳也被大家誉为"哈利·波特之母"。但是在这一系列作品的第一部——《哈利·波特与魔法石》出版前，罗琳所遇到的困难是超出常人想象的。

在罗琳开始创作《哈利·波特》系列小说之前，她是一位贫困的独自带着女儿的单身妈妈。她的住所又小又冷，因此她常到附近的尼克森咖啡馆里去写作。没钱点餐的她，总是点上一杯咖啡，等女儿睡熟之后，就开始写哈利·波特的故事，女儿睡多久，她就写多久。终于，她克服了生活的艰辛，

> 完成了这一系列的第一部作品，不过更多的烦恼随之而来——没有出版社愿意出版这部小说。但这并没有打垮罗琳，她非常坚定地认为自己的作品一定可以得到全世界的认可与喜爱。在被12家出版社拒绝之后，一家小型的出版社愿意出版其作品。通俗易懂的语言、环环相扣的情节、天马行空的构思，使得《哈利·波特与魔法石》在一夜之间征服了世界各地的读者，罗琳也成为著名的畅销书作家。在接受采访时，她谈到了自己成功的秘密，她说："我非常相信自己，相信自己的能力，有一种必然成功的信念。"

班杜拉认为，个体的自我效能主要通过选择过程、认知过程、动机过程、情绪过程来影响个体的机能。

1. 选择过程　自我效能对个体选择过程的影响主要有两方面：一是会影响个体对环境的选择；二是影响个体对行为活动的选择。

三元交互作用理论认为，个体既是环境的产物，又是环境的营造者。当面临不同的环境条件时，个体的自我效能决定了他会选择什么样的环境。通常情况下，个体会避开那些自认为无法控制的环境，而去选择觉得有把握控制的环境。个体一旦选定了环境，这些环境就会影响其行为和人格的发展。

此外，个体的自我效能还会影响个体对行为活动的选择。一般来说，同一问题往往存在多种解决问题的方式，不同的解决问题的方式需要个体从事不同的活动，而不同的活动又需要个体具备不同的知识、技能。所以，选择何种活动、何种解决问题的方式取决于个体对各种活动的自我效能水平；同时，不同的解决问题方式，也可以使个体得到不同的经验和体验，又会对个体各方面的自我效能产生影响。在这一过程中，个体的一部分潜能被发掘，而另一部分潜能则被忽视。

2. 认知过程　班杜拉认为，个体的行动受其思维支配，可以预测未来的行为结果是个体思维的一个主要功能。个体的自我效能会影响其预期目标的设定，而预期目标则调节着个体的目的性行为。所以，个体的自我效能越强，其设定的目标就越具有挑战性，其成就水准也就越高。

同时，个体的自我效能还可以影响个体的归因方式和对行为控制点的知觉，进而影响个体思维和活动的效率。一般来说，自我效能强的个体往往将成功归因为自己的能力和努力，将失败归因为自己努力的程度不够。这样的思维方式可以提高个体的动机水平，促进其技能发展。同样，就控制点知觉来说，具有较高自我效能的个体会觉得能通过努力来改变自己的现状；而具有较低自我效能的个体，就会认为自己无能为力，因为在他们看来，行为结果完全是由环境所控制的。

3. 动机过程　自我效能还会影响个体在所从事活动中的努力程度，以及在面临困难和挫折时，个体活动的持久性和耐力。具有较高自我效能的个体会在活动中付出更多的努力，并持之以恒，一直到活动目标实现；而具有较低自我效能的个体则反之。

4. 情绪过程　个体的自我效能对其情感状态的自我调节也有影响，自我效能通过控制思维、行动和情感三种途径来影响个体情绪体验的性质和情绪的紧张性。个体控制潜在威胁性的自我效能在其焦虑唤醒过程中起着关键的作用，具有较高自我效能的个体在处理潜在威胁时，认为自己能有效地控制潜在威胁，几乎不会出现情感唤醒，既不会产生恐惧性认知，也不会受其困扰；而当个体认为自己不能有效控制潜在威胁时，就会经历高水平的焦虑。

不同自我效能个体的差异比较见表2-4。

表 2-4 高、低自我效能个体的差异比较

	项目	高自我效能的人	低自我效能的人
特性	生活目标的确立	为自己设立高目标,选择有挑战性、感兴趣、困难的工作任务	为了逃避压力,选择降低自己的目标和较轻松容易的工作任务
	对自己能力的评估	对能运用自己的资源,采取必要的行动完成某项工作的能力评估充满自信	对自己的能力没有自信,无法有效运用自己的能力
	对自己的激励	在困境中坚持到底,遇到挫折,相信是自己努力不够,而不是能力不足	遭遇困难时,就感到泄气,放弃努力
	情绪状况	充满信心、情绪饱满	怀疑、担心、紧张、害怕
未来发展	工作表现	工作绩效良好,学业表现优异	工作绩效不佳,学业表现普通
	健康状况	比较不容易生病,健康的行为较多	比较容易生病,健康的行为较少,甚至会出现酗酒、抽烟、滥用药物的危险行为
	适应结果	适应良好、自我成长	容易出现焦虑、恐惧和抑郁

拓展阅读　　自我效能的相关研究

1. 自我效能对个体学业成绩的影响　大量的研究表明,个体的自我效能与个体的动机、努力程度、抱负水平以及在课堂上的坚持性呈正相关。具有高自我效能的人会拥有更多的学习方法和更有效的学习策略,这些方法和策略可以帮助学生提高成绩。而低自我效能者对取得较好的学业成绩缺乏信心,倾向于采用自我阻碍的策略来保护自己的自我价值感。

2. 自我效能对个体职业选择和工作绩效的影响　首先,自我效能的性别差异会影响个体的职业选择。研究表明,男性和女性对自己在不同职业胜任力上的知觉存在显著的性别差异。无论在传统的"男性"职业,还是在传统的"女性"职业上,男性都有较高的自我效能;而女性只在传统的"女性"职业上有较高的自我效能。其次,个体的自我效能与工作绩效之间存在显著正相关,个体的自我效能越高,其工作绩效就越好。

3. 自我效能对个体身心健康的影响　相关研究表明,自我效能对个体的健康行为、身体疾病的康复都有影响。高自我效能个体的身心健康水平要好于低自我效能者。自我效能高的人其抑郁、焦虑、神经质和身体不适的程度都较低,生活满意度较高,他们能积极应对压力,乐观面对未来,并能积极参与身体锻炼,预防疾病。

(五)影响自我效能形成的因素

个体自我效能的形成受诸多因素的影响,目前的研究表明,亲历的成败经验、替代性经验、言语说服、生理或情绪唤醒是影响个体自我效能形成的主要因素(图2-2)。

1. 亲历的成败经验　是指个体通过亲身操作获得的成功或失败的直接经验。现有的研究表明,对个体自我效能的形成影响最大的就是个体的亲身经验,是个体自我效能最强有力的信息源。成功的经验可以提高个体的自我效能,使个体对自己的能力充满信心。连续的成功可以使个体的自我效能趋于稳定,并迁移到其他情境中,不会因偶然的挫折、失败而降低。而个体失败的经验则起相反的作用,多次的失败经验会影响个体对自己能力的评估,降低其自我效能。此外,个体自我效能的形成还会受到任务的难度、个人的努力程度、外部援助的多少等因素的影响。若个体在任务难度大、外部援助少且自身努力不够的情况下取得了成功,其自我效能就大大增强,若个体在这种情况下失败,其自我效能也不会减

图 2-2

弱；反之，当个体在任务简单、外部援助充足、自身又付出了艰辛努力的情况下取得成功，其自我效能则不会增强，相反，个体在这种情况下失败的经历会降低其自我效能。由此可见，成功或失败的直接经验是否会影响个体的自我效能取决于个体对这些经验的主观解释。

2. 替代性经验 是指个体通过观察示范者的示范行为及行为的结果而获得的对自己行为表现的预期。它是个体通过观察学习而获得的间接经验，对个体自我效能的形成也有重要影响。当个体观察到与自己水平相当的示范者取得了成功时，就会觉得"如果他们可以，我也可以"，认为自己也可以成功地完成相同的任务，其自我效能就会增强；但当个体看到与自己能力不相上下的示范者遇到了失败时，就会形成"如果他们不行，那我也不行"的观念，觉得自己成功的希望也非常渺茫，其自我效能就会降低。但是，若示范者与个体迥然不同，其示范行为及结果就不会对个体产生太大影响。

一般来说，替代性经验对个体自我效能的影响力要比直接经验小得多，但替代性经验可以增强或抵消直接经验的效果。但是在示范者与个体实际情况非常相似，示范者的行为反复多次成功或失败，提供了高自我效能的示范等情况下，替代性经验的影响力可能会超过直接经验。

3. 言语说服 研究表明，来自他人的说服性的建议、暗示及劝告对个体的自我效能也有影响。虽然在提升个体自我效能的过程中，言语说服的方法简单易用，也非常有效，但这种方法却难以让个体形成持久的自我效能，尤其是缺乏实际体验基础的言语说服，其效果则更不明显。说服者的身份、可信度、说服目的、说服方式和说服内容等因素都会影响说服的效果，如果个人的直接经验与言语说服的内容存在偏差，说服往往很难起效。此外，与前两种方式相比，言语说服在个体自我效能的形成中起的作用是有限的。

4. 生理或情绪唤醒 班杜拉认为，来自情绪和生理状态的信息会对个体的自我效能产生影响。在充满危险、令人紧张和恐惧、身体负荷比较大的情况下，个体的情绪容易被唤起。高度的情绪唤起和过度的生理反应会干扰个体的行为表现，导致其成功期待降低。比如，高度的焦虑、抑郁可以让个体低估自己的能力；过度的疲劳则会让个体感到任务难以胜任。所以，个体的情绪和生理状态会与其自我效能密切相关。班杜拉还指出，在这一过程中，起关键作用的是人们对这些生理和情绪反应的知觉、解释。例如，将心跳加速原因归为运动的结果和将其归因为过度紧张，对个体自我效能的影响是不同的。

（六）提升自我效能的方法与途径

1. 积累成功经验 亲历的成功经验可以让个体对自己的能力给予正面、积极的评价，增强自信心，从而提升自我效能。所以，采取必要的措施保证成功、减少失败在提升个体自我效能的过程中是非常关键的。在实际操作的过程中，个体可以根据自己的实际情况把难度较大的任务分解为若干个子任务，先从难度较低的子任务做起，然后循序渐进，逐步加大任务难度，使自己不断地获得成功体验，进一步增强自信心和胜任感，提升自我效能。

2. 学会合理归因 归因是指个体从可能导致行为发生的各种因素中，认定行为的原因并判断其性质的过程。合理的归因有助于个体提升自己的自我效能。心理学家韦纳认为，可以从内部/外部、可控/不可控、稳定/不稳定3个维度来分析人们的归因方式，人们通常会将行为的原因归结为能力、努力、运气和任务的难度4种。已有的研究表明，某些归因方式可以提升个体的自我效能。例如，把考试成功归因为自己能力强，而不是运气好，个体就会增强自信，提升自我效能；若把考试失败归因于自己的能力差，自己没有学好某门课程的潜质，个体就会丧失信心，其自我效能就会降低；但若将失败归因于个体的努力不够，下次考试个体就会加倍努力，这就不会降低其自我效能。因此，主动了解自己的归因方式，学会合理归因是提高个体自我效能的有效方法。

3. 选择恰当的学习模仿榜样　虽然在提升自我效能的过程中，直接经验比个体通过替代性学习和模仿获得的间接经验更有效，但榜样的力量也是不容忽视的。榜样的表现不仅可以给个体提供比较和判断自己能力的标准，还可向个体传递通过努力可以获得成功的信念，所以个体应主动地去发掘、寻找与自己能力相当的优秀榜样，有意识地去学习其优点、模仿其成功的行为、增强自己成功的信心，提升自我效能。

拓展阅读　波波玩偶实验

阿尔伯特·班杜拉曾给一群5岁的孩子各自单独放映一个关于成年男子攻击行为的影片。男子推倒玩偶，一边坐在上面大喊"鼻子吃我一拳，啪！""躺下！"等话语，一边拳脚相加。孩子们虽然看到的都是同一影片，但结尾不同。根据影片不同的结尾，孩子们被分为了3组。

第一组：攻击性补偿——影片结尾出现其他成年人，称赞男子为"强大的冠军"，给予巧克力、饮料等礼物。

第二组：攻击性处罚——骂男子为"坏蛋"，殴打男子致其丧胆。

第三组：无任何结果——关于男子的攻击性行为不给予任何奖励或处罚。

影片结束后，孩子立即被带进有波波玩偶和其他玩具的房间里。实验者观察孩子模仿男子攻击性行为的程度，结果如下：

1. 看了攻击性行为得到强化影片的儿童最有攻击性。
2. 看了攻击性行为受到处罚影片的儿童表现出最少的攻击性。
3. 看了攻击性行为没有得到任何奖励和处罚儿童的攻击性处于中间水平。

从以上结果可以看出，孩子们的行为会受到间接或者替代性经验的影响。观察他人的经验会影响儿童的自身行为。孩子们虽说都学习了男子的攻击性反应，但却会根据男子被强化了、受到处罚了还是表现出中立的结果而产生不同的行为。

4. 积极的自我暗示　他人的称赞和鼓励可以帮助个体把自我怀疑变为自我肯定，从而提升个体的自我效能。研究表明，在成长阶段经常受到称赞和鼓励的人群，其自我效能大都比较高。此外，自己称赞自己也是有效果的，经常给予自己积极、肯定的暗示，不断重复想要传递给自己的信息，如"我能行！我很棒！"等，可以强化个体的自信心，提升效能感。

5. 提高自己的身心健康水平　个体的自我效能与身心健康状况也有着密切关系。良好的身心健康状况有助于个体保持积极的心态，而积极的心态可以促使个体进行自我观察、自我调节与自我反思，从而形成个人控制感和自信心；相反，疾病、疲劳和身体不适容易使个体体验到焦虑、无助、悲观等消极的情绪体验，进而导致自我怀疑和自我效能降低。因此，保持良好的身心健康水平是提高个体自我效能的一个必要条件。

拓展阅读　面对失败保持自我效能：韧性

如果人们面对失败和羞辱无法保持自我效能，那么科学、文学和艺术世界将会一片枯竭。你曾听说过麦克斯韦吗？可能没有。甚至他那个时代的人，对他也一无所知，然而他关于电磁波谱的发现，表明了光与电是有关联的。但他是古怪的，作为一个年轻人，他被称为"闷葫芦"，在他的英国同伴看来这意味着"脑子不是很灵光"。

心理学家坎特里尔曾给爱因斯坦展示过一些由心理学家埃姆斯开发的视错觉材料，当坎特里尔抱怨埃姆斯的错觉材料的迷人价值被其他心理学家置之不理的时候，爱因斯坦回答说，"我多年前就学会了绝不浪费时间去让我的同事信服我"。

被许多人誉为现代火箭之父的戈达德，曾被他科学界的同事斩钉截铁地否定过，因为在空气稀薄的外太空，火箭推进器根本无法工作。但他从没放弃过他有关火箭的创新思想。

成功的作者们在最终幸运地出版一本畅销书之前，通常会遭遇多次退稿。毫不夸张地说，萨洛扬在最终发表作品之前收到过数以千计的退稿信。乔伊斯的经典著作《都柏林人》曾遭到22个出版商的拒绝。斯泰因在最终出版著作之前经受了20年的受挫时光。在卡明斯的著作终获出版之际，他在献辞中写道"不感谢……（此前曾拒绝其著作的那16位出版商）"。在艺术界，梵·高一辈子只卖出了一张油画，潦倒而死，但他留下的数百张画，如今却价值连城。当年，罗丁也未能让他的作品进入最好的博物馆，赖特非凡的建筑作品最初也无人赏识。

在多次被拒绝和受羞辱的时候，他们是如何坚持下来的呢？他们令人难以置信地显示了有效、艰难的自我调节过程。显然，卡明斯作为一名作家，保持了他的自我效能，他坚信有朝一日会让那些瞧不起他的人受到惩罚。麦克斯韦在没有他人关注的情况下默默坚持，因为其满足自我好奇心的能力使他保持了较高的科学自我效能。埃姆斯和坎特里尔面对拒绝，仍坚持己见，后来成了著名的视知觉理论家。梵·高和赖特能坚持下去是因为他们觉得艺术本身就是奖赏。戈达德酷爱问题解决，对他而言，一个有待解决的问题比别人的信任更有吸引力。无疑，他们都会在自我效能减退的时候拜访朋友，以寻求鼓励，提升自我效能，为自己达到了设定的标准而称赞自己、把失败看作挑战。无论他们对失败和挫折表现出何种特殊反应，他们中的每一个人都显示出了非凡的韧性（resilience）——是指命运多舛却仍能矢志不渝的能力。遭受沉重打击的自我效能将在成功的维护下得以维持。

从比尔·克林顿、科林·鲍威尔和安东尼·奎因的成功中你都可以看到韧性，正是这种品质使他们战胜了逆境。

二、自　尊

（一）自尊的含义

自尊是个体对自己进行的整体的积极性评价，它反映了个体对自己的满意程度。如果个体有"我真的很不错！我是最棒的！"这样的自我评价，那就说明个体可以接纳、包容原原本本的自己，具有良好的、健康的自尊。

自尊与自我概念是两个不同的概念，自我概念是自尊形成的基础，关注的是个体对自己的认识、看法，可以是正面、负面或中性的，但自尊关注的是对自己的评价和对自己的情感体验（满意或不满意），其正负性更明显。但两者之间也存在一定的联系，个体通过对自己的认识，产生对自己不同的评价；另外，对自己不同的评价也会影响甚至歪曲个体对自己的认识。

（二）自尊的分类

根据不同的分类标准，自尊可以有不同的存在形式。

1. 理想自尊与现实自尊　根据自尊的内容，可以将自尊分为理想自尊与现实自尊。心理学家认为，现实自尊来源于个体成功的、已实现的部分，而理想自尊来自个人期望达到的抱负部分。两种自尊之间的差距越大，个体就会越困惑、越焦虑。若差距太大，个人无法协调两者之间的关系时，个体就会出现不同程度的心理障碍甚至心理疾病。

2. 整体自尊与具体自尊　从自尊涉及的范围角度，可以将个体的自尊划分为整体自尊和具体自尊。整体自尊是个体对待自我的总的态度。整体自尊高的人从整体上看重自己、能包容、悦纳自己，认为"总体上来说，我很不错"，不会因一时的失败而否定自己。而整体自尊低的人则会认为自己一无是处，经历的挫折、遭受的失败常会让其全方面否定自己的价值，一蹶不振。

具体自尊是个体整体自尊的局部或部分，指个体在某些具体的方面看重自己，如社交自尊、学业自尊、容貌自尊等。一个认为自己容貌姣好的个体，通常有较高的容貌自尊。

3. 内隐自尊和外显自尊　根据个体是否可以通过内省意识到，自尊又可划分为内隐自尊和外显自尊。内隐自尊是个体通过内省无法识别出的，会影响个体对自我的评价和对他人的评价。例如，个体会在潜意识中将自己和积极情感联系起来，把他人与消极情感联系起来，认为凡是自己的都是好的。生活中，很多人会喜欢与自己出生日期有关的数字，就是内隐自尊的表现。内隐自尊需要通过间接的方式才能测量出。外显自尊是自己能意识到并可以通过自我报告方式测量出的自尊。

（三）影响自尊的因素

1. 早期的生活经历　研究表明，个体早期的生活经历对个体日后的自尊水平有着重要影响，若个体在取得成就时受到了家人、朋友或老师的肯定与鼓励，使个体就拥有良好的自我感觉，就有助于个体形成健康水平的自尊。表 2-5 列出了可以让个体形成健康自尊或低自尊的生活事件。

表 2-5　童年经历与自尊

	有助于形成健康自尊的经历	降低自尊的经历
生活事件	受到过表扬	受到过严厉批评
	被认真聆听	曾受过责骂或殴打
	在谈话中受到尊重	曾受过忽略或嘲笑
	获得关注和关爱	被期望在任何时候都表现"完美"
	在运动比赛或学校里有过成功体验	在比赛中有过失败的体验
		经常被灌输失败的经历（如成绩不好，就是整个人的失败）

研究者还发现，个体儿时与父母建立起的安全依恋关系是自尊的心理基础，个体的自尊与父母积极的教养方式呈正相关，与父母消极的教养方式呈负相关。

2. 来自于社会比较的信息　社会比较也会影响个体对自己的评价，从而影响自己的自尊水平。若比较的人比自己强，个体的自尊不仅会下降，还可能会产生嫉妒心理。美国学者斯坦利·默斯（Stanley Morse）和克耐思·格雷（Kenneth Gergen）在 1970 年曾经做过一个实验，以考察个体自尊与社会比较之间的关系。参与实验的被试者为男大学生，被分为两组，所有人都需要填写自尊问卷，然后申请一个较优越的兼职工作。第一组被试者遇到的是一位叫"肮脏先生"（Mr. Dirty）的其他应聘者，他不修边幅，邋里邋遢，裤子皱巴巴，运动衫充满了汗酸味道，并且只穿了一只袜子。此外，"肮脏先生"看起来非常不守纪律，显得没有礼貌，在填写表格时频繁地扫视全屋的人，并且不断地麻烦、打扰别人。相反，第二组被试者遇到的是一位叫"干净先生"（Mr. Clean）的其他应聘者，他衣着考究，修饰得体，还夹着一个精致的公文包，充满了自信，神采奕奕。在实验的后半部分，研究者要求两组被试者再次填答自尊问卷，以检查"肮脏先生"和"干净先生"的出现对被试者自尊的影响。结果表明，遭遇"肮脏先生"的第一组学生的自尊水平提高，他们普遍认为自己更好、更强；而遭遇"干净先生"的第二组学生的自尊水平下降，他们大都认为自己不如别人，不够优秀。由此可见，自发的社会比较可对个体的自尊产生重要影响。

3. 自己的内部标准　个体对自己的评价不仅受其他人的影响，还与自己设立的内部标准有关。比如，在现实生活中，有些人看起来非常成功、出色，但是他自己却仍觉得自己不够好，还有努力的空间。学者希金斯（E.T. Higgins）将个体的内在标准分为两种——理想自我与应该自我。理想自我指的是个体想成为的人，它激励个体努力实现自己的抱负；应该自我指的是个体觉得自己应该成为的人，它引导个体尽职责、尽义务。希金斯认为，当实际自我与理想自我产生差距时，个体就会产生负性的抑郁情绪；当实际自我与应该自我产生差距时，个体就会产生负性的焦虑情绪；这两种情况都会使个体自尊水平降低（图 2-3）。

图 2-3

（四）提升自尊的方法

1. 确定自尊的来源和导致低自尊的原因　已有的研究表明，当个体在对自我很重要的领域里表现良好时，就会有较高水平的自尊。所以，在提升自尊的过程中，首先应当鼓励个体认清并重视自己能胜任的领域，确认个体自尊的来源，即哪些能力对个体有重要意义。同时，也应对低自尊的原因进一步确认，是因为学业表现不良，还是因为人际关系不佳，抑或因为缺乏安全感；是单一的问题，还是这些问题的综合。弄清楚这些问题是提升个体自尊关键的第一步。

2. 直面问题，全力以赴应对　心理学家认为，当个体想全力以赴地应对一个问题而不是回避它时，个体的自尊常常会得到提升，直面问题、勇敢地迎难而上，有利于个体对自己做出正面的评价，进而达到自我认可，产生更高的自尊。

3. 寻求情感上的支持和社会认可　情感上的支持和社会认可对个体自尊的提升产生积极的影响。在充满家庭冲突、被忽视甚至被虐待的环境中成长起来的个体，可以寻求其他来源的支持，如老师、朋友的鼓励，也可接受心理咨询或心理治疗。

4. 提高个体的自我效能　成功的经历可以提升个体的自我效能，当个体相信自己能够掌控一种情景并产生积极的结果，即自我效能增加时，其自尊就会得到提升。在实际生活中，个体应主动去学习并熟练掌握一些技能技巧，多取得一些成就，这是提升自尊行之有效的方式。

5. 采用一些策略来增进自我了解　部分低自尊的个体对自己并不十分了解，个体可以学习一些有效的方法来增进自我了解。方法包括多种途径的了解自我、与心理咨询专家谈心等。

拓展阅读　　　　　　　　　　**高自尊的危险倾向：自恋**

事实上，过度的高自尊是不当的，一些极高自尊的人可能是自恋狂，他们自以为是。自恋，是指个体在与别人打交道时以自我为中心，只关注自己的倾向。希腊神话中有个人物叫那西塞斯（Narcissus），他很迷恋自己，结果上帝让他爱上自己的影子，他看着自己的影子倒影在池塘里很着迷，就伸手去触摸，结果坠入池塘淹死了。

自恋者过分以自我为中心，一贯自我评价过高，愿意表现自己，并渴望得到他人的注意与钦慕。他们将自己的需求和欲望放在第一位，缺少同情心。同时，自恋者常常用贬低他人的方式来保全自己岌岌可危的自尊。当别人不欣赏他们或没有按照他们的意愿来对待自己时，他们会羞愧难当、怒发冲冠。当自恋者感到自己的自尊受到威胁时，他们就变得很浮夸。

很明显，自恋者没有意识到他们的现实我，他们常常自己吹捧自己，忽视别人对自己的评价。例如，自恋者会将自己的工作称为"伟大之上的伟大"，并声称自己是完美无缺的。

实际上，自恋者这种与众不同的自我评价是一种防御性的转换，目的是改变那种把自己看作一文不值的无意识评价，这种做法与现实是脱节的。

小 结

本章介绍了自我意识、自我效能及自尊的概念,分析了大学生常见的自我意识偏差及成因、良好的自我意识的标准,通过训练活动和心理测试来帮助学生全面认识自我,提升自我效能和自尊水平。

训 练 活 动

训练活动 2-6　　一般自我效能测量

【目的】通过完成心理测验来了解自己的一般自我效能。

【步骤】根据指导语,完成下列测验,并依据教师提供的评分标准,对自己的一般自我效能进行评判。

一般自我效能量表

指导语:以下10个句子反映了平时你对自己的一般看法,请根据你的实际情况或感受,在相应的空格内打"√",答案没有对错之分,对每一个句子无须过多考虑。

项目	完全不正确	尚算正确	多数正确	完全正确
1. 如果我尽力去做的话,我总是能够解决问题。				
2. 即使别人反对我,我仍有办法得到我所想要的。				
3. 对我来说,坚持理想和达成目标是轻而易举的。				
4. 我自信能有效地应付任何突如其来的事情。				
5. 以我的才智,我定能应付意料之外的情况。				
6. 如果我付出必要的努力,我一定能解决大多数的难题。				
7. 我能冷静地面对困难,因为我信赖自己处理问题的能力。				
8. 面对一个难题时,我通常能找到很多个解决方法。				
9. 有麻烦的时候,我通常能想到一些应付的方法。				
10. 无论什么事在我身上发生,我都能够应付自如。				

【评分方法】

完全不正确,记1分;尚算正确,记2分;多数正确,记3分;完全正确,记4分,分数越高说明自信心越高。

1~10分,你的自我效能很低,甚至有点自卑,建议经常鼓励自己,相信自己,正确地对待自己的优点和缺点,学会欣赏自己。

10~20分,你的自我效能偏低,有时候会感到信心不足,找出自己的优点,承认它们,欣赏自己。

20~30分,你的自我效能较高。

30~40分,你的自我效能非常高,但要注意正确看待自己的缺点。

训练活动 2-7　　自 尊 测 量

【目的】通过完成心理测验来了解自己的自尊水平。

【步骤】根据指导语,完成下列测验,并依据教师提供的评分标准,对自己的自尊水平进行评判。

自 尊 量 表

指导语：请根据下列陈述符合自己实际情况的程度，在相应的空格内打"√"，请不要漏掉题目。

项目	很不符合	不符合	符合	非常符合
1. 我认为自己是个有价值的人，至少与其他人在同一水平上。				
2. 我感到我有许多好的品质。				
*3. 归根结底，我倾向于认为自己是一个失败者。				
4. 我能像大多数人一样把事情做好。				
*5. 我感到自己值得自豪的地方不多。				
6. 我对自己持肯定的态度。				
7. 总的来说，我对自己是满意的。				
*8. 我希望我能为自己赢得更多尊重。				
*9. 我确实时常感到毫无用处。				
*10. 我时常认为自己一无是处。				

【计分标准】

本量表采用4级评分。很不符合，记1分；不符合，记2分；符合，记3分；非常符合，记4分。标有*号的题目反向计分，量表的总分为10～40分，分值越高，说明自尊程度越高。

思考与解答

1. 现实自我与理想自我差距大，怎么办？
2. 知识问答
（1）什么是自我意识、自我效能和自尊？
（2）良好自我意识的标准有哪些？
（3）结合自己的实际情况，谈谈大学生应该如何完善自我。

推荐欣赏

电影推荐
《肖申克的救赎》《叫我第一名》《奇迹男孩》

书籍推荐
阿德勒. 2015. 自卑与超越. 马晓娜译. 长春：吉林出版集团有限责任公司
韦恩·W. 戴埃. 1986. 你的误区. 崔京瑞，王南译. 北京：工人出版社

第3章　优化人格

在中国古典四大名著中,人物形象各具风采,宋江豪爽与仗义,李逵耿直与鲁莽;宝玉多情与叛逆,黛玉聪慧与孤傲;悟空机智与果敢,八戒憨厚与懒惰;曹操多谋与奸诈,关羽勇猛与忠诚……一个个栩栩如生的人物之所以能流传数百年,是因为他们具有鲜明的人格特征。在现实生活中,有人活泼开朗,有人沉默孤僻;有人勤俭节约,有人铺张浪费;有人动作敏捷,有人行为迟缓;有人真诚善良,有人虚伪邪恶……即使是同一个人,也会有时表现出单纯善良的一面,有时又表现出虚伪自私的另一面。这些不同之处就是人格的具体表现。

人格一直是心理学家关注的研究领域,也是每个人都非常感兴趣的话题。人格是一个丰富而复杂的心理成分,它凝聚着先天遗传、家庭、教育与社会文化等方面的个体风貌。人格上的成长是持续一生的过程。

第1节　揭开人格面纱

名人名言　人格像每一种有生命的物体一样,随着成长而发生变化。

——阿尔伯特

心理故事3-1　人格的较量

一位老教授培养出了三个得意门生:一个在官场上春风得意,一个在商场上捷报频传,一个埋头做学问成为某学科的带头人。在一次同学聚会上,有人问这个老师:"你认为这三个人中,哪个将来最有出息?"老师说:"现在还看不出来,人生的较量有三个层次,最低层次是技巧的较量,其次是智慧的较量,他们现在正处于这个层次,而最高层次的较量则是人格的较量。"

每个人独特的人格特征形成了他与其他人不同的思想、情感及行为方式。随着岁月的变迁,我们逐步走向成熟。人格的成熟意味着个体心理的成熟,人格的魅力展示着个体心灵的完善。

一、人格概述

(一)人格的概念

在生活中,我们经常会说"他具有高尚的人格""他出卖了自己的人格""他具有健全的人格"等,这里面"人格"的含义不尽相同,它涵盖了法律、道德、社会、哲学等领域。而"人格"一词最初来源于古希腊语"Persona",是指演员的面具,面具会随着角色的变化而不断变化。例如,在我国的京剧脸谱中,红脸代表忠义,白脸代表奸诈,黑脸代表刚强。心理学沿用面具的含义,转意为人格,后来此词被用作描述人的心理特征。

人格内涵极其丰富,但基本包含两方面的意义:一是外显的行为和人格品质,即个体在人生舞台上所表现出的种种言行,人格所遵从的社会准则;二是内隐的人格成分,即面具后面的真实自我,是人格的内在特征。心理学界一般把人格定义为:人格是各种心理特征的总和,是构成一个人思想、情感及行为特有的统合模式,该模式包含了一个人区别于他人的稳定而统一的心理品质。

(二)人格的构成

人格具有复杂的结构系统,我们认为人格主要包括人格倾向性和人格心理特征两个方面。前者是人格的动力系统,包括需要、动机、兴趣、理想和信念、价值观和人生观,是人格结构中最活跃的因素，决定着人对现实的态度和对认识活动对象的趋向与选择；后者是个体表现出来的稳定的心理特点，集中反映了个体心理面貌的独特性，主要包括能力、气质和性格。其中，气质和性格是人格的重要组成部分，是人格的核心要素，是大学生健康人格的重要内容。

（三）人格的特征

1. 独特性　个体的人格是在遗传、成熟、环境、教育等因素交互作用下形成的。不同的遗传、环境及教育，形成了各自独特的心理特征，我们经常所说的"人心不同，各如其面"就是指这个意思。例如，有的人开放自然，有的人顽固自守，有的人豪爽，有的人谨慎等。但是，人格的独特性并不意味着人与人之间毫无共同之处。人格作为一个人的整体特质，既包括每个人与其他人不同的心理特点，也包括人与人之间在心理、面貌上相同的方面，如每个民族、阶级和集团的人有共同的心理特点。人格是共同性与差异性的统一，是生物性与社会性的统一。

2. 稳定性　人格的稳定性是个体一贯的行为方式的总和。正如人们所说的"江山易改，本性难移"。一个人的人格特质一旦稳定下来，要改变是较为困难的事。这种稳定性还表现在人格特征在不同境遇下的一致性。例如，一个性格外向的大学生，不仅在家庭中非常活跃，而且在班级活动中也表现出积极主动的一面，在老师面前同样也能自然地表现自己，不仅大学四年如此，即使毕业若干年再相逢，这个特质依旧不会改变。当然，人格的稳定性并不意味着它在人的一生中一成不变。随着生理的成熟和环境的变化，人格可能会或多或少地变化。这正是人格可塑性的一面，正因为人格的可塑性，才能培养和发展人格。人格是稳定性与可塑性的统一。

3. 统合性　人格的统合性是指，包含在人格中的各种心理特征彼此交织，相互影响，构成了一个有机的整体。各种人格特征的组合千变万化，使人格表现得色彩纷呈。在每个人的人格世界里，各种特征并非简单的堆积，而是如同宇宙世界一样，依据一定的内容、秩序与规则有机组合在一起。人格的有机结构具有内在一致性，受自我意识的调控。当一个人的人格结构各方面彼此和谐一致时，人们就会呈现出健康的人格特征，否则就会出现各种心理冲突，导致"人格分裂"。

4. 功能性　人格是一个人生活成败、喜怒哀乐的根源。正如人们常说的"性格决定命运"，人格决定了一个人的生活方式，甚至决定一个人的命运。当人格功能发挥正常时，人表现为健康而有力，支配着人的生活与成败；当人格功能失调时，人表现出懦弱、无力、失控甚至变态。例如，面对挫折与失败，有志者认真总结经验教训，在失败的废墟上重建人生的辉煌；而怯懦者一蹶不振，失去了奋斗的目标。

二、人格形成的影响因素

人格形成受很多因素的影响，父母的言传身教、同伴的影响、社会风气、民族习俗、遗传基因、外貌体格等都会影响个体人格的形成。

（一）遗传因素

19世纪末的英国学者高尔顿对300多对同卵或异卵双生子进行了观察研究，对数百名法官、文学家、科学家、艺术家、神学家、政治家的家谱进行了调查，发表了《遗传的才能和性格》《遗传的天才》等一系列著作。他认为人的才能和性格都是可以遗传的，他的观点遭到许多行为主义心理学家的反对。但根据对刚出生婴儿的观察发现，有的婴儿哭声洪亮、好动，有的婴儿哭声细微、安静。这样的神经类型特点显然是遗传的，有人对双生子的精神病"同病率"问题进行了调查，发现同卵双生的同病率显著高于异卵双生的同病率。"寄养"研究也表明，通过寄养的精神病患者的子女患精神病的概率比正常人的子女高得多，说明血缘关系越近，病态人格的发生率越高，表明遗传对人格的影响确实存在。

拓展阅读 双生子实验

美国心理学家巴斯和普朗明曾对139对同卵与异卵双生子在情绪性、活动性、社会性三方面的人格特质进行研究（表3-1）。按照常理，他们同样都是双生子，出生后又生活在同一家庭，环境因素的影响应该大致相同。然而该研究却发现，同卵双生子在三方面人格特质之间的相关性远远高于异卵双生子。这说明，遗传因素对人格特质的形成的确具有相当大的影响作用。

表3-1 双生子心理特质的相关性

人格特质	男孩		女孩	
	同卵双生	异卵双生	同卵双生	异卵双生
情绪性（稳定或激动）	0.68	0.00	0.60	0.05
活动性（爱动或好静）	0.73	0.18	0.50	0.00
社会性（主动或羞怯）	0.65	0.20	0.58	0.06

总之，个体神经系统的特性、体内的生化物质是人格形成的基础，同时身体外貌对人格形成也有一定影响。身体外貌的特点，如肤色、脸形、身高、体重等具有社会适应的意义，受到社会价值和所在群体的评判，从而也会影响一个人的人格。例如，有生理缺陷者容易被人们讥笑或怜悯，有可能形成内向和自卑的人格特征。

（二）家庭环境因素

家庭是人格的加工厂，个体自诞生之日起就受到来自家庭的影响。随着个体的不断成长，家庭对个体人格发展的影响日渐显现。据文化人类学专家研究，人格中的信任感、语言能力、交往能力、情绪的稳定性和攻击性、爱的表达能力及自我认同感等，都与家庭环境有密切关系。

案例3-1 父母网上忙"偷菜"，儿子学偷自家钱

家住重庆的吴某与妻子同时迷上了在网上"开心农场"里偷菜的游戏。"偷菜"之余，两人时常在家当着儿子的面交流"偷菜心得"，并相互提醒"该偷了""不偷白不偷"等。上五年级的儿子晓伟耳濡目染，为体验父母偷窃的满足感，暗中决定尝试一下偷盗的乐趣。一天早上，晓伟趁父母熟睡之机，偷偷从母亲钱包里拿了500元钱，准备到学校请同学一起花，体会一下受同学欢迎的感觉。中午，晓伟母亲上街买菜时发现钱包里的钱不翼而飞，与丈夫寻找未果后报警。民警在向夫妻俩了解情况的过程中，晓伟害怕了，承认了自己偷钱的事实，并称是想"模仿父母"在网上"偷菜"的游戏，尝试偷钱的乐趣。吴某夫妻俩得知儿子偷钱是受自己的影响，追悔莫及。

点评：家庭是孩子成长的第一场所，父母的行为方式、价值观念潜移默化地影响着孩子。以身作则、言传身教，在家庭中践行真善美，学会正确娱乐，对孩子的人格发展有着重要意义。

家庭环境影响主要是指父母的个性、家庭教育方式与家庭心理气氛对子女人格的影响。俗话说"有其父必有其子。"这句话的合理性表现在父母在待人处世、情感交流等方面对子女的人格形成造成了潜移默化的影响。父母动辄以打骂方式教育子女的教育方式与其子女的敌对行为呈显著相关，而与情绪稳定、友好态度、坚强意志等良好人格特征却呈负相关。父母性格比较温和，通过说理来引导孩子，经常表扬子女并且以身作则，其子女往往具有较强的独立性和自信心，人际关系和谐，自尊高，较少有过失行为。心理学家认为，过分苛求、粗暴打骂或放纵溺爱的教养方式都会对儿童的人格发展产生不良影响。比较理想的家庭教育模式是父母对孩子有高标准的要求，同时又能给孩子相对的自主性。父母教养方式对子女性格形成的影响见表3-2。

表 3-2　父母教养方式对子女性格形成的影响

父母态度	子女性格
滥用支配	消极、顺从、依赖、缺乏独立性
过分溺爱	任性、骄傲、利己主义、缺乏独立性、缺乏社会性、依赖、胆怯
过于严厉	顽固、冷酷、残忍、独立、怯懦、盲从、不诚实、缺乏自信心和自尊心
漠不关心	妒忌、情绪不安、创造力差，甚至有厌世和轻生的情绪
作风民主	独立、直爽、协作、亲切、善于社交、机灵、快乐、大胆、有毅力和创造精神
意见分歧	易生气、警惕性高；或者两面讨好、投机取巧、爱说谎

家庭的心理气氛对孩子的人格形成亦具有重大影响。家庭是以血缘关系为纽带联系起来的心理共同体，每个家庭都笼罩着一定的心理氛围。家庭的心理氛围体现着家庭内部的精神面貌，也体现着家庭内部的一种稳定的、典型的、占优势的情绪状态。民主和睦的文明家庭首先能给孩子以安全感，孩子置身其中感到愉快；其次是满足了孩子的归属感，在家庭中孩子能感受到被爱和被尊重，也学习到怎样爱他人并尊重他人，从而增强了自尊和自信。另外，温馨的家庭能使孩子获得支持感，当孩子犹豫、彷徨，或遇到困难、挫折、灰心气馁时，可以从家庭的关怀中吸取力量，得到指引。相反，在空气沉闷、压抑、充满矛盾冲突的不和谐家庭中，甚至父母双方的矛盾冲突激化，离婚引起家庭破裂，孩子会受到无所适从的心灵上的创伤。研究表明：生活在不和谐而气氛紧张家庭中的孩子，容易出现各种不良的情绪和行为。例如，喜怒无常，闷闷不乐，胆小怕事，固执己见，不听劝说，不能自制，不爱交际，自卑、孤僻、冷漠和撒谎，甚至还可能形成反社会人格。由此可见，家庭心理气氛对孩子人格形成非常重要。

当然，家庭因素与人格发展并不存在一一对应的关系，它与其他因素共同决定人格发展与形成。

（三）学校教育经验

学校是对学生进行有目的有计划教育的场所，学生从五六岁进入学校，至少要在学校学习9年，有的要在学校学习16～20年，学校教育贯穿个体人格发展的重要时期。卢梭说："教育并不是培养军人和官员，而是培养人。"北京大学第一任校长蔡元培先生在20世纪初也提出，"普通教育，务顺应时势，养成共和国民健全之人格"。可见，学校教育在培养学生健全人格方面发挥着重要作用，主要体现在以下几方面。

首先，学校是同龄群体会聚的场所，班集体对学生人格的形成与发展具有十分重要的意义。班集体是有共同目的、共同活动的有组织、有纪律的群体，也是学生集体生活的大课堂。班集体的要求、舆论、评价对学生都是一种无形的巨大的教育力量。在教师的指导下，优秀的班集体能充分发挥和调动所有成员的主动性、自觉性，以自身强大的吸引力感染着每一个成员，有利于学生良好人格的形成，也有利于学生不良人格的矫正。

其次，教师的人格表现会潜移默化地影响学生。教育家乌申斯基说："固然，许多事有赖于学校一般规章，但是最重要的东西永远取决于跟学生面对面的教师人格。教师的人格对年轻心灵的影响所形成的那种教育力量，是无论靠教科书、靠道德说教、靠奖惩制度都无法取代的。"教师甘为人梯的敬业精神、清晰明确的自我意识、积极向上的生活态度和公平公正的做人原则等人格品质一旦得到学生的认同，就会对学生产生"亲其师而信其道"的心理效能，激起学生的学习需要，并使学生由认同到学习、模仿乃至内化。一位大学毕业生在谈到他的大学经历时：大一高等数学不及格，正是高等数学老师的积极鼓励使他重新开始认识并定位大学生活，如果不是老师及时而积极的鼓励，也许他会放弃，正是老师的鼓励使他珍惜大学生活，并考取硕士研究生。

拓展阅读　　罗森塔尔效应

罗森塔尔效应又称"皮格马利翁效应""人际期望效应"，由美国心理学家罗森塔尔和雅各布通过实验发现。1968年，罗森塔尔和雅各布走进一所普通的小学，对校长和教师说明要对学生进行"发展潜力"的测验。在6个年级18个班里随机地抽取了部分学生，然后把名单提供给任课老师，并郑重地告诉他们，名单中的学生是学校最有发展潜能的学生，并再三嘱托教师在不告诉学生本人的情况下注意长期观察。8个月后，当他们回到该小学时，惊喜地发现，名单上的学生不但在学习成绩和智力表现上均有明显进步，而且在兴趣、品行、师生关系等方面也都有了很大的变化。这一现象被称为"期望效应"。罗森塔尔和雅各布森认为，由他们提供的"假信息"最后出了"真效果"的主要原因，是"权威性的预测"引发了教师对这些学生的较高期望，就是这些教师的较高期望在8个月中发挥了神奇的暗示作用。这些学生在接受了教师渗透在教育教学过程中的积极信息之后，会按照教师所规划的方向和水平来重新塑造自我形象，调整自己的角色意识与角色行为，从而产生了神奇的"期望效应"。

（四）社会文化因素

社会文化因素包括社会制度、经济状况、阶级差别、民族传统、风俗习惯、伦理道德观念等。人从诞生之日起就无时无刻不受社会文化环境的影响，在特定的社会文化关系中不断地成长、成熟。从这个意义而言，人不仅仅是一个生物个体，更多地体现为一个社会成员。生物的人在成长过程中，会随时随地地对社会要求做出各自独特的反应，调节个体生物需要与社会文化环境的关系，主动或被动地实现个体社会化的过程。在这个过程中，个体形成独特而稳定的人格。所以，社会文化环境的方方面面都对人格的形成有重要影响。"孟母三迁"就是一个很好的例证。

拓展阅读　　西方人和中国人描述人格特征的词汇对比

20世纪90年代，北京大学心理系王登峰教授和台湾大学心理系杨国枢教授合作研究了中国人的人格，发现西方人和中国人在对人格特征的表述上显著不同（表3-3），而中国大陆和中国台湾的大学生在对人格特征的表述上却惊人地相似。

表3-3　西方人和中国人描述人格特征的词汇对比

差异表现	西方学者	中国大学生	
		中国大陆大学生	中国台湾大学生
描述人格的维度	外向，有活力，热情	势利浮夸（卖弄、炫耀、贪心）	势利浮夸
	愉快，利他，有感染力	外向开朗，内向拘谨（乐观、活泼、健谈）	沉稳干练，迷糊懦弱
	公正、克制、拘谨	沉稳干练，迷糊懦弱（恒心、毅力、沉稳）	善良宽厚
	神经质，消极情绪，神经过敏	善良宽厚（友爱、好心肠、和善）	外向开朗，内向拘谨
	直率、创造性、思路开阔、文雅	暴躁固执（急躁、暴躁、刚烈）	暴躁固执

综上所述，影响人格形成与发展的因素是多方面的。总体来说，人格是生物遗传因素与环境因素交互作用的结果。其中，遗传因素决定了人格发展的可能性，环境因素决定了人格发展的现实性，把可能性变为现实性，教育起到了关键作用，但到底遗传与环境分别决定了人格的哪些方面，它们又是如何起作用的，目前心理学界还很难确定，相关研究仍在继续。

训练活动

训练活动 3-1　　　　　人格加工厂——家庭

【目的】找出影响自身人格特点的家庭因素。

【步骤】

1．请你在一张纸上写出自己的人格特点。

2．在另一张纸上分别写出父母的人格特点。

3．比较一下有多少相似的地方，有多少差异的地方。

4．联系你的成长经历分析影响你人格形成的因素。

5．教师总结：子女的人格特征与父母的遗传有关，孩子的人格是在与父母持续作用中逐渐形成的，家庭对于个体的成长起着至关重要的作用。随着年龄的增长、心理的成熟化，童年的影响会逐渐缩小、减弱。

训练活动 3-2　　　　　戴　高　帽

【目的】

1．学习发现自己和他人的优点。

2．提高自我探索能力，培养良好性格，重塑自信心。

【步骤】

1．宣布游戏规则

（1）圆圈座位形式：每6个人一组。同学们围成一个圆圈而坐。

（2）每人发数张可制成帽子的彩纸。

（3）一个人站在中间，其他人以他为中心坐在周围。

（4）每人给中间人找一个优点，写在纸上，并制成帽子送给中间人，请中间的人将优点大声地读出来，然后戴到头上。

（5）小组成员每位成员轮流站到中间。

2．交流分享"被炸"的感受。

3．教师总结　我们每个人身上都有着许多非常珍贵的优点。有些人善于发现并能充分利用这些优点，因此他们有了各种各样的成功，也塑造了一个自信的自己。而也有些人却没有注意到这些优点，更不用说充分利用了，因此他们更容易遭受到挫折，也降低了自己的信心。尺有所短，寸有所长，善于发现自己人格的优缺点，扬长避短，成为人格健全的大学生。

第2节　解读气质与性格

名人名言　播下一个行动，你将收获一种习惯；播下一种习惯，你将收获一种性格；播下一种性格，你将收获一种命运。

——威廉·詹姆士

心理故事 3-2　　　　　迟到者的故事

有四个人一同去戏院看戏，可到戏院时，第一场已经开演。看门人拦住他们："根据戏院规定，为了不妨碍其他观众，需到第一场休息时才能进去。"这时，第一个人立刻火冒三丈，与看门人大声吵闹；第二个人则灵机一动，马上想到另寻门路，结果从楼上的门进去了；第三个人见状，只好规规矩矩地在大门外等候，直到第一场休息时才进去，并自我安慰："第一场戏总是不太精彩的"；第四个人则叹息道："我老是不走运，偶尔来一次剧院，就这么倒霉！"接着就回家了……这四个人在同一情境中的不同表现，体现了四种不同的气质类型。

气质与性格是人格中最重要的两部分。性格从本质上表现了人的特征,而气质就好像是给人格打上了一种色彩、一个标记。同样是热爱劳动的人,气质不同表现就不同:有的人表现为动作迅速,但粗糙一些;有的人很细致,但动作缓慢。气质赋予了性格光泽,性格影响了气质,气质和性格构成了人格的核心。

一、气　　质

人的气质对行为、实践活动的进行及其效率有着一定的影响。因此,了解人的气质对于教育、工作、选拔人才等方面都具有重要的意义。

(一)气质的概念

气质是心理活动表现在强度、速度、稳定性和灵活性等方面动力性质的心理特征。我们可以从以下三方面来理解气质。

第一,气质是心理活动的动力特征。主要指个体心理活动发生的速度和稳定性(如知觉的速度、思维的灵活性、情绪发生的快慢、注意力的集中性等),心理活动的强度(如情绪反应程度的强弱、意志努力的程度),心理活动的指向性(如有人指向外部世界,有人指向内部世界)等方面的特点。

第二,气质是一种天赋的人格特征。个体在刚诞生时,就表现出了不同的气质特点:有的婴儿好动、哭声洪亮、不怕生人;有的婴儿则安详宁静、哭声细微、害怕生人。气质受先天环境及遗传结构的影响,这种先天的生理机制是个体气质的最初基础。

第三,气质是高度稳定的人格特征。当我们把气质与其他心理特征,如价值观、兴趣、性格等进行比较时,可以发现气质是高度稳定的。当然这并不表明气质是不可改变的。人口密度、营养、外伤、严重的突发事件等会引起气质特点的某些变化,但这不是经常性的。所以,气质仍然是相当稳定的人格特征。

(二)气质类型特点及行为表现

气质类型是由神经过程的基本特性按照一定的方式结合而成的气质结构。早在2500多年前,古希腊医生希波克拉底就提出了著名的体液说。希波克拉底根据自己的观察将人划分为胆汁质、多血质、黏液质和抑郁质四种体质类型。500年后,罗马医生盖伦才在希波克拉底类型划分的基础上提出气质这一概念。当然,用体液来解释气质的成因缺乏足够的科学论据,后来有学者从体型、血型、内分泌腺等方面解释气质的本质,仍然不能令人信服。

俄国生理学家巴甫洛夫关于高级神经活动类型的学说,通过大量的实验研究,巴甫洛夫发现高级神经活动的基本过程包括兴奋过程和抑制过程。两个过程的作用相反,却又相互依存和转化。这两个过程有三个基本特性,即强度、平衡性和灵活性。这三种特性的独特结合构成了四种高级神经活动类型,即活泼型、安静型、兴奋型和抑制型。巴甫洛夫认为,神经系统的类型是气质的生理基础,兴奋型相当于胆汁质,活泼型相当于多血质,安静型相当于黏液质,抑制型相当于抑郁质,其对照见表3-4。

表3-4　高级神经活动类型与气质类型对照表

高级神经活动类型			特点	气质类型
强型	不平衡型(兴奋型)		兴奋过程比抑制过程强	胆汁质
	平衡型	灵活性高(活泼型)	反应灵敏,适应性强	多血质
		灵活性低(安静型)	易形成条件反射,行动迟缓	黏液质
弱型(抑制型)			兴奋和抑制都很弱	抑郁质

1. 多血质　多血质的神经过程的特点是强、平衡且灵活。和这种神经过程的特点相适应，多血质人的感受性低而耐受性高；活泼好动，言语、行动敏捷，反应、注意转移的速度都比较快；行为外向，容易适应外界环境的变化，善交际，不怯生，容易接受新事物；注意力容易分散，兴趣多变，情绪不稳定。代表人物：韦小宝、燕青、王熙凤等。

2. 胆汁质　胆汁质的神经过程的特点是强但不平衡。和这种神经过程的特点相适应，胆汁质的人感受性低、耐受性高，能忍受强的刺激，坚持长时间的工作而不知疲劳，显得精力旺盛，行为外向，直爽热情，情绪的兴奋性高，但心境变化剧烈，脾气暴躁，难以自我克制。代表人物：张飞、李逵、鲁智深等。

3. 黏液质　黏液质的神经过程的特点是强、平衡但不灵活。和这种神经过程的特点相适应，黏液质的人感受性低、耐受性高，反应速度慢，情绪的兴奋性低但很平稳；举止平和，行为内向；头脑清醒，做事有条不紊，踏踏实实，容易循规蹈矩；注意力容易集中，稳定性强；不善言谈，交际适应。代表人物：林冲、沙和尚、薛宝钗等。

4. 抑郁质　抑郁质的神经过程的特点是弱，而且兴奋过程很弱。和这种神经过程的特点相适应，抑郁质的人感受性高、耐受性低；多疑多虑，内心体验极为深刻，行为极端内向；敏感、机智，别人没有注意到的事情，他能注意到；胆小、孤僻，情绪的兴奋性弱，难以为什么事情动情、被什么事打动，寡欢，爱独处，不爱交往；做事认真、仔细，动作迟缓，防御反应明显。代表人物：林黛玉等。

上述四种气质类型是典型的类型，大多数人是中间型或混合型。所以，不要对任何人都对号入座，应该从实际出发，认真分析，区别对待。

（三）气质在实践活动中的作用

1. 气质类型无好坏之分　每一种气质类型都有其积极的方面，也都有其消极的方面，没法比较哪一种气质类型更好。例如，多血质的人情感丰富、反应灵活、易接受新事物，但是情绪不稳定、精力易分散；胆汁质的人直率热情、精力旺盛、反应迅速而有力，但是脾气急躁、易于冲动、准确性差；黏液质的人做事有条不紊、善于自制与忍耐，但对事物冷淡、反应缓慢；抑郁质的人情感体验深刻而稳定，观察敏锐、办事细致认真，但过于多愁善感、行为孤僻，反应迟缓。因此，气质只能给人们的言行涂上某种色彩，但不能决定人的社会价值，与人的道德品质也无必然联系。大学生要正确对待自己的气质类型，自觉地发扬自己气质中的积极方面，努力克制气质中的消极方面，以有利于形成良好的个性。

2. 气质类型不能决定一个人成就的高低，但能影响工作的效率　由于气质在很大程度上由遗传决定，受神经系统活动过程特性的制约，因此它只是人性格和能力发展的一个前提，不能决定人的成就高低。研究发现，俄国四位著名文学家就是四种不同气质类型的代表。普希金属于明显的胆汁质，赫尔岑是典型的多血质，克雷洛夫是黏液质，果戈理则是抑郁质。虽然四人气质类型各不相同，但是并不影响他们同样在文学上取得杰出的成就。在现实生活中，同样气质类型的人对社会贡献可能差别极大，而不同气质类型的人在成就上也可能相差无几。

但是，社会实践的领域众多，不同领域的工作对人的要求是不同的，有的气质类型适合这一类的工作；有的气质类型适合另一类的工作。在因事择人（人事选拔）或因人择事（选择职业）时，都应该考虑自己的气质类型对工作的适宜性。例如，多血质的人宜于从事环境多变，要求做出迅速反应，交往繁多的工作，难于从事较为单调、需要持久耐心的工作；黏液质的人则相反，他们适合于从事耐心细致，相对稳定的工作。如果一个人的气质类型正好适合工作的要求，他会感到工作得心应手，对工作有浓厚的兴趣。如果不考虑气质类型对工作的适宜性，将会增加心理负担，给人带来烦恼，也会影响工作的效率。

拓展阅读　　　　　　　　　气质影响职业的选择

一般来说，大多数工作对从业人员的气质要求并不十分严格，但如果了解气质与职业之间的匹配关系（表3-5），则可以做到根据气质类型的特点选择职业，这样就有可能提高工作效率，并在工作中发挥自己的优势。

表3-5　气质与职业之间的匹配关系

气质类型	气质特点	适合职业
胆汁质	冲动、暴躁、兴奋、反应性强	冒险家、策划、广告、设计师、军人、运动员、公安干警、演讲者、演员等
多血质	活泼、乐观、适应性强	外交官、记者、律师、公关人员、服务员、演员、主持人等
黏液质	迟缓、反应淡漠、耐受性强	法官、出纳员、话务员、外科医生、会计、播音员、调解员、保育员、人力主管等
抑郁质	抑郁、脆弱、孤僻、体验性强	编辑、校对、打字员、排版、档案管理、化验员、雕刻师、刺绣工、保管员、机要秘书、艺术工作者、哲学家、科学家

当然，气质类型与职业选择的关系只是相对而言的，许多职业如教师和作家，各种不同气质类型的人都可以从事，并且都能取得很好的成就。各国心理学家对气质类型与群体协同活动关系的研究发现，两个气质类型不同的人在协同活动中，比气质类型相同的两个人配合所取得的成绩要好，气质特征相反的两个人合作，不仅合作效果好，而且还有利于团结。

3．气质类型影响性格特征形成的难易和对环境的适应　性格主要是在后天生活环境中形成的，它包含着多种特征。不同气质类型的人在形成这些性格特征时有些比较容易，有些就比较难。例如，胆汁质的人容易形成勇敢果断、坚毅的性格特征，但却难以形成善于克制自己情绪的性格特征；多血质的人容易形成热情好客、机智开朗的性格特征，却难以形成耐心细致的性格特征。

环境是在不断变化的，遇到变化的环境时，应付、适应环境能力因气质类型而异。一般来说，多血质的人机智灵敏，容易用很巧妙的办法应付环境的变化；黏液质的人常用克己忍耐的方法应付环境，也能达到目的；胆汁质的人脾气暴躁，在不顺心的时候容易产生攻击行为，造成不良的后果；抑郁质的人过于敏感，比较脆弱，容易受到伤害，感受到挫折。

二、性　　格

大千世界的人形形色色，没有任何两个人的性格完全相同。比如，在日常生活中我们常看到，有的人谦虚好学，有的人狂妄自大；有的人公而忘私，有的人自私自利；有的人喜怒形于外，有的人则遇事不动声色；有的人和蔼可亲，有的人蛮横无理。那么，什么是性格？不同性格对人生有怎样的影响？

心理故事3-3　　　　　　　　　卡　夫　卡

一个男孩子出生在布拉格一个贫穷的犹太人家里。他的性格十分内向、懦弱，没有一点男子气概，非常敏感多愁，总是觉得周围环境都在对他产生压迫和威胁。防范和躲避的想法在他心中可谓根深蒂固。男孩的父亲竭力想把他培养成一个标准的男子汉，希望他具有风风火火、宁折不屈、刚毅勇敢的特征。在父亲那粗暴、严厉且又很自负的斯巴达克似的培养下，他的性格不但没有变得刚烈勇敢，反而更加懦弱自卑，并从根本上丧失了自信心，致使生活中每一个细节、每一件小事，对他来说都是一个不大不小的灾难。他在困惑痛苦中长大，他整天都在察言观色。常独自躲在角落处悄悄咀嚼受到伤害的痛苦，小心翼翼地猜度着又会有什么样的伤害落到他的身上。他的那个样子，简直没出息到了极点。看来，懦弱、内向的他，确实是一场人生的悲剧，即使想要改变也改变不了。因为他的父亲做过努力，已毫无希望。

然而，令人们始料未及的是，这个男孩后来成了20世纪上半叶世界上最伟大的文学家，他就是奥地利的卡夫卡。

卡夫卡为什么会成功呢？因为他找到了合适自己穿的鞋，他内向、懦弱、多愁善感的性格，正好适宜从事文学创作。在这个他为自己营造的艺术王国中，在这个精神家园里，他的懦弱、悲观、消极等弱点反倒使他对世界、生活、人生、命运有了更尖锐、敏感、深刻的认识。他以自己在生活中受到的压抑、苦闷为题材，开创了一个文学史上全新的艺术流派——意识流。他在作品中把荒诞的世界、扭曲的观念、变形的人格，解剖得淋漓尽致，从而给世界留下了《变形记》《城堡》《审判》等许多不朽的巨著。

（一）性格的概念

"性格"这一术语来自希腊文，原意是"特征"、"标志"、"属性"或"特性"。我国心理学界比较一致的看法是，性格是指个体对现实的态度习惯化了的行为方式所表现出来的稳定心理特征。例如，一位教师在各种场合都表现得热情、谦虚、严于律己、坚毅果断、深谋远虑，这种对人、对己、对事的稳定态度和习惯化了的行为方式，就是这位教师的性格特征。

在某种情况下，人对事物的态度与做出的行为是一时的、情境性的、偶然的，这就不是性格特征的表现，只有那些经常性的、习惯性的表现才称为性格。例如，一个人在偶然的场合表现出胆怯行为，不能就此认为这个人具有怯懦的性格特征。也就是说，性格必须是经常出现的、习惯化的、从本质上最能代表一个人人格特征的那些态度和行为。例如，在"空城计"中，诸葛亮由于掌握了司马懿多疑寡断的性格，才敢于空城设疑等援兵；而司马懿也正是由于了解诸葛亮一贯谨慎的特点，才认为他不会做冒险之事。

在性格的分析中，总免不了有伦理道德的评价，如认为正直、慷慨、诚实、善良等为积极的性格，懒惰、吝啬、见利忘义等为消极的性格。世界上没有性格完全相同的人，只能说相似性的程度有大小，性格的特征是多种多样的，其组合后的特征就更多了。

拓展阅读　　我的性格知多少

下面是有关性格的词语，请大家挑选出形容自己性格特点的词语，越多越好。

内向　外向　勇敢　懦弱　坦率　认真　冷淡　热情　马虎　勤劳　懒惰　独立
依赖　礼貌　节俭　粗鲁　耐心　虚伪　真诚　骄傲　自私　孤僻　因循守旧
谦虚　平和　暴躁　文静　活泼　诚实　说谎　冲动　负责　细致　节俭　浪费
创新　自尊　自信　自卑　自欺　坚强　自立

（二）性格类型及特点

人的性格分为很多类型，心理学所划分的性格类型主要有：

1. 根据知、情、意三者在性格中何者占优势，性格可划分为理智型、情绪型和意志型。

（1）理智型：通常以理智来评价、支配和控制自己的行动。

（2）情绪型：往往不善于思考，其言行举止易受情绪左右。

（3）意志型：一般表现为行动目标明确，主动积极。

2. 根据人的心理活动倾向于外部还是内部，人们的性格分为外倾型、内倾型和中间型。

（1）外倾型：多为开朗的乐天派，为人处世灵活多变、热情好客，能较好地适应外界变化，善于打交道。然而，他们有时做事马虎、松散，容易急躁。

（2）内倾型：多数较严谨、有计划、讲信誉、遵守规则。但他们有时处事犹豫不决，迟迟不见行动,在处理人际关系时不如外倾型的人爽快和易于接近,持之以恒是内倾型人的长处。

(3)中间型:中间型既有外倾型的一些特征,又有内倾型的一些特征。

3. 根据个体独立性程度,人们的性格划分为独立型和顺从型。

(1)独立型:善于独立思考,不易受外来因素的干扰,能够独立地发现问题和解决问题。

(2)顺从型:易受外来因素的干扰,常不加分析地接受他人意见,应变能力较差。

4. 根据人的社会生活方式以及由此而形成的价值观,人们的性格分为理论型、经济型、审美型、社会型、权力型和宗教型。

德国教育家、哲学家斯普兰格(E.Spranger)认为,社会生活有六大基本领域(表3-6),人们对其一领域的特殊兴趣和价值观导致产生相应的性格。

表3-6 斯普兰格的性格分类

性格类型	性格特点	具体人物
理论型	以追求真理为目的,轻视功利和实用知识。生活中首要的是认识,其次是感情	理论家、哲学家
经济型	对一切事物的评判都从经济角度出发,根据实际功利来确定价值	实业家
审美型	以追求美、追求自我完善为人生目的	艺术家
社会型	认为人生的最高价值是奉献爱,热心服务社会	慈善、卫生、教育工作者
权力型	重视权力,有强烈的支配别人的欲望	组织、领导者
宗教型	信奉上帝,富有同情心,以爱人爱物为生活目的	神学家

5. 根据人际关系,人们的性格划分为A、B、C、D、E 5种。

A型性格情绪稳定,社会适应性及向性均衡,但智力表现一般,主观能动性一般,交际能力较弱。

B型性格具有外向性的特点,情绪不稳定,社会适应性较差,遇事急躁,人际关系不融洽。

C型性格具有内向性特点,情绪稳定,社会适应性良好,但在一般情况下表现被动。

D型性格具有外向性特点,社会适应性良好或一般,人际关系较好,有组织能力。

E型性格具有内向性特点,情绪不稳定,社会适应性较差或一般,不善交际,但往往善于独立思考,有钻研性。

此外,也可按人们的体型、血型对性格进行分类。

(三)性格的结构

性格是一个十分复杂的心理特征系统,从结构上看,它包含了多个侧面,并在每个个体身上形成了独特的组合。一般来说,对性格结构的分析着眼于性格的态度特征、性格的意志特征、性格的情绪特征和性格的理智特征四个方面。

1. **性格的态度特征** 人对现实的态度体系是性格最主要的组成部分,也是性格最直接的表现。它与人的社会属性相关。具体包括:

(1)对社会、集体、他人的态度特征。如有人热爱祖国,关心社会,热爱集体,具有社会责任感与义务感,乐于助人,待人诚恳,正直等;有人则不关心社会与集体,缺乏社会公德,为人冷漠、自私、虚伪等。

(2)对学习、劳动和工作的态度特征。如有人认真细心,勤劳节俭,富于首创精神等;有人则马虎粗心,拈轻怕重,奢侈浪费,因循守旧等。

(3)对自己的态度特征。如有人严于律己,谦虚谨慎,自强自尊,勇于自我批评等;有人则放任自己,骄傲自大,自负或自卑,自以为是等。

2. 性格的意志特征　是指个体在调节自己行为方式的过程中所表现出来的个人特点。性格的意志特征主要表现为：

（1）对行为目的明确程度的意志特征，如有人在行动前有明确的目的，在行动过程中有独立的见解；有人在行动前没有明确的目的，在行动过程中易受他人暗示等。

（2）对行为自觉控制的意志特征，如有人行为主动，有自制力；有人行为被动，好冲动等。

（3）在长期工作或学习中表现出来的意志特征，如有人持之以恒，坚韧不拔，有始有终；有人见异思迁，半途而废，虎头蛇尾等。

（4）在紧急或困难情况下表现出的意志特征，如有人勇敢、镇定、果断；有人胆小、紧张、犹豫等。

3. 性格的情绪特征　是指一个人在情绪活动中经常表现出来的强度、稳定性、持久性以及主导心境方面的特征。

（1）强度特征：是指人的情绪对工作和生活的影响程度和情绪受意志控制的程度，如有人情绪反应强烈、明显、易受感染；有人反应微弱、隐晦、不易受感染等。

（2）稳定性特征：是指情绪的起伏和波动程度，如有人情绪稳定，有人情绪容易波动等。

（3）持久性特征：是指情绪对人身心各方面影响的时间长短，如有人情绪产生后很难平息，有人情绪虽来势凶猛但转瞬即逝等。

（4）主导心境：是指不同的主导心境在一个人身上表现的稳定程度，如有人终日精神饱满，乐观开朗；有人却整日愁眉苦脸，烦闷悲观等。

4. 性格的理智特征　人们在感知、思维、记忆、想象等认识过程中表现出来的个别差异就是性格的理智特征。性格的理智特征主要表现为：

（1）在感知方面：有主动观察型和被动观察型，记录型和解释型，快速型和精确型，罗列型和概括型等。

（2）在思维方面：有的人善于独立思考，有的人喜欢人云亦云；有的人善于分析，有的人善于综合等。

（3）在记忆方面：有的人记忆敏捷，过目成诵，有的人记忆较慢，需反复记忆方能记住；有的人记忆牢固且难以遗忘，有的人记忆不牢且遗忘迅速等。

（4）在想象方面：有的人想象丰富、奇特、富有创造性，有的人想象贫乏狭窄；有的人想象主动、富有情感色彩，有的人想象被动、平淡寻常等。

以上性格结构的四个方面不是独立存在的，它们相互联系，相互影响，构成一个统一体存在于每个人身上。要了解一个人，就应对性格的各个方面作全面分析。

（四）性格与气质的关系

性格与气质关系十分密切，两者既有区别又有联系。

1. 性格与气质的区别　首先，从起源上看，气质更多地受个体高级神经活动类型的影响，主要是先天的；而性格是后天形成的，它是个体在活动中与社会环境相互作用的产物，反映了人的社会性。其次，从可塑性上看，气质的变化较慢，可塑性较小；而性格的可塑性较大，环境对性格的塑造是明显的，即使是已经形成的性格，改变也要容易些。最后，气质仅影响个体行为的动力特征，如速度、强度、灵活性等，与行为的内容无关。因此，气质无好坏善恶之分。性格则涉及行为的内容，表现个体与环境的关系，如有的人乐于助人，有的人自私自利等，因而性格有好坏善恶之分。

2. 性格与气质的联系　性格与气质的联系是密切而又复杂的。相同气质类型的人可能形成不同的性格特征；性格特征相似的人可能气质类型不同。具体地说，两者的联系有以下三种情况：

首先，气质使性格具有某种独特的色彩或表现形式。例如，同是勤劳的性格特征，多血质的人表现出的是精神饱满、精力充沛；黏液质的人则会表现得踏实肯干，认真仔细。同是友善的性格特征，胆汁质的人表现为热情豪爽，抑郁质的人表现出温柔细心。其次，气质会影响性格形成与发展的速度。例如，同是形成自制力这种性格特征，抑郁质的人就比较容易，而胆汁质的人往往需要经过极大的克制和艰苦努力，形成之后也不够稳定。最后，性格会在一定程度上掩盖或改造气质，使之符合社会实践的要求。例如，从事精细操作的外科医生应该具有沉着冷静的性格特征，这种要求在职业训练中有可能掩盖或改造胆汁质者容易冲动和急躁的气质特征。

训练活动

训练活动 3-3　　你像哪种动物

【目的】认识自己的性格，提高交流技巧。

【步骤】

1．宣布游戏规则

（1）将各种各样动物的漫画给大家看，或者做成图片贴在教室的墙上，或者做成幻灯片，让大家分别描述不同动物的性格，主要描述当它们遇到危险时的反应，如乌龟遇到危险以后，会缩到壳里。

（2）让同学们回想一下，当他们面对矛盾的时候会有什么反应。面对矛盾，他们的第一反应是什么，这一点和图中的哪种动物最像。如果图里面没有，也可以找外面的，最主要的是要言之有理。

（3）让每个人描述一下他所选择的动物的性格，说出理由："我像刺猬，看上去浑身长满刺，很难惹的样子，其实我很温顺。"

2．现场讨论

（1）你选的动物和别人选的动物是不是有什么不同的地方？你所应用的它那一部分性格，别人注意到了吗？

（2）当具有不同动物性格的人碰到一起时，应该如何相处？

3．教师总结

（1）每个人都有自己特定的思维模式，从而决定了他的行为模式，不同思维模式的人碰到一起，总是不可避免地要面临冲突。当冲突出现的时候，正视问题、互相尊重才是更好地解决问题的方法。

（2）合作和沟通的过程中，要认真地考虑自己和对方冲突的根源所在，根据彼此的特点进行调整；最终，尽管存在冲突，不同类型的人仍然可以在一定程度上互补，也可以相处得很好。

第3节　塑造健康人格

名人名言　真正的魅力就是自我的诚实表现。……有时，某种粗率羞涩或者失言，都具有魅力，因为它们发自心灵，诚实无饰，使我们看见了一个人的独特侧面。

——索菲娅·罗兰

心理故事 3-4　　周恩来总理的人格魅力

周恩来总理去世时，联合国为他降半旗，这件事情在联合国是非常少有的，引起了别的国家代表的抗议。他们说，他们元首逝世了，他们的总统、总理逝世了，联合国也没降半旗，怎么中国的周恩来逝世了，联合国就降半旗？联合国是这样答复的：各位代表，中国是一个10亿人口的大国，他们的周先生掌管这么大的资源，听说在世界各地没有他个人一毛钱存款，周恩来先生没有子女，整个中国的孩子们就都是他的子女，你们哪个国家的领袖、元首、总理如果像他一样，联合国也降半旗。

中国的周恩来先生在联合国里面被认为是一个很值得尊敬的人，所以联合国为哀悼这位深受世界人民尊敬的中国伟人而降半旗，这就是人格魅力。

人格是人的灵魂，拥有了健全的人格就有了立身之基、发展之本。人格健全、能力突出的个体更加适应当代社会竞争，更容易取得成功。生活在校园之中的大学生正处于人格发展关键阶段，其人格健康水平的高低不仅决定了自身未来的发展，更关乎中华民族伟大复兴梦的实现。就当下而言，如何完善并不断优化大学生的人格，已成为培养合格人才需要迫切破解的重要命题。

一、塑造健康人格的意义

（一）对社会而言，健全人格有利于社会秩序的稳定

人不仅是自然人，更是社会人。社会人的道德品质和行为方式对社会秩序会产生巨大影响。人格健全的人会尽可能地使自己应该和需要做的事与其所处的特定的社会文化背景相一致，从而产生积极的满足感。精神病患者、人格障碍患者都是影响社会秩序稳定的隐患。如果说前者由于其病症明显，较容易被人发现而加以防备，那么后者会因为其症状不明显，较具隐蔽性，面对社会稳定造成更大危害。例如，反社会型人格的犯罪倾向，抑郁症患者的自杀企图等都对社会、对家庭的稳定极具威胁。

（二）对个人而言，健全人格有助于提高生活质量

有的人生活很安定也很富有，但总感到并不幸福和满足，反而觉得生活百无聊赖。这是一种心理不健全的反映。因为心理健全者与财富拥有者并不是同义词。如果一个人在获得成功时无人祝贺、无人与其分享这份快乐；在遇到挫折时没有人安慰，没有倾诉的对象，那么，纵有万贯家产，他也体会不到生活的快乐。还有的人总是不能原谅别人的过错，对一些小事耿耿于怀，心存怨恨；或者由于对自己的认识不足而没有充分发挥潜能，整日怨天尤人，这种心态使生活褪色。健全人格能帮助人们充分体验生活的乐趣，挖掘人的潜能，充实人的精神世界。

二、健康人格的标准

爱因斯坦说过："优秀的性格和钢铁般的意志比智慧和博学更重要……智力上的成就在很大程度上依赖于人格的伟大。"许多心理学研究也证实，影响个人成功的最主要因素并不是智商、财富，而是健全的人格。许多心理学家对健康的人格标准提出不同的见解。

著名人格研究专家奥尔波特提出具有健康人格的人是成熟的人，成熟的人有七条标准：①专注于某些活动，在这些活动中是一个真正的参与者。②对父母、朋友等具有显示爱的能力。③有安全感。④能够客观地看待世界。⑤能够胜任自己所承担的工作。⑥客观地认识自己。⑦有坚定的价值观和道德心。

美国人本主义心理学家罗杰斯提出：具有健康人格的人是充分起作用的人。充分起作用的人有五个具体的特征：①情感和态度上是无拘无束的、开放性的，没有任何东西需要防备。②对新的经验有很强的适应性，能够自由地分享这些经验。③信任自己的感觉。④有自由感。⑤具有极高的创造力。

弗洛姆认为具有健康人格的人是具有创造性的人。除了生理需要，每个人都有各种各样的心理需要，这正是人与动物的重要区别。具有健康人格的人将以创造性的、生产性的方式来满足自己的心理需要。

以上阐述从不同侧面说明了健康人格的特征，概括起来，健康人格应该具备以下几点：

第一，认识自我。具有健康人格的人对自己有恰如其分的评价，既不狂妄自大，也不妄自菲薄，在日常生活中能有效调节自己的行为与环境保持平衡。清醒地认识到自己在环境中的位置，培养社会角色，提高社会的认知水平，是培养健康人格的第一步。

第二，体验幸福。幸福的人对自己的生活状况满意度高、痛苦少，能坦然面对现实。一位富翁觉得自己不幸福，他将所有贵重财产装入袋子，要送给大师，只求他告诉自己幸福的方法。大师抓了袋子就跑，富翁追丢了，坐在地上大哭。大师回来将袋子还给他，问他："幸福吗？"富翁说："太幸福了！"大师笑说："别等失去了才知道自己拥有过。"人生总有不幸的时候，培养体验幸福的能力，可以常常去关怀需要帮助的人，如孤儿、老人、残疾人，这能让我们更加珍惜所拥有的，在感恩里体验幸福。

第三，人际和谐。积极的人际关系能激发积极的情绪，人格健全者能与人友好相处并平等待人。现在很多年轻人追求个性张扬，在工作与家庭中难免与人产生摩擦，最终也让自己陷入焦虑、抑郁、烦恼中。大学生要能在与人交往的过程中表现出适当的态度和行为，与人相处时能尊重自己和尊重他人，能以诚恳、公平、谦虚、宽容的态度对待他人，学会换位思考，为人着想，就会在身边营造更为和谐的人际环境。

第四，积极乐观。没有坏的事，只有坏的心态。人生快乐与不快乐，顺利与不顺利，在某种程度上取决于个体的生活态度。乐观的人常常能看到生活中的阳光，对前途充满希望和信心，对自己所从事的工作或事业抱有浓厚的兴趣，并在其中发挥自身的智慧和能力。澳大利亚人尼克·胡哲天生没有四肢，但他没有自暴自弃，不仅骑马、游泳、足球样样皆能，还拥有两个大学学位，遍访34个国家，演讲1500余场，激励和感动了无数的人。他在夏威夷学习冲浪时说："我的重心非常低，所以可以很好地掌握平衡。看到自己的优势，不要放弃。每天向前一小步，你一定可以完成人生的目标。"一个残疾人尚能如此乐观，作为新时代的大学生，更要积极地寻找自己的优势，担当自己的使命，在困境中保持乐观。

第五，情绪稳定。大学生情绪反应要适度，能够调节和控制自己的情绪，保持愉快、满意、开朗的心境，并富有幽默感，当消极情绪出现时也能合情合理地宣泄、排解、转移和升华。情绪起伏波动大、长期持续的不良情绪严重危害人际、人格和身体健康。发脾气谁都会，但控制情绪却需要涵养。心理学家建议，当我们与人发生矛盾时，一旦发现呼吸变急促，或脉搏每分钟高出10次，就赶紧离开现场平静一下。我们不妨用这个方法控制情绪。

第六，有所追求。人格健全的人一定有目标、有追求、希望人生过得有意义。定目标、做规划、强执行，会让人生充满希望感，而且追求不分年龄。日本柴田老奶奶92岁开始学习写诗，99岁出了第一本诗集《请不要灰心呀！》，瞬间走红，10个月售出了150万册，感动和抚慰了许多经历了海啸的日本人。一个92岁老太太都可以学习写诗并成为诗人，年轻的大学生们又有什么理由放弃追求梦想呢？

第七，勇于挑战。人有各种需求和愿望，追求过程中并非总能一帆风顺，遭遇挫折时，勇者能迅速调整状态，从打击中恢复过来，冷静处理并迎接挑战。有一句名言说："勇敢不是不害怕，而是害怕的时候你还能坚持去做"。人生唯有不断地向内突破自己，才能不断突破外在的挑战和藩篱，拓展人生格局。

第八，独立创新。独立思考是人格成熟的标志之一，作为当代大学生，应该用自己的目光去观察事物，从新的角度去分析问题，并在前人的肩膀上有所创新。社会的发展、文化的延伸需要年轻一代对过去和现实的扬弃，在不断地创新过程中激发生命的活力，完善自己的人格。

上述标准不仅是我们衡量个体人格健康的尺度，同时也为青年大学生完善自我提供了具体的努力方向。需要指出的是，健康人格的各个标准都是相关的，"具有体验丰富的情绪并控制情绪表现的人，通常是有能力满足自身基本需要的人，是能紧紧地把握现实的人，是获得健康自我结构的人，是拥有稳定可靠的人际关系的人。"总之，人格健康的人，其人格的各个方面是统一平衡的。

> **拓展阅读**　　马斯洛对个性培养的 7 条建议

1. 把自己的感情出口放宽，莫使心胸像个瓶颈。
2. 在任何情境中，都尝试从积极乐观的角度看问题，根据长远的利害作决定。
3. 对生活环境中的一切，多欣赏，少抱怨；有不如意之处，设法改善；临渊羡鱼，不如退而结网。
4. 设定积极可行的生活目标，然后全力以赴追求其实现；但却不能期待未来的结果一定不会失败。
5. 对于是非之争，只要自己认清正义之所在，纵使违反众议，也应挺身而出，站在正义一边，坚持到底。
6. 莫使自己的生活僵化，为自己在思想与行动上留一点弹性空间；偶尔放松一下身心，将有助于自己潜能的发挥。
7. 与人坦率相处，让别人看见你的优点和缺点，也让人分享你的快乐与痛苦。

三、塑造大学生健全人格的途径

总体而言，大学生的人格发展现状是积极的，他们求知若渴，眼界开阔，积极探索人生，渴望开发潜能，实现自己人生价值。然而，就个体而言，大学生的人格发展中也存在着消极的一面，表现出一系列的迷茫与冲突，某些大学生的人格滑坡也是毋庸置疑的事实。塑造健全人格是大学生面临的重大课题。下面提供了塑造健康人格的途径，供大家借鉴。

（一）培养健康的自我意识

对自我的准确认知是健康人格的前提。因此，塑造健全人格的首要内容就是培养健康的自我意识。

1. **正确认识自我**　不少学生在学习、生活中产生各种困惑、压力，正是由于缺乏正确的自我观念。大学生可以通过自我观察、他人评价、社会比较、社会实践、反思总结等途径认识自己，明确自身的优点和不足，找到完善自我的方向。

2. **积极悦纳自我**　作为一个人格健康的大学生，要形成积极悦纳自我的态度，首先，要喜欢自己、欣赏自己，体会自我的独特性，正如潘长江面对自己的身高，幽默调侃"凡浓缩的都是精华"；其次，客观地对待自己的长处与不足，正确冷静地对待挫折和失败。成功时，要尽情体验自己的喜悦，并与他人分享；对挫折和失败所带来的消极情绪，要及时通过合理的方式宣泄出来。个体应树立积极的观念，即每个人身上都有无数的闪光点，重点在于寻找自己的闪光点，并以此创造自己的魅力人生。

> **心理故事 3-5**　　林肯的幽默
>
> 当林肯还是肯塔基州的一个孩子时，他是个性情腼腆、不善言辞的人。而当林肯成为美国总统时，他变成了性格开朗、幽默风趣的人。林肯长相丑陋，但他从不忌讳这一点，相反，他常常诙谐地拿自己的长相开玩笑。在竞选总统时，他的对手攻击他两面三刀，搞阴谋诡计。林肯听了指着自己的脸说："让公众来评判吧。如果我还有另一张脸的话，我会用现在这一张吗？"还有一次，一个反对林肯的议员走到林肯跟前挖苦地问："听说总统您是一位成功的自我设计者？""不错，先生。"林肯点点头说，"不过我不明白，一个成功的设计者，怎么会把自己设计成这副模样？"林肯就是用这种幽默的方法，多次成功地化解了可能出现的尴尬和难堪场面。林肯不仅学会以自嘲、调侃等幽默方式来营造内心的愉悦，还完善了自己捕捉生活中怪谬现象的敏感力。由此，林肯不仅改变了自己的人格，也改变了自己的命运。

3. **主动调控自我**　自我控制是一个人良好人格的重要指标之一。一个人如果不善于自控，则意味着他不能有效地发动、支配自己或抑制自己的激情，控制自己的冲动，对未来的成长过程有害无益。在大学生自我意识的心理成分中，独立性、自尊、自信、自我理想发展较快，而自制力发展较慢，往往出现自我体验与自我行为不协调的矛盾。因此，大学生应该主动进行自我调控。

拓展阅读　　　　　延迟满足实验

发展心理学研究中有一个经典的实验，称为"迟延满足"实验。实验者发给4岁被试儿童每人一颗好吃的软糖，同时告诉孩子们：如果马上吃，只能吃一颗；如果等20分钟后再吃，就给吃两颗。有的孩子急不可待，把糖马上吃掉；而另一些孩子则耐住性子、闭上眼睛或头枕双臂做睡觉状，也有的孩子用自言自语或唱歌来转移注意力消磨时光以克制自己的欲望，从而获得了更丰厚的报酬。研究人员进行了跟踪观察，发现那些以坚韧的毅力获得两颗软糖的孩子，到上中学时表现出较强的适应性、自信心和独立自主精神；而那些经不住软糖诱惑的孩子则往往屈服于压力而逃避挑战。在后来几十年的跟踪观察中，也证明那些有耐心等待吃两块糖果的孩子，事业上更容易获得成功。实验证明：自我控制能力是个体在没有外界监督的情况下，适当地控制、调节自己的行为，抑制冲动，抵制诱惑，延迟满足，坚持不懈地保证目标实现的一种综合能力。它是自我意识的重要成分，是一个人走向成功的重要心理素质。

（二）保持积极的情绪状态

积极的情绪状态是积极心理学极其关注的一个主题，它们在保持人格健康方面有重要意义。

1. 常怀感恩　感恩，让人学会易地而处，换位思考，对他人更多一份体察和谅解。学会了感恩，也就学会了生活，人生的境界也变高了一层。央视有一广告：每个人都是一座山，最难攀登的是自己。尽管步子很小，但每一步都是一个高度。懂得感恩会使得我们的心灵变得纯净，人格得以培养，情操得以升华。

2. 乐观豁达　乐观的人在面临困境时充满希望，会继续坚持所认为的有价值的目标，采用有效的应对策略，不断地对自己和自我状态进行调整，以便更有可能实现目标。

心理故事3-6　　　　　乔布斯的故事

苹果公司创办人乔布斯在美国斯坦福大学的演讲中，与同学们分享了他人生中的3个真实故事："贵族学校自动退学""被自己创办的苹果电脑公司开除""医生诊断患胰腺癌"。他说："自动退学"是他最棒的决定，因为后来他转学了，投入到真正有兴趣的学科中；"被苹果电脑公司开除"是他最棒的遭遇，因为他后来重新创业，推出《玩具总动员》；"患胰腺癌"是他最棒的提醒，因为后来他手术成功，更了解了生命的真谛。

不难看出，乔布斯对于生活总保持这种乐观的心态，虽几经坎坷，仍笑对生活。"大度集群朋"，正是他这种对生活乐观的态度使他带领苹果团队克服重重困难，不断推陈出新，带给世人一次次的精神冲击，让苹果成为当代一个不可或缺的流行符号。乔布斯的经历告诉我们：对待生活，保持一种乐观的心态，往往能事半功倍。积极乐观的人总是能够突破困境，化险为夷；面对激烈的竞争、巨大的压力、未知的挫折，培养乐观的品质就显得尤为重要。

（三）培养良好的行为习惯

"习惯是比人格更具体化，也比人格低一层的行为方式，是构成人格的基本成分，许多具体的习惯在个人身上有不同的组合方式，赋予个人独特的行为风格模式，这就形成了他特定的人格"。习惯是组成人格特质的重要特征之一。习惯所体现出来的人格是人格中自动化的、稳定的行为方式和特征，是组成人格特质的重要基础。良好的行为习惯是健康人格形成的基础和外在标志，行为主义理论学家认为"人格不外乎各种习得行为模式的集合"。因此，培养健康人格离不开良好行为习惯的培养。

人格的形成是一个由浅入深、由表及里的过程。古人云："勿以善小而不为，勿以恶小而为之。"忽视平时良好习惯的养成而想拥有健康的人格，无异于建造空中楼阁。大学生有了一定的自我控制能力，希望自己成为各方面发展良好的人，从生理上、思想上具备了完善人格的条件，但愿望和实际却往往脱节。比如，每个人都希望自己有独立、坚强的人格，却每逢周末把大包的脏衣服往家里带；不愿动脑，常常抄袭别人的作业；碰到一点儿困难就采用逃避策略；甚至仅仅为了睡懒觉而旷课……如果我们在这些小事情上对自己放松要求，那么在关键的事情上又怎能保证自己的独立和坚强呢？所以，每个人应该做好日常生活中的每件小事，它们正是人格的体现。"千里之行，始于足下"。养成健康人格，要从眼前的每一件小事做起，先形成习惯，再巩固成为稳定的人格。一个人的一言一行往往是其人格的外化，反过来，一个人日常言行的积淀成为习惯就是人格。

拓展阅读　　　　　21天养成习惯

在行为心理学中，人们把一个人的新习惯或理念的形成并得以巩固至少需要21天的现象，称为"21天效应"。这是说，一个人的动作或想法，如果重复21天就会变成一个习惯性的动作或想法。

根据我国成功学专家易发久的研究，习惯的形成大致分为三个阶段：

第一阶段：1～7天，此阶段表现为"刻意，不自然"，需要十分刻意地提醒自己。因为你一不留意，你的坏情绪、坏毛病就会浮出水面，让你又回到从前。你在提醒自己、要求自己的同时，也许会感到很不自然、很不舒服，然而，这种"不自然、不舒服"是正常的。

第二阶段：7～21天。此阶段表现为"刻意，自然"，但还需要意识控制。经过一周的刻意要求，你已经觉得比较自然、比较舒服了，但你不可大意，一不留神，你的坏情绪、坏毛病还会再来破坏你，让你回到从前。所以，你还要刻意提醒自己、要求自己。

第三阶段：21～90天，此阶段表现为"不经意，自然"，无须意识控制。这一阶段是习惯的稳定期，它会使新习惯成为你生命的一部分。在这个阶段，你已经不必刻意要求自己，它已经像你抬手看表一样自然了。

好习惯，坏习惯，均是如此，都是在不断地重复中慢慢形成的。任何一种行为只要不断地重复，就会成为一种习惯。同理，任何一种思想只要不断地重复，也会成为一种习惯，进而影响潜意识，在不知不觉中改变我们的行为。

（四）磨炼坚强的意志品质

一个人格健康的人必定意志坚强，勇于克服困难，努力去实现自己的理想目标。一个人如果意志不坚定，碰到困难就会自暴自弃，甘心落后，不求上进。

1. 明确人生目标　大学时代既是学习掌握知识的黄金时代，也是人格发展的重要阶段。许多大学生却经常感到无聊、空虚，感觉不到自我存在的意义与人生的价值，其核心在于没有确立合适的人生目标。无聊空虚其实就是因为没有目标或目标太低，人一旦失去目标的牵引，生活就没有动力；缺乏对生命意义的深刻认识，就会出现茫茫然混日子的现象，对生命意义的否定发展到极端是对生命的否定；有的大学生由于目标不是自己内心的渴望，未获得内心的自觉与认同，只是为学习而学习，为考试而考试，疲于应付，学习生活中缺乏主动性和创造性。克服无聊心理的根本方法是确立恰当的人生目标，并由人生目标牵引着实现自己的人生价值。

2. 敢于直面挫折　"人生不如意事十之八九"。我们不能奢望生活中没有挫折，而应该考虑如何尽快地提高自己的挫折忍受力。如果遭遇挫折，首先应该分析挫折的成因；其次要科学辩证地认识挫折。人碰到挫折后，都会产生挫折感，但每个人的感受程度不同。有人从此一蹶不振，有人却从挫折中吸取教训，从逆境中奋起。据调查发现，大部分成功人士都曾经历挫折，苏格拉底貌丑而成哲学家，屈原遭贬放逐遂赋《离骚》，曹雪芹家道中落终成《红楼梦》。也许，从某种角度说，要感谢挫折，挫折使人成熟，让人清醒，促人奋进。

> **拓展阅读**　　　　　　　　　　半　途　效　应

心理学家研究发现，当人们追求一个目标做到一半时，常常会对自己能否达到这个目标产生怀疑，甚至对这个目标的意义产生怀疑，这时心理会变得极为敏感和脆弱，这样就容易导致半途而废，心理学上称之为半途效应。产生半途效应的原因主要有两个，一是制订的目标不够合理。目标制订的越不合理越容易出现半途效应；二是执行这个目标的人意志薄弱。意志力越弱的人越容易出现半途效应。这就要求我们一方面多注意对学生进行意志力的磨炼。另一方面，要根据学生的实际情况，与学生共同制定合理的目标，并将目标分解成一个个小目标，这对防止半途效应的发生也具有积极的意义。

训 练 活 动

训练活动 3-4　　　　　　　　进　化　论

【目的】通过活动激发潜能，培养抗挫折的能力，保持积极心态。

【步骤】

1．宣布游戏规则

（1）让所有人都蹲下，扮演鸡蛋。

（2）找同伴猜拳或者其他一切可以决出胜负的游戏，由成员自己决定。

（3）获胜者进化成小鸡，可以站起来。

（4）小鸡和小鸡猜拳，获胜者进化为凤凰，输者退化为鸡蛋。

（5）鸡蛋和鸡蛋猜拳，获胜者才能进化为小鸡。

（6）继续游戏，看看谁是最后一个变成凤凰的。

2．活动分享

（1）最后一个变凤凰的。

（2）第一个变凤凰的。

（3）成为小鸡又变回鸡蛋的。

3．教师总结

（1）每个人成长中都可能遇到挫折，坚持到最后，就有机会变成凤凰。

（2）心态要好，不急不躁，心胸宽广。

训练活动 3-5　　　　训练积极的人格特质——幽默乐观

【目的】情绪有正性与负性之分。有些正性情绪，如兴奋、幽默可以激发人的创造力，而许多负性情绪，如痛苦、焦虑、恐惧则会阻碍人的创造力发挥。我们每个人都可能因成功或失败而产生情绪波动。通过以下活动体验情绪在问题解决中的强大作用，可以训练你的幽默和乐观的情绪。

【步骤】

1．活动规则

（1）这个活动要求你偏离你一贯的社会行为，活动的内容是要你学四种动物的叫声。参照表 3-7 决定你要学的动物是什么。

表 3-7　姓氏与动物对照表

姓氏汉语拼音的第一个字母	动物名称
A～F	狮子
G～L	狼
M～R	毛驴
S～Z	布谷鸟

（2）现在选择一个伙伴，最好在周围同学中挑一位不太熟悉的人作为伙伴。彼此盯着看，目光不能转移，同时用嘴大声学动物叫，至少10秒钟。

2．现场讨论

（1）在这个简单的活动中，你的感觉如何？

（2）你的情绪对你的表现产生了哪些影响？幽默乐观的情绪在这个活动中起到了什么样的作用？

3．教师总结　好玩和幽默的情绪有助于你在这个游戏中创造性地发挥，可能会使你灵机一动，模仿出种种出人意料的叫声，获得满堂喝彩，或者逗得大家捧腹大笑。而在游戏中，感到尴尬的心理却会使你羞于开口。假如你有幽默感，学动物叫就更容易开口。乐观、幽默的情绪是创造力的催化剂。因此，在最困难的时候，不要忘记幽默可以使你保持乐观。

小　结

本章首先介绍了人格概念、特征及影响因素；分析了气质类型及特点、性格的类型、结构及特征，使学生能理解其对自身生活、学习及职业选择的影响；然后介绍了大学生健康人格的基本特点，以及健康人格的培养方法。通过自测、游戏和活动训练，学生可以了解自己的气质类型，掌握性格调适方法和健康人格的培养方法，进而成为独立、善良、身心健康的大学生。

思考与解答

1．案例分析　一位老板想让值得信任的甲、乙、丙三位助手分别负责管理财务、推广业务、策划的工作。这位老板想了解三位助手的性格特点，根据性格分配适合的工作，于是他安排三位助手下班后留在公司与他一起研究问题。在这期间，他故意制造了一起假火警，以便观察他们三人各自的性格特点。

在火警面前：

甲说："我们赶快离开这里再想办法。"

乙一言不发，马上跑到屋角拿出灭火器去寻找火源。

丙坐着不动说："这里很安全，不可能有火警。"

分析：老板通过三位助手各自的行为表现，会怎样安排他们的工作？为什么？

2．知识问答

（1）气质有哪四种类型？你的气质类型适合从事的职业有哪些？

（2）结合实践，谈谈如何在大学生活中培养自己健全的人格。

（3）练一练：发现与完善自己的性格。静下心来认真思考，寻找自己曾经做过的最成功的一件事和认为最失败的一件事。并分析成功或失败的原因，列举出来，逐条对照（也可寻求亲人朋友的帮助）看看与你的习惯和性格有什么对应关系？给你怎样的启示？试着写出你改变自身不足的计划并予以实施。

推荐欣赏

电影推荐

《Billy Elliot》（跳出我天地）

书籍推荐

勒尔．2003．内心枷锁．王蔚译．上海：上海人民出版社

皮克·菲尔．2010．气场．章岩译．重庆：重庆出版社

第4章 管理情绪

情绪是一种非常基础、非常有影响力的心理活动，影响着人们的生活与学习。情绪的力量是惊人的，它可以使人事半功倍，也可以使人功败垂成。基于生理发育基本成熟但心理发育尚未成熟的不平衡性，大学生的情绪丰富多变且不稳定。他们对外界十分好奇、对未来充满信心，但情绪控制力依然不够，容易受到外界干扰，同时他们渴望了解情绪、管理情绪，在生命色板上涂上情绪的美丽音符。了解情绪、识别情绪、觉察情绪、管理情绪，不仅是技能和艺术，更是需要和智慧。

第1节 情绪概述

名人名言 一个人如能让自己经常维持像孩子一般纯洁的心灵，用乐观的心情做事，用善良的心肠待人，光明坦白，他的人生一定比别人快乐得多。

——罗曼·罗兰

心理故事4-1　　　　热地亚的故事

热地亚是保险公司的职员，他的心情总是很好。当有人问他近况如何时，他总会回答："我快乐无比。"他说："每天早上，我一醒来就对自己说：'热地亚，你今天有两种选择，可以选择心情愉快，也可以选择心情不好'——我选择心情愉快；每次，有坏事情发生，我可以选择成为一个受害者，也可以选择从中学些东西——我选择后者。人生就是选择。归根结底，是你自己选择如何面对人生。"

有一天，银行遭遇了三个持枪歹徒的抢劫。歹徒朝他开了枪。幸运的是发现较早，热地亚被及时送进了急诊室。经过18小时的抢救和几个星期的精心治疗，热地亚出院了，只是仍有小部分弹片留在他体内。6个月后，他的一位朋友见到了他。朋友问他近况如何，他说："我快乐无比。想不想看看我的伤疤？"朋友看了伤疤，然后问当时他想了些什么。热地亚答道："当我躺在地上时，我对自己说有两个选择：一是死，一是活。我选择了活。医护人员都很好，他们告诉我，我会好的。但在他们把我推进急诊室后，我从他们的眼神中读到了'他是个死人'。我知道我需要采取一些行动。""你采取了什么行动？"朋友问。热地亚说："有个护士大声问我对什么东西过敏。我马上回答'有的'。这时，所有的医生、护士都停下来等我说下去。我深深吸了一口气，然后大声吼道：'子弹！'在一片大笑声中，我又说道：'请把我当活人来医，而不是死人。'"

人们所有的心理活动都伴随着一定的情绪状态。情绪在我们的人生里如影随形，丰富着我们的内心世界，渗透在我们的生活学习交往中，影响着我们的身心健康。

一、情绪的概念

关于"情绪"的确切含义，心理学家、哲学家至今尚未达成一致意见。绝大多数研究者认为，情绪是人对客观事物是否符合自己需要产生的态度体验，是人对客观世界的一种特殊反映形式。它反映了主体与客体之间的关系。满足主体需要的事物通常能引起积极的情绪体验，不能满足主体需要的事物一般会引起消极的情绪体验。例如，当获得国家奖学金时，会非常开心；如果你不喜欢英语，于是一写英语作业就开始想其他事情，或者想到英语考试可能会肚子疼；当你在重要比赛中获了奖，会感到非常欣喜。

（一）情绪的成分组成

一般而言，情绪由独特的主观体验、外部表现和生理唤醒三种成分组成。

主观体验是个体对不同情绪状态的自我感受，最接近于我们对情绪的一般了解，如家人团聚时的幸福、参加比赛时的紧张与激动等。这些感受我们能体会到，别人却无从得知。大多数情绪状态可以用各种语词标识，但也有一些无法用言语表达。

情绪的外部表现是在情绪状态发生时个体表现出的身体动作，包括面部表情、姿态和语调。面部表情是所有面部肌肉变化所组成的模式，如高兴时嘴角上翘、悲哀时双眉和嘴角下垂。姿态是除面部之外身体其他部位的身体动作，包括手势、身体姿势等，如高兴时手舞足蹈、愤怒时咬牙切齿、悲伤时捶胸顿足、羞怯时扭扭捏捏。语调是通过言语的声调、节奏和速度等方面的变化来表达的，例如，说"你干吗"时，用升调表示疑问，用降调表示不耐烦，用感叹语气强调"吗"字则表示责备。

生理唤醒是指伴随着情绪出现的生理上的变化。它涉及广泛的神经结构，如中枢神经系统的脑干、下丘脑、前额皮质及外周神经系统和内、外分泌腺等。不同的情绪有着不同的生理唤醒模式。如满意、心情愉悦时心跳节律正常；恐惧或极度愤怒时，心跳加速、血压升高、呼吸急促甚至出现间歇或停顿；痛苦时血管容积缩小等。

拓展阅读　　1/25秒表情暴露你的真心

美国电视剧《Lie to me》在全球引发收视狂飙，超过3000万人收看该剧。剧情围绕对人类"微表情"的剖析而产生。该剧认为：表情不可能掩盖谎言，人类情绪在表情上全人类共通。1/25秒的表情变化就能暴露你的内心。爆炸案嫌疑犯坐在FBI的审讯室已4小时，FBI确定他在某个教堂里下了炸药，但他们无法撬开嫌疑犯的铁嘴，直到莱特曼博士坐在疑犯面前。只是问了嫌犯几个问题，只是盯着他细碎的表情，2分钟后他已经找出了炸药的安置点。

剧中人物莱特曼博士的原型是世界著名的心理学专家——加利福尼亚大学医学院的保罗·埃克曼（Paul Ekman）教授，1991年获美国心理学会颁发的杰出科学贡献奖，被列为20世纪百位最有影响力的心理学家之一。他用了40年研究面部表情与内心真相的关系，曾专门为特工和警察进行面部表情识别培训，被称为"人肉测谎仪""人面教皇"。

（二）情绪的功能

情绪与我们形影不离。积极的情绪让我们思路开阔、身心愉悦；消极的情绪让我们意识狭窄、委靡不振。我们生活中体验过的每一种情绪都是有意义的，每一种情绪都有其作用与功能。

1. **适应功能**　　情绪是有机体生存、发展和适应环境的重要手段，人们通过各种情绪来了解自身或他人的处境与状况，协调生活，求得更好的生存和发展。例如，遇到危险时，恐惧的情绪使人们想尽各种方法逃避危险情境，获得自身的安全。在高度人文化的社会里，人们通过更文明的方式适应社会，如通过微笑表示友好。情绪调控的好坏会直接影响身心健康。

2. **动机功能**　　适度的情绪兴奋可以使身心处于活动的最佳状态，进而推动人们有效地完成工作任务。情绪具有激励作用，能够激发和引导人们的行为。例如，有时我们努力做某件事情，只因为这件事能给我们带来愉快与喜悦。

3. **组织功能**　　情绪心理学家认为，情绪作为脑内的一个检测系统，对其他心理活动具有组织的作用。这种作用表现为积极情绪的协调、组织作用和消极情绪的破坏、瓦解作用。一般而言，中等强度的愉快情绪有利于提高认知活动的效果。情绪的组织功能还表现在影响人的行为上，当我们处于积极情绪时,更易于接受外界的事物;反之,则倾向于产生排斥心理,甚至出现攻击行为。

4. 信号功能　情绪在人际间具有传递信息、沟通思想的功能。这种功能主要通过面部肌肉运动模式、声调和身体姿态变化所构成的表情来实现。

二、情绪的分类

人类有几百种情绪,此外还有很多混合、变种、突变以及具有细微差异的"近亲"。情绪的微妙之处已经大大超越了人类语言能够形容的范围(图4-1)。

图 4-1

我国早在两千多年前就有不少对于情绪的论述。中国现存最早的医学典籍《黄帝内经》论述:"怒伤肝、喜伤心、忧伤肺、思伤脾、恐伤肾";儒家经典《礼记·礼运》中记载:"何为人情,喜、怒、哀、惧、爱、恶、欲",并认为这七种情绪是每个人天生具备的,不学就会。

西方不同流派的心理学家提出不同的情绪分类理论。20世纪70年代初,伊扎德从生物进化的角度将情绪分为基本情绪和复合情绪。基本情绪是人与动物所共有的,在发生上有共同的原型或模式,包括兴趣、愉快、害羞、惊奇、轻蔑、厌恶、悲伤、痛苦、自罪感、恐惧、愤怒等11种。它们是先天的、与生俱来的,不仅存在于人类群体,也存在于动物群体。复合情绪是由基本情绪的不同组合派生而来,有三类:第一类是基本情绪的组合,如兴趣—愉快、恐惧—害羞等;第二类是基本情绪和内驱力的结合,如性驱力—兴趣—享乐、疼痛—恐惧—怒等;第三类是基本情绪和认知的结合,如活力—兴趣—愤怒等。复合情绪多达上百种,大多数难以命名。

美国心理学家普拉切克(Plutchik)提出了8种基本情绪:悲痛、恐惧、惊奇、接受、狂喜、狂怒、警惕、憎恨。

虽然心理学家对情绪分类有不同的研究,但是他们普遍认为人有4种基本情绪,即快乐、愤怒、悲哀和恐惧,人的其他情绪都是这4种基本情绪的复合。

1. 快乐　是指一个人盼望和追求的目的达到后产生的情绪体验。由于需要得到满足,愿望得以实现,心里的急迫感和紧张感解除,快乐随之而生。快乐有强度的差异,从愉快、兴奋到狂喜，这种差异是和所追求的目的对自身的意义以及实现的难易程度有关。

2. 愤怒　是指所追求的目的受到阻碍，愿望无法实现时产生的情绪体验。愤怒时紧张感增加，有时不能自我控制，甚至出现攻击行为。愤怒也有程度上的区别，一般的愿望无法实现时，只会感到不快或生气，但当遇到不合理的阻碍或恶意的破坏时，愤怒会急剧爆发。

3. 悲哀　是指心爱的事物失去时，或理想和愿望破灭时产生的情绪体验。悲哀的程度取决于失去的事物对自己的重要性和价值。悲哀并不总是消极的，它有时能够转化为前进的动力。

4. 恐惧　是企图摆脱和逃避某种危险情景而又无力应付时产生的情绪体验。所以，恐惧的产生不仅仅由于危险情景的存在，还与个人排除危险的能力和应付危险的手段有关。一个初次出海的人遇到惊涛骇浪或者鲨鱼袭击时会感到恐惧无比，而一个经验丰富的水手对此可能已经司空见惯，泰然自若。

根据情绪发生的强度和持续时间的长短，情绪状态分为心境、激情和应激。

1. 心境　是一种比较微弱平静而持久的情绪状态。所谓"人逢喜事精神爽""感时花溅泪，恨别鸟惊心"，这种在一段时间内的情绪蔓延状态就是心境。心境持续的时间有很大的差别。有些可能仅仅持续数小时，而有些可能持续数周、数月甚至更长的时间。

2. 激情　是一种强烈的、爆发式的、短暂的情绪状态。这种情绪通常是由明显的刺激，如强烈的欲望或者对个人有重大意义的事件引起的。处于激情状态时的人往往有明显的生理变化和外部行为表现，如狂喜时手舞足蹈；悲痛时号啕大哭。在激情状态下，人的认知范围狭窄，理智分析能力受到抑制，自我控制能力减弱，进而使人的行为失去控制，不能意识到自己行为的意义和后果，常常做出一些鲁莽的行为。

3. 应激　是在出现意外事件或遇到危险情境时出现的高度紧张的情绪状态。例如，司机在驾驶过程中出现危险情况紧急刹车，学生刚进入考场突然发现没带准考证，就会产生应激状态。应激状态的产生与人面临的情境及人对自己能力的估计有关。当个体意识到自己无力应付当前情境的过高要求时，就会体验到紧张而处于应激状态。人在应激状态下，会有一些生物性反应，如肌肉紧张度，血压、心率、呼吸及腺体活动都会出现明显的变化。这些变化有助于适应急剧变化的环境刺激，维护机体功能的完整性。然而，长时间的应激会破坏人的免疫力，对身体造成极大的伤害。

三、情绪的有关理论

（一）詹姆斯－兰格的情绪外周理论

美国心理学家詹姆斯（W.James）和丹麦生理学家兰格（Carl Lange）分别于1884年和1885年提出了内容几近相同的情绪理论。詹姆斯根据情绪发生时引起的植物性神经系统的活动和由此产生的一系列机体变化提出，情绪就是对身体变化的知觉。他指出"情绪，只是一种身体状态的感觉；它的原因纯粹是身体的"。人们的常识认为，先产生某种情绪，之后才有机体的变化和行为的产生，但他的主张是先有机体的生理变化，而后才有情绪。在詹姆斯看来，"悲伤乃由哭泣而起，愤怒乃由打斗而致，恐惧乃由战栗而来，高兴乃由发笑而生"。兰格认为，情绪是内脏活动的结果。他特别强调情绪与血管变化的关系："情感，假如没有身体的属性，就不存在了。""血管运动的混乱、血管宽度的改变以及各个器官中血液量的变化，乃是激情的真正的最初原因。"

该理论受到众多批评，但也引发了研究者对情绪机制的研究热情。显然，"情绪是由行为反应引起的"观点有失妥当，但不可否认，身体行为变化对情绪产生一定的影响作用。

（二）阿诺德的评定－兴奋说

美国心理学家阿诺德（M.R.Arnold）在20世纪50年代提出了情绪的评定－兴奋学说。这种理论认为，刺激情景并不直接决定情绪的性质，从刺激出现到情绪的产生要经过对刺激的估量和评价；情绪产生的基本过程是刺激情景—评估—情绪。同一刺激情景，由于对它的评估不同，会产生不同的情绪反应。评估的结果可能认为对个体"有利""有害"或"无关"。如果是"有利"，就会引起肯定的情绪体验，并企图接近刺激物；如果是"有害"，就会引起否定的情绪体验，并企图躲避刺激物；如果是"无关"，人们就予以忽视。阿诺德认为，情绪的产生是大脑皮质和皮下组织协同活动的结果，大脑皮质的兴奋是情绪行为的最重要的条件。

该理论强调了大脑皮质的认知评定在情绪中的重要作用，强调了情绪是认知过程的结果，在一定程度上促进了认知与情绪的研究。

（三）伊扎德的动机－分化理论

以美国心理学家伊扎德（Izard）为代表的学者，主张情绪具有动机性质，以情绪为核心，以整个人格结构为基础，研究情绪的性质和功能。伊扎德从整个人格系统出发建立了情绪－动机体系，提出人格具有6个子系统：体内平衡系统、内驱力系统、情绪系统、知觉系统、认知系统和运动系统，其中，情绪系统是核心动力。根据动机－分化理论，伊扎德提出情绪激活的四系统理论，即神经系统、感觉系统、情绪激活的动机系统、情绪激活的认知加工系统。这四种情绪激活系统是由低级向高级发展的一个连续体，它们的运动同时受个体差异、社会因素或刺激特征的影响。

该理论进一步把情绪看成独立的成分，是一种基本的动机系统。情绪可以促进认知加工和行为反应，以更好地适应外部环境和变化。

🔔 训 练 活 动

训练活动 4-1　　　　　　　　老夫子发怒

【目的】用不同的声调和语气体验情绪带来的感受。

【步骤】老师先做示范后，老师与学生一起演练"老夫子发怒"，用4种不同的语调表达出情绪转折。场景如下：想象自己是一个老夫子，让学生自习，自己在悠闲地看一本《春秋》。这时看到有个调皮的学生拉邻座学生的耳朵，老夫子说："大牛，不要拉人耳朵。"过了一会儿，他又用眼角余光发现大牛拉人耳朵，于是就提高了音量说："大牛，我说过不要拉人耳朵。"过一会儿，他又看到了，于是进一步提高了音量，面带怒色道："大牛，你为什么还要拉别人的耳朵？"可大牛仍不听，又拉别人耳朵，老夫子大怒，合上书，骂道："大牛，我让你不要拉别人耳朵！"

训练活动 4-2　　　　　　　　认 识 情 绪

【目的】认识自己的情绪，觉察别人的情绪，提高情绪感知的能力。

【步骤】

1．认识自己的情绪

（1）当你得知自己考入大学时，当时的心情：

_____

_____

（2）此时此刻，你的情绪是什么，请把它一一写下来：
_____
_____

（3）你经常出现的情绪：
_____
_____

2．觉察别人的情绪：准备一些纸条，上面写出一些描写情绪的词语，如高兴、忧伤、愤怒、悲痛等，请一些同学表演，另一些同学根据表演者的动作、表情进行猜测。

3．教师总结情绪的种类，可引导学生自己体会这几百个描写情绪的词语。

高兴、好受、开心、快活、快乐、庆幸、高兴、舒畅、舒服与舒坦、爽快、甜美、甜蜜、甜丝丝、喜出望外、畅快、喜悦、喜滋滋、心花怒放、心旷神怡、幸灾乐祸、愉快、愤慨、愤怒、恼火、气愤、悲哀、悲伤、沉痛、伤感、伤心、痛苦、痛心、心酸、胆怯、胆战心惊、发憷、害怕、惊吓、恐怖、恐惧、受惊、心有余悸、入迷与着迷、入神、心醉、仇恨、敌视、敌意、妒忌与嫉妒与妒忌、反感、可恨、可恶、厌恶、憎恨、别扭、不快、不爽、烦闷、难受、窝火、窝囊、心烦、厌烦、担心、担忧、发愁、犯愁、忧虑、忧郁、压抑、郁闷、无能感、得意、高傲、狂妄、体面、优越感、自大、自负、自豪、抱屈、冤枉、浮躁、急切、急躁、焦急、焦虑、心急、心急火燎与心急如焚、心切、发慌、恐慌、心慌意乱、不好意思、惭愧、丢脸与丢丑、害羞、亏心、愧疚、腼腆、难堪、难看、怕羞、羞耻、羞辱、悔悟、忏悔、后悔、过意不去、内疚、吃惊、好奇、惊讶、震惊、警惕、怀疑、可疑、困惑、迷茫、为难、无所适从、敬仰、敬重、佩服、仰慕、尊敬、尊重、赞赏、赞美、赞叹、感动、可怜、可惜、惋惜、心疼、怀念、牵挂、想念、藐视、蔑视、轻视、如意、如愿、顺心、随心、随意、幸福、圆满、期待、向往、悲观、沮丧、失落感、无望、心寒、孤单、孤立、寂寞、乐观、烦躁、惊喜、苦闷、苦恼、受宠若惊、欣慰、羞怯、忧伤、安宁、安然、安详、安心、安慰、淡漠、淡然、放心、冷静、漠然、漠视、宁静、轻松、踏实、坦然、心安理得、心静、心平气和、镇定、镇静、昂扬、冲动、鼓舞、激动、紧张、兴奋、振奋、振作、低沉、消沉、心灰意懒与心灰意冷、沉甸甸、放松、解气、恼羞成怒、气馁、丧气、扫兴、扬眉吐气、消气、厌倦、欢畅、欢快、欢喜、豁朗、可喜、快意、宽畅、狂喜、舒心、怡然、愉悦、愤激、恼怒、激愤、气恼、盛怒、震怒、悲苦、悲酸与悲辛、哀伤与哀戚、哀痛、悲怆、惨苦、苦涩、凄惨、伤神、酸楚、痛心疾首、辛酸、诚惶诚恐、惶惶、惶惑、惊恐、惧怕、畏惧、畏怯、心惊胆战、心惊肉跳、倾慕、抱恨、可憎、痛恨、痛恶、嫌怨、嫌恶、嫌隙、嫌憎、憎恶、憋闷、憋气、涔涔、烦扰、糟心、愁闷、穷愁、殷忧、沉郁、阴郁、自惭形秽、自馁、快然自足、自得、自满、自恃、焦躁、情急、心焦、烦乱、纷扰、如坐针毡、忐忑不安、抱愧、愧恨、无地自容、羞人、羞涩、悔恨、失悔、痛悔、追悔、自怨自艾、歉疚、诧异、愕然、惊诧、惊异、崇敬、景仰、敬慕、钦敬、心悦诚服、悦服、尊崇、赞佩、迷惑、迷惘、彷徨、疑忌、怜悯、怜惜、痛惜、挂念、牵肠挂肚、眷恋、渴慕、贪恋、鄙视与鄙夷、侮蔑、可人、惬意、遂意、遂愿、宜人、期求、望穿秋水、殷切、失意、懊丧、抱憾、惆怅、落魄、惘然、孤寂、哀思、哀怨、悲愤、悲郁、怅恨、怅惘、愁苦、仇怨、愤恨、感愤、戒惧、惊疑、敬畏、快慰、愧痛、闷倦、恼恨、恼人、虔诚、清爽、危惧、衔恨、欣幸、羞愤、疑惧、疑虑、忧烦、忧愤、忧惧、忧闷、怨愤、厌弃、宽慰、索然无味、泰然、闲适、自在、激昂、激奋、激越、亢奋、忘情、颓废、颓靡、颓丧、颓唐、委靡、解恨、宽心、如释重负、吐气。

第2节　大学生的情绪特点及调控策略

名人名言　愉快可以使你对生命的每一跳动、对于生活的每一印象易于感受，不管躯体或精神上的愉快都是如此，可以使身体发展，身体强健。

——巴甫洛夫

心理故事4-2 　　　　　　　　扛船赶路

　　一个青年背着一个大包囊千里迢迢跑来找无际大师，他说："大师，我是那样的孤独、痛苦和寂寞，长期的跋涉使我疲惫到极点。我的鞋子破了，荆棘割破双脚；手也受了伤，流血不止；嗓子因为长期的呼喊而喑哑……为什么我还不能找到心中的太阳？"

　　大师问："你的大包裹里装的是什么？"青年说："它对我可重要了。里面是我每一次跌倒时的痛苦，每一次手受伤时的哭泣，每一次孤寂时的烦恼……靠了它，我才能走到你这里来。"

　　于是，无际大师带着他来到河边，他们坐船过河。上岸后，大师说："你扛了船赶路吧！""什么，扛了船赶路？"青年很惊讶，"他那么沉。我扛得动吗？""是的，孩子，你扛不动它。"大师微微一笑，说："过河时，船是有用的。但过了河，我们就要放下船赶路，否则，它会变成我们的包袱。痛苦、孤独、寂寞、灾难、眼泪这些都是对人生有用的，它能使生命得到升华，但须史不忘，就成了人生的包袱。放下它吧！孩子，生命不能太负重。"青年放下包袱，继续赶路，他发觉自己的步子轻快而愉悦，比以前快得多。原来，生命可以不必如此沉重。

　　大学阶段是个体的生理、心理及思想变化发展的重要时期，随着社会地位的逐渐提高、知识经验的不断积累以及交际范围的日益扩大，大学生的情绪发展呈现出鲜明的特点，体验各种各样的情绪，例如，与朋友吵架时，觉得生气；获得奖学金时，充满自豪感；有朋友的安慰和陪伴时，温暖持续心间。面对不同的情绪时，你是一直扛着消极情绪在辛苦地赶人生路？还是平静看待情绪背后蕴含的珍宝，领悟各种情绪的正面意义呢？全面了解大学生情绪特点，挖掘情绪的积极意义，做管理情绪的主人，对于大学生发展而言非常有意义。

一、大学生情绪发展的特点

（一）情绪内容丰富多元

　　随着知识结构的完善、认知能力的发展、社会经验的丰富，大学生情绪内容更加广泛，几乎人类所有的情绪，无论是基本情绪如快乐、愤怒、悲哀、恐惧，还是复合情绪，如遗憾、绝望、难过等都可在大学生的身上体现出来。从自我意识的发展来看，大学生尊重和自尊的需要非常强烈，容易因为家庭经济、个人荣誉等产生自卑、自负、自傲等情绪体验；从社会交往发展来看，大学生人际交往圈扩大、交往频率增加、交往复杂性增加，交往新颖性增加，增加了亲密感体验；从道德伦理上，他们崇尚美好、抵抗阴暗、讴歌美好；在日常生活上，他们寻求精神食粮，对美好的生活和爱情，充满憧憬和期待。他们不仅有"智慧的欢乐"，也有"智慧的痛苦"，不仅对学习有期待、满足、憧憬，也对人类的生存及生存意义等哲学层面问题充满痛苦反思。

（二）情绪变化波动明显

　　大学生的认知水平有了一定的提高，情绪控制能力有较大发展，但与成年人相比，情绪带有明显的波动性，情绪反应容易摇摆不定、跌宕起伏。有调查发现，70%的学生情绪起伏较大，两极波动，从一个极端步入另一个极端，今天精神百倍情绪高涨，明天就可能情绪低落委靡不振。他们爱憎分明、情绪变化强烈，对于符合自己信念、需求的事情迅速产生强烈的情绪，对于不符合自己信念的事情，会迅速出现否定情绪。一句善意的谎言、一句无心的玩笑、一个感人的故事都能让大学生情绪骤然变化（图4-2）。

图 4-2

（三）情绪表达冲动激烈

美国著名心理学家霍尔认为青年期个体正经历着情绪的"狂风暴雨"时期。大学生精力充沛，对外界事物敏锐度高，而且年轻气盛，易受他人影响产生从众心理，虽然具有一定的理智和自我控制能力，但很多情况下，情绪一触即发，做事不计后果。这种冲动爆发的情绪活动一旦失控，则可能带来较为严重的后果，如在学生群体中发生的集体斗殴事件与大学生的冲动情绪有关。

（四）情绪状态的阶段层次性

由于社会发展文化背景的影响，大学生的情绪特点表现出时代差异，如20世纪80年代的大学生情绪稳定成熟、表达内敛自制；当今大学生情绪表达开放、激进，也有脆弱和不成熟的特点。同时，由于大学阶段不同年级有不同的培养目标和发展重点，大学生情绪状态表现出阶段性和层次性。刚入学时，他们对大学生活充满无限好奇，情绪上以自信、快乐为主；接下来，由于学习内容、学习方式、交往环境的变化，新生的自豪感和自卑感混杂、放松感和压力感并存，情绪动荡起伏；经过大一的适应以后，学生们在大学生活的各个方面都得到了锻炼，融入校园生活，情绪逐渐进入较为稳定的时期。随着毕业的到来，毕业论文、答辩、找工作等诸多事务都给大学生们带来了新一轮的压力，紧张和焦虑的情绪可能又会再次出现。

（五）情绪体验文饰内隐

大学生开始会隐藏或压抑自己的真实情感，表现出内隐、含蓄的特点，不会轻易向别人流露个人的真实情感，特别是对自己的父母、老师，而是根据一定的时间、地点、场合、对象等因素，有选择、有分寸地表达自己的情绪情感。他们情绪的外在表现和内心体验并不总是表现得完全一致，就如戴着面具一般，如明明对异性同学萌生爱意，但却表现冷漠甚至有意贬低对方；明明很难过，却强颜欢笑。这种特点与大学生自制力增强、自尊心发展、情绪调节能力提高有关系，一方面使他们处理问题时更加成熟和沉稳，一方面使学生感到自己的情感不能尽情得到倾诉和宣泄。这种矛盾促使相当多的大学生从文学作品或音乐歌曲中寻找共鸣和满足，补偿和寄托自己的浓郁情感。

二、大学生常见的消极情绪

（一）焦虑

焦虑是一种由紧张、焦急、忧虑、恐惧等多种内心体验交织在一起形成的复杂情绪，处于焦虑中的人常常会出现提心吊胆，惶恐不安，莫名其妙的烦躁，容易被激怒，注意力难于集中，记忆力下降等心理状况，在外部行为方面会表现出坐卧不安、来回走动等现象，还会伴有心悸、呼吸困难、手足多汗等生理症状。

焦虑在大学生群体中频繁出现，主要是由于：一方面，在大学生的学习和生活中很多现实因素都是不能随心所欲控制的，将要进行的考试、与新同学的相处、找实习单位、找工作……这些不确定性都容易导致大学生们的危险意识；另一方面，大学生对自己的道德要求普遍比较高，很可能引发道德焦虑。

焦虑是一种典型的不良情绪，却并非一无是处。从某种程度上说，焦虑情绪是有积极意义的，适当的焦虑是必要的。例如，某同学担心自己考试不及格，为了避免这种结果出现，他会刻苦努力地学习以保证自己成绩优异。假如没有对考试成绩的担心，也就失去了努力学习的动力。大学生首先明确自己的生活目标，同时正确认识自己、接纳自己，在生活上做好充分准备，找准努力方向、积极行动。

> **拓展阅读**　　　　考 试 焦 虑

对于多数学生来讲，面对考试时都会产生一定程度的紧张感，这种紧张感可以使学生处于警觉状态，对提高考试成绩是有好处的。如果焦虑程度超过学生的承受能力，就会给考试带来不利，导致学生心理紊乱，使学生在考试时注意力无法集中，反应敏锐性下降，思路不清晰，对所学知识的回忆过程受阻，再加上心跳加快、出汗、便急等躯体症状，考生就会处于考试焦虑状态。

一般来说，产生考试焦虑症的原因很多，主要有：①对成绩考不好的预期担心，担心他人对自己的评价，担心自己的形象会受到影响，担心自己的前途会受到影响。②平时学习不踏实，知识掌握不牢，到考试时就会紧张、害怕、无所适从。③自己的焦虑性格，也就是说遇到大小事情都容易紧张、焦虑，担心会给自己带来不利或者担心自己没有能力去解决面临的问题。

调整的方法：①平时打好基础，对所学知识融会贯通后，到考试时就会应答自如。②根据实际情况，确定符合自己的考试目标。③找出适合自己的放松方法。放下手中的事情安静休息会儿，以散步形式驱散心中的浮躁和不安，听听轻音乐、打一场球、跳跳绳或跑跑步，都不失为放松自己心情和身体的良好方法。如果以上调整方法效果不好的话，可以考虑去心理健康中心找心理老师帮助调整。

（二）抑郁

抑郁是一种常见的消极情绪，被称作"心灵感冒"，是一种过度忧愁的伤感情绪体验。其主要表现为情绪低落，认为生活中很难找到能让自己开心的事情；兴趣减退，对什么都无所谓；回避交往，不愿参加活动。有时还会伴有一些诸如失眠、头晕、易疲劳等身体不适的反应。

抑郁通常是由负性生活事件引起的。对大学生来说，学习成绩下滑、竞争失败、恋爱受挫、朋友离开等生活事件会令他们产生强烈的丧失感，感觉犹如小时候丢失了最心爱的玩具，这种丧失感进而会使他们心情低落。抑郁是大学生群体中比较常见的情绪，其中大多数人经过一段时间后能自我调节恢复常态，但也有少数人长期陷入抑郁状态，无法自拔，最终导致抑郁症。

值得指出的是，我们应该把抑郁情绪和抑郁症区别开来。在心理学家眼里，抑郁情绪就像每个人都可能患上的小感冒一样，我们每个人在一生当中，都会有抑郁的体验；而抑郁症属于一种心理障碍，它有着严格的诊断标准。简单地说，就是抑郁情绪并不等同于抑郁症。在心理咨询工作中，不少同学只要稍微感觉自己有些意志消沉就给自己贴上抑郁症的标签，进而产生"我得抑郁症了，我该怎么办"的焦虑和恐慌，反而给自己的工作学习生活带来负面的影响。（图4-3、图4-4）。

图4-3

图4-4

拓展阅读　　面对抑郁，我们做些什么

如果你自己或者身边的朋友正在经历，了解以下 10 件事，也许能够帮到你。

1. 抑郁的人，一般对人对己有极其负面的认知。
2. 人如果经常处于无助状态，比较容易抑郁。
3. 很多抑郁的人都追求完美。
4. 焦虑和抑郁总是结伴而行。
5. 抑郁有时是生命成长的必要阶段。
6. 抑郁症是一种普通的疾病，不要对它有任何偏见。
7. 抑郁后不要死扛。
8. 走出抑郁，方法一定比问题多。
9. 抑郁的疗愈必须跨越"接受"这一关。
10. 帮助别人是走出抑郁的有效方法。如帮助人买点食品，或者写一个感谢的小纸条，尽自己的能力做力所能及助人的事情，是治疗抑郁的有效方法，这些行为看起来微不足道，不过对一个抑郁的人来讲，生活中多一些积极的情绪意义非凡，就算多 1 分钟也好。人生所有幸福的来源，其实是给予。

不管是谁，当我们深陷痛苦时，就会如井底之蛙，看到的整个天空乌云密布，无望无助。而现实是，只要静下来，给自己一点时间，寻求朋友和专业人士的帮助和支持，不管发生了什么，没有任何情况会永远无助和绝望，一切都可以改变，而方法一定比问题多。

（三）愤怒

当个体遇到不愉快或不希望发生的事情时，如果我们的反应是指向自己的，就会形成抑郁情绪；然而，假如我们的反应指向的是他人，就会演变成愤怒。通常来说，当个体处于愤怒情绪时，会伴有强烈的生理唤醒反应。此时，个体的心率加快，肾上腺素分泌增加，血液涌向脑部和四肢，会本能地调动起身心的巨大能量来应付随后而来的激烈行动。

愤怒的典型特征是情绪不受控制，有强烈的攻击冲动。例如，说出最伤人的话、大声吼叫、摔打桌椅甚至大打出手。有时，愤怒是由人格特点引起的，希波克拉底认为，与其他气质类型相比，胆汁质气质的人脾气暴躁、冲动易怒，如《三国演义》里的张飞。有时，我们认为他人造成不愉快的事情，故而迁怒于他人，如朋友因为临时有事耽误了与你的约会，假如你认为对方是故意爽约，是不尊重你的表现，可能就会生气离去，或者与对方争吵。有时，愤怒是因为我们太执着于从自己的角度看问题，将自己的思维和行动方式强加于人。有时，愤怒是因为我们经历了错误的强化。或许，小时候我们每一次愤怒的吼叫都可以迫使大人屈服，使我们的需要得到极大的满足，我们以为这样的模式会一直有效，但事与愿违，当我们成年后进入社会，才发现愤怒只能给我们自己带来伤害。等我们发泄一通后，愤怒的情绪得以平复下来，但是看看结果，可能会后悔不已。

面对愤怒时，首先应觉察到这种情绪，当它被看到时，就已经出现转化了。然后，可以告诉自己"现在还不适合表达情绪，过 10 分钟再说"。如果无法保持沉默，难以控制好自己的情绪，那么离开现场也不失为一种行之有效的方法。

（四）嫉妒

嫉妒是指他人在某些方面胜过自己引起的不快甚至是痛苦的情绪体验。例如，当看到他人学识能力、品行荣誉甚至穿着打扮超过自己时内心产生的不平、痛苦、愤怒等感觉；当别人身陷不幸或处于困境时则幸灾乐祸，甚至落井下石，在人后恶语中伤、诽谤。

适当的嫉妒能激发个体的斗志，过分的嫉妒则会影响学习、生活。嫉妒心强的人往往争强好

胜，想方设法阻止别人的发展，这可能使同学们躲开你、不愿和你交往，从而形成不良的人际关系氛围。嫉妒心强的个体容易陷入苦恼中不能自拔。法国文学家巴尔扎克曾经说过："嫉妒者比任何不幸的人更为痛苦，因为别人的幸福和他自己的不幸，都将使他痛苦万分。"

克服嫉妒，首先，要开阔心胸，遵循"天外有天、人外有人""强中自有强中手"的客观规律，接受现实。其次，转移注意力，积极参与各种有益身心的活动，使生活充实起来，以期取得成功，并不亚于竞争对手。培根说过："每一个埋头沉入自己事业的人，是没有工夫去嫉妒别人的。"再次，学习并欣赏别人的长处，化嫉妒为动力。最后，建立正确的自我意识，提高自我意识水平，正确地评价自己和别人，在做人行事时，做到尊重自己、尊重他人。

其实，这四种情绪并不是一无是处的，而是在教导我们要从事情中学会学习，它是为我们的生命服务的。每份情绪有其意义和价值，或者指引我们一个方向，或者给我们一份力量。例如，假如我们没有焦虑，会丢掉多少追求成功的内在动力？情绪如我们的手脚一样，是为我们的生命服务的，应当在人生更美满的过程中发挥作用。

我们需要在生活中找寻消极情绪带来的正向价值，把正向价值落实到行动中。同时，关注自身的积极情绪，在生活中注重培养积极情绪，进而塑造积极人格。

拓展阅读　　　　　积极情绪

积极情绪即正性情绪或具有正效价的情绪，包括喜悦、感激、宁静、兴趣、希望、自豪、逗趣、激励、敬佩和爱。积极情绪能令你眼神活泼、面庞柔和，微笑洋溢在脸上。我们应当怎样培养积极情绪呢？

1. 增加愉快的生活体验。增加令人愉快的体验，可以减弱消极情绪状态，而提高免疫球蛋白，提高免疫反应水平。

2. 积极参与社会交往。保持积极情绪和心身健康的最佳途径就是积极参与社会活动，多与人交往，为社会贡献力量的同时体现自我价值。社会交往能使人产生积极的情绪体验，积极的情绪体验又会使人们更积极地与人交往，更好地适应环境的变化，从而形成良性循环。

3. 对问题当机立断。犹豫不决会引起不良情绪，损害身心健康，不要太追求完美，宁可偶尔出些小错，也不要为一些问题左思右想。

4. 培养幽默感。幽默感常常可以使一个人原来比较紧张的气氛变得轻松。研究发现，在问题面前，那些经常运用幽默作为应对机制的人健康问题较少，而那些经常运用哭喊作为应对机制的人健康问题就较多。

5. 要有自己的事业和追求。没有人生的追求，人就会失去前进的方向。在学习和工作中无所适从，情绪也会很消极。有了自己的事业和追求并为之奋斗，人就会体验到一种发自内心的满足，进而产生积极的情绪。

三、大学生情绪健康的标准

一般而言，情绪健康的标志是情绪稳定和心情愉快。大学生处在富有朝气的年龄阶段，更应使积极情绪多余消极情绪，乐观开朗、富有朝气，对生活充满希望。其实，健康情绪的标准也是相对的，一般来看，应该符合以下三个标准。

（一）情绪产生有适当的原因

根据心理学的研究，情绪的反应都是有其原因或对象的。同时，当事人一般都能觉察到，并且周围的人也能觉察到情绪产生的原因。毫无原因的情绪反应不是健康的情绪反应。

（二）情绪反应强度要适中

情绪反应的强度应和引起它的情境相适应，过于强烈或淡漠的情绪反应都不是健康的情绪反应。

（三）情绪反应随情境变化而转移

人们在日常生活中，情绪反应的持续时间是不同的。当引起情绪的因素消失后，情绪反应将在较短的时间内恢复平静。但有些事件（如失恋、亲人死亡）引发的情绪则需要长时间才能恢复到正常状态，不能随客观情绪变化而变化的情绪反应，不是健康的情绪反应。

四、大学生调控情绪的策略

当生气、郁闷、恐惧等情绪来临时，你是怎么处理的呢？恰当地表达、调节、改善自己的情绪状态，能够促使我们应对危机、增进实现目标的情绪力量，培养乐观开朗的性格，从而愉快地度过大学生活。

心理故事 4-3　　钉子的故事

从前，有一个脾气很坏的男孩。他的爸爸给了他一袋钉子，告诉他，每次发脾气或者跟人吵架的时候，就在院子的篱笆上钉一根。第一天，男孩钉了 37 根钉子。后面的几天他学会了控制自己的脾气，每天钉的钉子也逐渐减少了。他发现，控制自己的脾气实际上比钉钉子要容易得多。终于有一天，他一根钉子都没有钉，他高兴地把这件事告诉了爸爸。爸爸说："从今以后，如果你一天都没有发脾气，就可以在这天拔掉一根钉子。"日子一天一天过去，最后，钉子全被拔光了。爸爸带他来到篱笆边上，对他说："儿子，你做得很好，可是看看篱笆上的钉子洞，这些洞永远也不可能恢复了。就如你和一个人吵架，说了些难听的话，你就在他心里留下了一个伤口，像这个钉子洞一样。"插一把刀子在一个人的身体里，再拔出来，伤口也难以愈合。无论你怎么道歉，伤口总是在那儿。要知道，身体上的伤口和心灵上的伤口一样都难以恢复。

（一）表达情绪，缓解情绪

喜怒哀乐乃人之常情，过于强烈的情绪不利于身心健康。如果一味地压抑自己，容易引起疾病；过度地放纵自己，会伤人伤己。学会表达和缓解情绪非常重要，需要我们不断学习、揣摩、体会。

心理故事 4-4　　林肯的小故事

一天，美国陆军部长斯坦顿来到林肯那里，气呼呼地对他说一位少将用侮辱的话指责他偏袒一些人。林肯建议斯坦顿写一封内容尖刻的信回敬那家伙。"可以狠狠地骂他一顿。"林肯说。斯坦顿立刻写了一封措辞强烈的信，然后拿给总统看。"对了，对了。"林肯高声叫好，"要的就是这个！好好训他一顿，真写绝了，斯坦顿。"但是当斯坦顿把信叠好装进信封里时，林肯却叫住他，问道："你干什么？""寄出去呀。"斯坦顿有些摸不着头脑了。"不要胡闹。"林肯大声说，"这封信不能发，快把它扔到炉子里去。凡是生气时写的信，我都是这么处理的。这封信写得好，写的时候你已经解了气，现在感觉好多了吧，那么就请你把它烧掉，再写第二封信吧。"

表达情绪需要技巧。例如，约会时，朋友迟到了，你可能会生气，可能指责他："每次约会都迟到，你为什么都不考虑我的感受？"其实，这种表达有失妥当。这种指责会引起他的抵触，他会变成一只刺猬，防御外来的攻击，便没有办法站在你的立场为你着想，他可能回应说："我有急事。不得不办。有什么办法，你以为我不想准时吗？"如此一来，两人开始吵架，别提什么愉快的约会了。但是，如果我们换种情绪的表达方式，或许效果会不同。比如，你婉转地告诉他："你过了约定的时间还没到，我好担心你在路上发生意外。"试着把"我好担心"的感觉传达给他，让他了解他的迟到会带给你什么感受。这样把自己的感受说出来，别人就感觉到自己的问题出在哪儿，自然就会调整好自己不再重犯。因此，在向别人表达情绪时，多用"我的感受是……"开头，避免"你……"这类暗含指责的表达，不失为一种巧妙的情绪表达技巧。

缓解情绪是非常有必要的，可以适当宣泄情绪。情绪宣泄有直接和间接两种方式。直接宣泄即直接针对引发情绪的刺激来表达情绪。当直接宣泄于己于人都不利时，可用间接宣泄使情绪得到缓解。

当心中有了不平之事并引起情绪激动时，可以向周围的朋友、亲友等倾诉，接受他们的劝慰和支持，可以逛街、听音乐、散步或做别的事情以免想起不愉快的事情，通过情绪的充分表露和从外界得到的反馈信息，可以调整引起消极情绪的认知过程和改变不合理的观念，从而求得心理上的平衡。同样，当与他人闹了矛盾时，要勇敢地与对方开诚布公地交换意见，以解开疙瘩，消除误会。宣泄情绪的目的在于给自己一个理清想法的机会，让自己好过一点，也让自己更有能量去面对未来。要想想：我可以怎么做，将来才不会再重蹈覆辙；怎么做可以降低我的不愉快，这么做会不会带来更大的伤害。

拓展阅读　　　　　情绪宣泄的方法

1. 跑步法。当你真正跑起来的时候，会感觉身体的每一个毛孔都打开了，随着血液循环加速，汗水的流出，那些悲伤的、愤怒的、压抑的情绪，都在每一个脚步中一点一滴地被释放出来。

2. 枕头法。准备一个或几个枕头，把枕头想象成带来负面情绪的源头，可以想象成某些人，也可以想象成某些事。把枕头拿起来，用力揉捏它、捶打它，拿起两个枕头用力互相拍打，把枕头用力丢出去。尽全力地重复这些过程。你可以将内心所想大声地喊出来。如果想哭或想笑，也不要刻意控制自己的情绪。尽情地把负面情绪发泄出来，直到你觉得这些负面情绪都被赶跑为止。

3. 写字绘画法。可以把整个事情的来龙去脉写出来，然后把处理方法和应对方式写出来，再把还存在的问题写出来，在写的过程中你就能自然而然梳理好你的情绪。也可以和自己对话，把和自己对话的内容写下来。比如，自己有哪些做得不好的地方，有哪些可以改进的地方，有哪些值得肯定的地方，自己的纠结点在哪里，又是打算如何解决的。当分别代表你不同想法的两个小人跃然纸上的时候，你就能清晰地看到你的思绪，剪不断理还乱的情绪自然就梳理好了。你也可以把自己对别人的不满，尽情地写出来，写到写不出来为止。你还可以用笔绘画，可以随心所欲地画任何你想画的东西，可以是人、物体，也可以只是一些混乱的线条，一直画到你觉得内心平静为止。

（二）调整认知，改善情绪

古希腊埃皮克迪斯特曾指出："人不是被事物所困扰，而是被其对事物的看法所困扰。"面对不幸或者无能为力的事情时，我们既能从消极方面去总结经验教训，又能看到问题的积极和光明面，从而在处理问题时，增加乐观、提高快乐，以形成稳定持久和积极乐观的情绪。

心理故事4-5　　　　　晴天和雨天

一位老太太有两个儿子，大儿子卖伞，二儿子修鞋。按常理推断，下雨天伞就好卖，而晴天摆摊修鞋的生意就要好些。但是无论天晴还是下雨，老太太都没有开心的时候，这是因为她非常爱她的两个儿子，希望他们两个的生活都能好起来。每当下雨的时候，他就会替二儿子担心：连下好几天雨了，他肯定都没法摆摊做生意了。好不容易天晴了，他又担心大儿子的伞卖不出去，整天都陷入这种心急如焚的状态中，心情一直不好。后来有人就告诉她，说："你不要这样，应该换个角度想想。天晴的时候你应当为二儿子高兴，因为他摆摊修鞋的生意会好；而当下雨的时候，大儿子的伞会卖得好，你应当替他高兴。"因此，不管下雨天还是晴天，对你来说都是好事。老太太试着这样改变自己，终于不再像以前那样不开心了，心情越来越好，因为无论天晴还是下雨都有让她开心的事情（图4-5、图4-6）。

图4-5　　　　　　　　　　　　　图4-6

1. 情绪 ABC 理论　也称理性认知情绪疗法,由美国心理学家埃利斯于 20 世纪 50 年代首创。在 ABC 理论中,A 表示诱发性事件;B 表示个体对此事件的看法、解释及评价,即信念;C 表示因此而引发的情绪与行为结果,是我们的反应。事件 A 只是引发情绪和行为后果 C 的间接原因,而个体对激发事件 A 的认知和评价而产生的信念 B 才是引发人们情绪和行为反应的直接原因。通常,人们认为发生了什么事就有什么样的情绪体验,其实不然。对于同一件事情,不同的人由于对事件的解释不同,会产生不同的情绪体验。例如,两个人竞选班长都没成功,一个人无所谓,一个人却非常失落,前一个同学可能认为,我只是试一试,选不上也没关系,后一个同学可能认为,我做了这么多准备和努力,竟然没被选上,我的人缘太差了。可见,诱发事件并非必然导致某种情绪和行为,不同的看法和解释会使人的情绪和行为大相径庭。

拓展阅读　　　　　常见的不合理信念

1．每个人绝对要获得周围环境尤其是生活中每一位重要人物的喜爱和赞许。
2．个人是否有价值,完全在于他是否是个全能的人,即在人生中每个环节和方面都能有成就。
3．世界上有些人很邪恶、很可憎,所以应该对他们做严厉的谴责和惩罚。
4．如果事情非己所愿,那将是一件可怕的事。
5．不愉快的事总是由于外在环境的因素所致,不是自己所能控制的。因此,人对自身的痛苦和困惑也无法控制和改变。
6．面对现实中的困难和自我承担的责任是件不容易的事,倒不如逃避它们。
7．人们要对危险和可怕的事随时加以警惕,应该非常关心并不断注意其发展的可能性。
8．人们必须依赖别人,特别是比自己强而有力的人,只有这样,才能生活得好些。
9．一个人以往的事件决定了他目前的行为,而且这种行为是永远难以改变的。
10．一个人应当关心他人的问题,并为他人的问题而悲伤、难过。
11．对人生的每一个问题,都应有一个唯一正确的答案。

情绪 ABC 理论告诉我们,如果一个人能够改变自己的信念,形成合理信念,他就会表现得情绪成熟,如果总是持有不合理的信念,他可能会经常遭遇情绪的困扰。所以,我们可以通过建设自己头脑中合理的信念促使情绪更加成熟。

在此理论基础上,埃利斯提出了情绪调控的具体步骤:A—B—C—D—E。A:activating event,诱发事件;B:belief,信念;C:emotional consequence,情绪后果;D:disputing intervention,辩论,劝导干预;E:effective new philosophy,有效的新哲学信念的建立。这个步骤就是:先列出事件和情绪,找出引起不良情绪的不合理信念,然后干预、动摇它,最终放弃它,学会用新的合理信念代替不合理信念,并运用到生活中,减轻不良情绪的影响,产生愉悦充实的新感觉。在辩驳的过程中,会用到与他人讨论、实际验证等方法,也可以用一些专业的心理咨询技术。

拓展阅读　　　　　提高快乐基线

哈佛心理学的塔尔博士在《积极心理学》中提到一项研究,一位心理学家调查了彩票中奖者和车祸截肢者的幸福感,当幸福和灾祸到来之初,这两类人的幸福感确实差别很大;但是 6 个月以后,在第二次的测试中,这两类人的幸福感几乎处于相同的水平。该现象背后的心理机制是:人天生具有适应性,如果刺激水平不变,快乐和痛苦的感受性会随时间流逝而逐渐降低。如果之前他们是快乐的,他们依旧快乐;如果之前他们不快乐,那他们依旧不快乐。我们体验幸福快乐的水平主要是由我们的心境决定,而不是由外部信息或外部成功决定的。所以,我们要不断提高自己的快乐基线水平。

2. NLP 信念系统　NLP 大师李中莹先生根据自己的感悟和多年的心理咨询经验提出了"信念系统",他认为信念系统对一个人的发展有着非常重要的作用。信念就是"事情应该是这样的"

或者"事情就是这样的"的主观判断,是我们认为维持世界运作下去的法则(这是来自说话者脑里认知的世界,也是主观的法则),是解释和支持行动或没有行动的理由,是解释和支持变化或者没有变化的理由,是对于这个世界各种关系的主观逻辑定律。每个人拥有的信念数以百万计,无法完全说清楚,因为绝大部分信念存于潜意识里,不能全部呈现,也不会轻易在意识层呈现出来。

拓展阅读　　　　　信念形成的途径

1. 本人的亲身经验,例如,曾经被火烫伤而知道火能伤人。
2. 观察他人的经验,例如,见到同学顽皮而受罚,知道某些行为不可以在上课时做。
3. 接受信任的人的灌输,例如,父母说不要轻易相信陌生人,害人之心不可有,防人之心不可无。
4. 自我思考做出的总结,例如,每次数学考试都不及格,不想学,结论为不擅长数学,数学好难。

事实上,没有任何信念在所有的情况里都绝对有效。绝大部分的信念能帮助我们成长和处理生活中出现的情况,但也有少部分是因为我们接收时没有好好地理解和消化,或者欠缺全面的定位,因此在某些情况出现时,发现有冲突存在。这些信念被称为"局限性信念"或者"障碍性信念"。

妨碍成长的信念可分为以下6种。

(1)怕自己失去学习机会,因而不能有所提升的信念。例如,他哪里会有什么好主意?你没有资格教我!你是什么身份,竟敢对我提出意见?这样做不会有用的!

(2)使自己留在原地,停滞不前的信念。例如,现在已经够好了,不敢妄想得到更多。今天已经这么辛苦了,哪有时间去想明天的事情。保持这个状态便已经够好了。

(3)减少自己有更多选择的可能性,限制本人能力发挥的信念。例如,我不应该冒险。我不应该这样贪心。这样太过分了,我不允许自己这样想。我不敢尝试,我怕失败。

(4)把责任交给其他的人、事、物,因而自己无能为力。例如,这样的环境,我还能做什么?人在江湖,身不由己。他们不做,我也没有办法。

(5)把原因归结为一些不能够控制的因素,因而不能挑战或者改变。例如,这是天意,没有办法。我天生就是这样,怎么办?你不能改变世界的定律。

(6)维持自己一个"没有资格"身份的信念。例如,我的人生只能希望平稳,从没想过会有大富大贵的日子。我哪会有那么幸运?做到像他那样成功,你不是说笑吧?别做白日梦啦!

其实,每个人只要有生命,就有能力使自己增加一点成功快乐。很多成就大事的大人物,都是由允许自己有梦想,并在思想上做出突破而开始的。只要我们还拥有生命,我们就有能力、权利和资格在众多选择中追求成功快乐。

关于身份的局限性信念主要有以下4种。

(1)"能力性"的局限信念,即"我没有能力"。例如,我不能放松。解决的方向是认识本有的庞大能力。

(2)"可能性"的局限信念,即"我没有可能……"。例如,"这个病不会好的了"。解决的方向是看到希望。

(3)"资格性"的局限信念,即"我没有资格有美好快乐的人生"。例如,"我的命生成这样,是应该受苦的"。解决的方向是感觉到他也可以有美好的人生。

(4)在众多的妨碍成长的信念中,杀伤力最大的一个就是"我没有资格、我不配"。假如一个人认定了自己是一个不会成功、不能有快乐的人,那么,不论别人怎么说、自己怎样做,在心灵深处都只会找寻自己不会成功、不能快乐的证明。

所以，当我们做某些事情有冲突不顺畅的时候，可以暂停一下，看看我们的信念是不是存在一些妨碍成长的信念，找出来，然后调整一下，有可能会有意想不到的收获和结果。

（三）转变行为，调节情绪

人的情绪对人的行为具有重要影响。同时，行为对情绪又有一定的反作用。行为的转变在一定程度上可以引起人认识上的转变，从而产生情绪上的转变；积极的行为有利于减轻人的情绪困扰。当情绪低落的时候，不妨尝试做一些积极的行为，进行文体娱乐、体能锻炼，以减轻情绪困扰、促进身心和谐统一（图4-7）。

图 4-7

拓展阅读　　积聚正能量，变得快乐起来

在"表现"类实验中最有名的恐怕当属德国研究者们的实验了。实验参与者中，一半要用牙齿保持一支笔水平固定（面部形成微笑的表情），另一半要用嘴唇衔住笔（面部形成皱眉的表情）。用牙齿咬住笔的实验参与者们顿时感到自己变得快乐起来。行为真的能够影响情绪，正如"表现"原理所示，人们有可能随心所欲地控制情绪，激发内心的正向能量。

在情绪管理的方案上，没有统一标准，没有普遍使用的灵丹妙药。大学生需要寻找适合自己的情绪管理方式，同时注意"适度""合理"，不断提高情绪管理能力，塑造积极向上的阳光心态。

训 练 活 动

训练活动 4-3　　情感病毒游戏

【目的】通过每个人的表情来影响其他人的情绪，培养大家面带微笑的意识。

【步骤】

1. 传递不安情绪　首先让所有人面向内围成一圈，然后闭上眼睛，主持人围绕大家走一圈，并随即在一人背后用手指戳一下他，这个人则为"传染源"，然后大家睁开眼睛并可以分散站立，"传染源"需要通过表情将自己不安的情绪传递给三个人，这三个人再用通过同样的方式将不安传递给另外三人，5分钟后，所有人集合，首先我们让"传染源"站起来，然后让被他传染的三人站起来，最后再让被这三人传染的人站起来，此时所有人都站了起来。

2. 传递快乐情绪　第二次大家闭目站成一圈时，主持人在所有人后面走一圈，故意停几次，但是不戳任何一人，然后假装已经选择，让"传染源"传递，这时大家相互寻找"传染源"，彼此对看自然会有发笑的，最后我们会发现大家指的"传染源"都不一样。最终体会到快乐情绪的传染性，学会在生活中传递微笑。

训练活动 4-4　　　　　焦虑自评量表（SAS）

焦虑自评量表含有20个项目，分为4级评分的自评量表，用于评出焦虑患者的主观感受。

指导语：下面有20条文字（括号中为症状名称），请仔细阅读每一条，把意思弄明白，每一条文字后有4级评分，1~4分别表示：没有或偶尔；有时；经常；总是如此。然后根据您最近一星期的实际情况，在分数栏1~4分适当的分数下划"√"。

测试题目：	没有或偶尔	有时	经常	总是如此
1．我觉得比平时容易紧张和着急（焦虑）	1	2	3	4
2．我无缘无故地感到害怕（害怕）	1	2	3	4
3．我容易心里烦乱或觉得惊恐（惊恐）	1	2	3	4
4．我觉得我可能将要发疯（发疯感）	1	2	3	4
5．我觉得一切都很好，也不会发生什么不幸（不幸预感）	4	3	2	1
6．我手脚发抖打颤（手足颤抖）	1	2	3	4
7．我因为头痛、颈痛和背痛而苦恼（躯体疼痛）	1	2	3	4
8．我感觉容易衰弱和疲乏（乏力）	1	2	3	4
9．我觉得心平气和，并且容易安静坐着（静坐不能）	4	3	2	1
10．我觉得心跳得快（心悸）	1	2	3	4
11．我因为一阵阵头晕而苦恼（头昏）	1	2	3	4
12．我有晕倒发作，或觉得要晕倒似的（晕厥感）	1	2	3	4
13．我呼气吸气都感到很容易（呼吸困难）	4	3	2	1
14．我手脚麻木和刺痛（手足刺痛）	1	2	3	4
15．我因胃痛和消化不良而苦恼（胃痛或消化不良）	1	2	3	4
16．我常常要小便（尿意频数）	1	2	3	4
17．我的手常常是干燥温暖的（多汗）	4	3	2	1
18．我脸红发热（面部潮红）	1	2	3	4
19．我容易入睡并且一夜睡得很好（睡眠障碍）	4	3	2	1
20．我做噩梦（噩梦）	1	2	3	4

计分：SAS的20个项目中，第5，9，13，17，19条，此5个项目的计分，必须反向计算。其余题目正向计分。

结果：　原始分　　　　　　　　　标准分

评分：SAS的主要统计指标为总分。在由自评者评定结束后，将20个项目的各个得分相加即得，再乘以1.25以后取得整数部分，就得到标准分。标准分越高，症状越严重。按照中国常模结果，SAS标准分的分界值为50分，其中50~59分为轻度焦虑，60~69分为中度焦虑，70分以上为重度焦虑。

适用对象：SAS适用于具有焦虑症状的成年人。焦虑是心理咨询门诊中较常见的一种情绪障碍，SAS已成为咨询门诊中了解焦虑症状的一种效度高、方法简便、易于分析的可取的评定手段之一。

训练活动 4-5　　　　　讨论：情绪知多少

【目的】端正对情绪的认识。

【步骤】

1．请大家谈谈对这些话的理解。判断下面的说法是否正确？为什么？

（1）情绪是生命不可分割的一部分。

（2）情绪绝对诚实可靠和正确。

（3）情绪从来都不是问题。

（4）情绪是在教导我们，要在事情中有所学习。

（5）情绪为生命服务，而不是生命的主宰。

（6）情绪是经验记忆所必需的。
（7）情绪是我们的能力。
（8）情绪的原因不是外界的人、事、物。
（9）情绪没有好坏之分。
（10）每种负面情绪都有正面的意义。
2．教师总结。

训练活动 4-6　　　　学会分辨 A、B、C、D、E

【目的】学会分辨不合理信念，提高管理情绪的能力。

【步骤】假设几个情境，如考试不及格、好友误会、丢东西、失恋、演讲比赛失败等，找出 A、B、C、D、E，完成下面表格。

事件（A）	观点（B）	情绪或行为（C）	针对B进行辩论（D）	新的情绪或行为（E）

案例：情绪的 A-B-C-D-E

事件 A：失恋，女友离开自己和别人好。

观点 B：我那么爱她，可是她却不再爱我，做出这样的事，真是太不公平，太让我伤心了。

情绪 C：抑郁和（对女友）怨恨。

辩论 D：①我有理由要求她必须爱我吗？难道仅仅是因为我曾爱过她？②我爱她那是我自愿的，她并没有强迫我那样做，那我有什么理由强迫她？难道这对她公平吗？③她做出这样的选择一定有她的原因，我有什么权利要求她必须按我的意愿做事？④如果我爱过谁，就要她一定一直爱我，那简直是不可能的事。这样绝对化的要求真是太不合理了。

新的情绪或行为 E：①每个人都有爱的权利，她可以选择别人，我也可以有新的选择。②要像希望别人如何对待我那样去对待别人，而不是我对别人怎样，别人就必须对我怎样。③虽然互相爱慕、相守一生是件好事，但并非每个人都能做到这一点，这要看各人的缘分了。④感情上始终如一是值得赞赏的，但人的感情也会变化，不能要求事情必须按自己希望的那样始终不变地发展下去。

小　　结

本章首先介绍情绪的概念、分类、功能，然后介绍大学生的情绪特点及常见的消极情绪，然后介绍掌握情绪调控的方法。通过自测、心理故事和活动训练，学生可以了解自己的情绪状况、掌握情绪调控的方法，进而培养积极情绪，维护身心健康，促进成长成才。

思考与解答

1．学习完这章后，我还是不能很好地调控自己的情绪，知道方法却做不到。当某件事情发生时，我还是不由自主地生气、发脾气，那该怎么办？

2．知识问答

（1）什么是情绪？它有哪些分类？

（2）结合自己的实际情况，谈谈大学生情绪发展的特点。

（3）请举例分析如何管理自己的情绪。

推荐欣赏

电影推荐
《头脑特工队》

书籍推荐
拜伦·凯蒂，史蒂芬·米切尔. 2009. 一念之转-四句话改变你的人生. 周玲莹译. 北京：华文出版社

一行禅师. 2011. 一心走路. 赖隆彦，刘汉生译. 北京：紫禁城出版社

第5章 有效学习

"玉不琢、不成器。人不学，不知义"。唯有学习，才能为理想的火箭增添燃料；唯有学习，才能跟上日新月异的变化；唯有学习，才能充实心灵。"活到老，学到老"。学习作为人类社会永恒的主题，必将贯穿每个人的一生。如果能够积极培养学习兴趣、养成好的学习习惯、掌握学习策略，学习将成为快乐、有趣的过程（图5-1）。

图 5-1

第1节 培养学习兴趣

名人名言 知之者不如好之者，好之者不如乐之者。

——孔子

心理故事5-1 小学毕业的大学教授

1939年，湖南大学文学院急需法文教师，到处寻找，却没有找到。院领导正在着急的时候，英文老师陈世骧推荐："我有个朋友，虽然没有上过大学，但精通多国语言，法文水平很高，可以当法文老师。"

陈世骧推荐的是金克木。论学历，金克木只是个小学毕业生，但陈世骧说金克木在中学里教过英文，从初一到高一四个班的课都由他教，教学效果非常好；他不仅英文好，而且法文水平也好，足以胜任大学教师。

1930年，金克木18岁到北平求学时还不懂英语，靠着好奇心和一股钻劲，凭借几本英语工具书，又找了一位私人老师，便在很短的时间内看懂了英文原版书《少年维特之烦恼》《阿狄生文报掇华》，英语水平突飞猛进。他没有上过大学，但凭着强烈的学习兴趣，成为精通多国语言的"稀缺人才"。从武汉大学到北京大学，金克木严谨治学，跻身中国最优秀的教授行列。

爱因斯坦说："兴趣是最好的老师。"许多成功人士凭借兴趣与努力，最终在自己的研究领域有所建树。对于大学生而言，找到学习的兴趣点，以兴趣为帆来遨游知识的海洋，会让学习之旅更加顺畅。

一、兴趣及学习兴趣的概念

兴趣是一种人们对某种事物积极的认知、关心，它表现为人们对事物的向往。兴趣有3个层次：一是有趣，出于好奇之心，反复接触，感到新鲜有趣，这种兴趣为时短暂；二是乐趣，产生特殊爱好，表现为深入专一，停留在陶醉程度，这种兴趣较为稳定持久；三是志趣，与远

图 5-2

大目标紧密联系，稳定性逐步加强。这种兴趣，对职业定向、取得成就和贡献社会起着重要作用。

学习兴趣是人们倾向于认识、研究并获得某种知识的心理特征，是可以推动人们求知的一种内在力量，其产生以一定的需要为先决条件，是促成学习动机的最活跃因素。学习过程中，学习者产生并保持学习兴趣，就会专心致志地投入学习，从而提高学习效果。兴趣既可以成为学习的原因；又可以在学习活动中产生，成为学习的结果（图5-2）。

二、学习兴趣的作用

学习兴趣是探求知识的原动力，也是发明创造的精神源泉。浓厚的学习兴趣能激励人们积极地探索、敏锐地观察、牢固地记忆，也能促使人们积极地提出问题、研究问题、解决问题。

（一）学习兴趣有助于能力的发挥

学习兴趣在学习中起着重要作用，它能够引导一个人循序渐进地不懈追求。据研究，如果学习者对学习有兴趣，积极性高，就能发挥其全部才能的80%~90%；反之，其才能只能发挥20%~30%。感兴趣的事物容易吸引人的注意，而兴趣又被经常接收的信息强化，在大脑不断形成强兴奋中心，一个人对深感兴趣的事物很容易记忆，且能长时保持。我国著名桥梁专家茅以升先生，早年对数字感兴趣，能背诵圆周率小数点后100位的数字，直到他80岁高龄时，仍记忆犹新。

（二）学习兴趣是增强意志的催化剂

一个人对某种学习内容感兴趣时，就会有饱满的情绪状态，意志也会随兴趣的日益浓厚而增强，并不感觉困难是一种负担，反而觉得是一种乐趣。《资治通鉴》的作者司马光从小就对历史有着浓厚的兴趣，考中进士做官以后继续研究历史，以"日力不足，继之以夜"的态度历时19年编写完成了《资治通鉴》。

三、学习兴趣的培养与激发

有些兴趣是在实践活动中逐渐形成发展的，学习兴趣也不例外。通过有意识地培养和激发，每个人都可以形成稳定、浓厚的学习兴趣。大学生可以从以下六个方面入手来培养兴趣。

（一）心怀积极期望，增强自我效能

积极期望就是从改善学习者自身的心理状态入手，对自己不喜欢的学科也充满信心，相信该学科是非常有趣的，有能力完成这项学习任务，即形成较强的自我效能。较高水平的自我效能有利于学习动机的培养，推动我们认真学习该学科，从而导致对此学科真正产生兴趣。

拓展阅读　　避免给自己贴消极"标签"

不要总是对自己说"我的能力实在不行""我缺乏解题的技巧"这样的话。要知道真正能够击倒你的人有时恰恰正是你自己。因此，不要给自己贴上这不行、那不行的失败"标签"，而应该多给自己一些激励与信心，可以站在镜子面前，看着自己的眼睛，真诚地表述自己的愿望："你马上要参加一场至关重要的考试了，我相信你的实力，只要肯努力，你一定可以成功！加油！"初次这么做的时候，可能会感到难为情；但尝试之后会发现，经过这样的自言自语，你的心情会更加积极乐观，学习的效率也会提高。这样的自我暗示可以每周进行1~2次。

（二）制订目标，维持学习兴趣

恰当可行的目标能激发学习兴趣，形成持久学习的态度。从小目标开始，逐步实现，进而走向更大目标。有的同学挑灯夜读两周，却发现成绩提高不大，于是丧失信心、厌恶学习，甚至放弃学习，殊不知，学习成绩提高并非一日之功，应付出持之以恒的努力。

> **心理故事 5-2　　　　分小阶段实现大目标**
>
> 1984年，在东京国际马拉松邀请赛中，名不见经传的日本选手山田本一出人意料地夺得了世界冠军。当记者问他凭什么取得如此惊人的成绩时，他说了这么一句话："凭智慧战胜对手。"
>
> 当时许多人都认为这个偶然跑到前面的矮个子选手是在故弄玄虚。马拉松比赛是体力和耐力的运动，说用智慧取胜确实有点勉强。
>
> 两年后，山田本一参加了意大利国际马拉松邀请赛。这一次，他又获得了世界冠军。记者又请他谈经验，山田本一不善言谈，回答的仍是上次那句话："用智慧战胜对手。"记者对他所谓的智慧仍迷惑不解。
>
> 10年后，这个谜终于被解开了，他在自传中是这么说的："每次比赛之前，我都要乘车把比赛的线路仔细地看一遍，并把沿途比较醒目的标志画下来，比如第一个标志是银行；第二个标志是一棵大树……这样一直画到赛程的终点。比赛开始后，我就以百米的速度奋力地向第一个目标冲去，等到达第一个目标后，我又以同样的速度向第二个目标冲去。40多公里的赛程就被我分解成这么几个小目标轻松地跑完了。起初，我并不懂这样的道理，我把我的目标定在40多公里外终点线的那面旗帜上，结果我跑到十几公里时就疲惫不堪了，我被前面那段遥远的路给吓倒了。"
>
> **思考**：以上的故事给了你什么启示？你的学期目标是什么？具体到每个月、每一周，每一天又是怎样的呢？

（三）了解学习目的，建立间接兴趣

兴趣有直接兴趣和间接兴趣之分，直接兴趣指向活动本身，而间接兴趣指向活动最终目的。学习目的是指某学科的学习结果是什么，为什么要学习该学科。当学习该学科没有太强的吸引力时，对最终目标的了解是很重要的。要通过多种途径加强对本专业现状和发展前景的了解，明确自身在校期间努力学习理论知识和专业技术的必要性，提高成就动机，不断提高专业学习兴趣。如果我们对学习的个人意义及社会意义、学习规律有较深刻的理解，就会认真学习各门功课，从而对各科的学习产生浓厚的兴趣。

> **拓展阅读　　　　成就动机**
>
> 美国著名教育心理学家奥苏贝尔认为：课堂学习的主要动机是成就动机。成就动机包括3个方面：①认知内驱力：有学习兴趣和好奇心。②自我提高内驱力：赢得班级地位和自尊心。③附属内驱力：得到老师、家长的赞许和表扬。成就动机结构中的三个部分所占的比重会随着年龄、学习经历、学段的不同发生变化。

（四）利用原有兴趣的迁移，发展学习兴趣

每个人在儿童时期都有自己特别感兴趣的事，如爱玩汽车、爱搭积木、爱看动画片等。随着年龄的增长和学习的深入，就应当去发现、了解与爱好有关的知识。例如，汽车是如何发动的？汽车的构造原理是什么？知识点和动画结合起来又是怎样的？我所学的知识中哪些和它们有关系？这样就把对学习的兴趣在原有的基础上发展起来。

（五）学会追问，保持学习兴趣

当学习者为回答或解答一个问题而去学习时，学习就带有目的性，就有了兴趣。例如，学习阿基米德定律时，可以提出以下问题：阿基米德定律的内容是什么？它是怎样被发现的？怎样证

明它的结论是对的？它的公式是什么？使用它应注意什么问题？我能否用其他的办法推出？为了回答这些问题，你会开始寻找答案，探寻过程中兴趣往往随之产生。

（六）运用所学知识解决实际问题，确立稳定的兴趣

运用所学知识解决实际问题，既能巩固和修正知识，还能带来自我成功的喜悦情绪。例如，护理专业的学生可以利用专业课所学，为家人朋友测量血压，普及健康保健知识，这种学有所用的喜悦情绪正是建立稳定持久兴趣所必需的。

> **心理故事5-3** "江苏大工匠"宋彪 兴趣+努力成就技能冠军
>
> 2018年1月5日，常州技师学院机械系4年级学生宋彪获得省政府奖励80万元，并被授予"江苏大工匠"荣誉称号。加上此前国家人力资源和社会保障部奖励的30万元，年仅19岁的宋彪因为出色技能已赢得百万奖励，同时直接晋升副教授。
>
> 在去年10月结束的第44届世界技能大赛上，首次参赛的宋彪获得工业机械装调项目金牌，并因在所有选手中得分最高获得大赛唯一最高奖——阿尔伯特·维达尔奖。这是中国选手首次获得该项大奖。回国后，宋彪及其教练团队受到国务院总理李克强的亲切接见，并受到国家人力资源和社会保障部的表彰。
>
> "兴趣是最好的老师！"当被问及获得世界大奖的根本原因时，宋彪脱口而出。上初中时，宋彪的文化课不突出，中考没能考上理想的中学。在工厂打工的父亲坚信"学门技术到哪儿都有饭吃"，给儿子报了常州技师学院机械系。"以前不知道自己的动手能力这么强，到技校后才发现自己有这方面天赋，学习越来越自信。"宋彪说，因为喜欢，课余时间自己常守在车间琢磨产品设计，平时训练也比别人花更多时间，每每取得一点进步都很有成就感。
>
> 宋彪也以自己的经历寄语同龄人："三百六十行，行行出状元。找到自己的兴趣点，努力钻研，付出总会有回报。"

🔔 训 练 活 动

训练活动 5-1　　　　　学习兴趣的自我探索

【目的】了解自己的学习兴趣。

【步骤】

1. 请列出你是为了什么而学习？
   _____
   _____

2. 学习中，你什么时候会感到快乐？学习中有哪些快乐的事情？
   _____
   _____

3. 教师总结。

训练活动 5-2　　　　　学习自我效能自测

【目的】了解自己的学习自我效能。

【步骤】

指导语：下面列出了同学在学业上可能有的一些想法和看法，请大家选择最能代表自己实际情况的答案，并在对应的选项上打钩，每题只能选一个答案，请不要漏答。非常同意记5分；同意记4分；一般记3分；不同意记2分；非常不同意记1分。

维度一：学习能力自我效能感

	非常不同意	不同意	一般	同意	非常同意
1．我相信自己有能力在学习上取得好成绩	1	2	3	4	5
2．我认为自己有能力解决学习中遇到的问题	1	2	3	4	5
3．和班上其他同学相比，我的学习能力比较强	1	2	3	4	5
4．我认为我能够在课堂上及时掌握老师所讲授的内容	1	2	3	4	5
5．我认为我能够学以致用	1	2	3	4	5
6．和班上其他同学相比，我对所学专业的了解更广泛	1	2	3	4	5
7．我喜欢选择富有挑战性的学习任务	1	2	3	4	5
8．我认为自己能够很好地理解书本上的知识及老师所讲的内容	1	2	3	4	5
9．我经常选择那些虽然难却能够从中学到知识的学习任务，哪怕需要付出更多的努力	1	2	3	4	5
10．即使我在某次考试中的成绩很不理想，我也能平静分析自己在考试中所犯的错误	1	2	3	4	5
11．不管我的学习成绩好坏，我从不怀疑自己的学习能力	1	2	3	4	5

维度二：学习行为自我效能感

12．学习时我总喜欢通过自问自答的方式来检验自己是否已掌握了所学的内容	1	2	3	4	5
13．当我思考某一问题时，我能够将前后所学的知识联系起来思考	1	2	3	4	5
14．我经常发现自己虽然在阅读书本却不知道它讲的是什么意思	1	2	3	4	5
15．阅读书本时我能够将所阅读的内容与自己已掌握的知识联系起来进行思考	1	2	3	4	5
16．我发现自己上课时总是开小差以至于不能认真听讲	1	2	3	4	5
17．我常常不能准确地归纳出所阅读内容的主要意思	1	2	3	4	5
18．我总是在书本或笔记本上划出重点部分以帮助学习	1	2	3	4	5
19．当我为考试而复习时，我能够将前后所学的知识融会贯通起来进行复习	1	2	3	4	5
20．课堂上做笔记时我总试图记下老师的每一句话，而不管它是否有意义	1	2	3	4	5
21．做作业时我总力求回忆起老师在课堂上所讲的内容以便把作业做好	1	2	3	4	5
22．即使老师没有要求，我也会自觉地做书本上每一章节后面的习题来检验自己对知识的掌握情况	1	2	3	4	5

【结果与解释】

将每题得分相加，算出总分，总分越高代表效能感越高。学习自我效能感的总分，即效能总和是学习能力自我效能感和学习行为自我效能感得分之和。

第2节　掌握学习策略

·名人名言·一切知识中最有价值的是关于方法的知识。

——达尔文

> **心理故事5-4** 　　　　记忆有术的周总理
>
> 　　周恩来总理一次到外事部门视察,顺便问起大家一些国家的名字,众人的回答没能让总理满意。总理说,记国名最好结合地图,这样容易记,记得牢,而且还知道了它们的位置。说着,总理就把环太平洋的国家按位置顺序逐一讲了出来。
> 　　研究指出,对外界信息的语言处理和图像处理使用大脑的不同部位,综合运用多种方式记忆,可以发挥大脑潜能,记得快,也记得牢。

学习需要策略,根据专业特点、知识内容合理确定学习目标,科学安排学习时间,运用适合自己的学习策略,能全面提高自主学习的能力。

一、大学学习的特点

与中学相比,大学阶段的学习目的、过程、内容、方式都有其独特之处。

(一)学习的目的性明确

高职院校的教学计划、教学过程、教学方式方法、教学组织形式及生产实习等都以就业为导向,在课程设置、教学安排、技能训练等方面都重点围绕高职学生就业这一目的展开。

(二)学习内容的专业性突出

高职院校强调在一定的文化基础上侧重实施专业技术教育,要求高职学生能够熟练地掌握本专业基本的操作技能,即要培养在某一领域具有扎实技术的专业人才。因此,在高职学生学习的整个过程中,专业知识和专业技能的内容特征、专业学习的科学规律等特点非常突出。

(三)学习过程的实践操作性强

单靠死记硬背记住操作技能的步骤并不能够很好地完成学习任务,如果事先掌握了一定的原理知识和操作要领,再加上反复练习,有助于提高操作技能的学习效果。高职学生学习的最终目的是"学以致用",既要有基本的技术原理知识,更要具有熟练的实践操作技能,能解决社会生产生活实践中的一般问题。高职学生学习过程中最主要的一个环节就是参加大量的社会生产生活实践活动,在运用技术原理解决问题的过程中巩固知识,形成技能,培养自己的动手操作能力和实践应用能力。

(四)学习方式的半自主性

相对于中等教育阶段,高职学生学习内容范围更加开放,可供自我支配时间增多,学生在学习期间必须通过产学结合,边学习边实践,自主计划、实施、调节并评价自己的学习。

二、学习策略的概念与分类

(一)学习策略的概念

策略是为做好某事而进行的谋划和方略。学习策略是指学习者为了提高学习的效果和效率,有目的、有意识地制订有关学习过程的复杂的方案。

学习策略不完全等同于学习方法。学习方法是学习者在具体的学习过程中使用的方法或技能,有较强的情境性,学习策略的实质在于对学习进行自我调节和控制,它不仅包含具体的学习方法,还包括对学习的调控。

(二)学习策略的分类

学习策略包括认知策略、元认知策略和资源管理策略三部分。认知策略是信息加工的策略，包括复述策略、精细加工策略和组织策略；元认知策略是对信息加工过程进行调控的策略，包括计划策略、监视策略和调节策略；资源管理策略是辅助管理学习过程中可用的环境的策略，包括对时间管理的策略、对努力管理的策略、对学习环境管理的策略和其他人的支持。

三、学习策略的培养

许多研究都表明，学习成绩与学习策略相关，掌握学习策略是学会学习的标志。提高学习策略水平不仅有利于改变学生的学习方式，提高学习效率，而且有助于帮助学习者形成自主学习的能力，为终身学习打下基础。

（一）认知策略的培养

认知策略是学习者在对信息进行编码、存储和提取等信息加工过程中所采用的方法与策略，主要有复述策略、精细加工策略和组织策略等。

1. 复述策略　是指在工作记忆中为了保持信息而对信息进行反复重复的过程，它是短时记忆的信息进入长时记忆的关键。常用的复述策略包括：

（1）明确复述的目的和意义，即对复述内容的重要性的认识，从而保持积极的心向、态度和兴趣。心理学研究表明，积极的心向、态度有助于记忆。

（2）合理安排复述的时间和次数。一是要及时复述，即在没有大量遗忘之前就进行复述，这样效果较好；二是对量多和较难的材料采用分散复述和部分复述的方式；三是在复述次数上要尽量多，最好达到过度学习的程度。

（3）采用意义识记。它是在理解识记材料基础上进行的识记，与之相对应的是机械识记，也就是死记硬背。实践证明，意义识记的效果好于机械识记。

（4）采用多种复习形式，尽可能运用多种感官协调作用。

（5）注意克服材料之间的干扰。

> **拓展阅读**　　　　　　　　　　记忆的分类
>
> 根据记忆储存的时间长短来划分，可以把记忆分为瞬时记忆、短时记忆和长时记忆。
>
> 1. 瞬时记忆　当刺激停止时，信息在感觉中保持最多不超过两秒钟，称为瞬时记忆。在瞬时记忆时，大脑对感觉信息还没有进行心理加工，人们还没有意识到所感知的事物就忘记了。不同的感觉器官瞬时记忆的时间是不同的，视觉最多不超过1秒，听觉为0.25~2秒。
>
> 2. 短时记忆　储存时间最多不超过1分钟的记忆为短时记忆。例如，当你打电话时，不知道对方的电话号码，查了一下电话簿，记住了那个电话号码，按数字一个个往下拨，就需要短时记忆。如果你不特别用心记住它，过一会儿忘记了，再打还要再查。
>
> 3. 长时记忆　信息在记忆储存1分钟以上直至一生的记忆都称为长时记忆。如果短时记忆被及时充分地复述，就会转入长时记忆。某些较强的刺激，即使不经复述也能直接转入长时记忆。

2. 精细加工策略　是指把头脑中的旧信息联系起来，寻求字面意义背后的深层次意义，或者增加新信息的意义，从而将新信息储存到长时记忆中去的学习策略。主要的精加工策略：

（1）人为联想策略：是通过把那些看似枯燥但又必须记住的信息"牵强附会"地赋予意义，使记忆过程变得生动有趣。常用的人为联想策略有形象联想法、谐音联想法等。形象联想法是把要记忆的材料与头脑中的鲜明奇特的形象相结合，形象越具体生动、越夸张、越奇特，效果越好。谐音联想法是通过谐音线索，运用视觉表象，假借意义进行联想。

（2）内在联系策略：指对于意义性较强的学习材料可以通过新旧知识之间的联结在头脑中将新信息合理化，即通过理解在新旧知识之间建立内在联系。如我们记忆英语单词，可以通过掌握构词法，根据词根、前后缀来进行记忆。如单词 companion（伙伴，伴侣），我们知道 com 是"在一起"的意思，pan 是"面包"的意思，ion 相当于 er/or，是指什么"的人"；那么这些字母组合在一起就是"在一起吃面包的人"，即伴侣。

（3）记卡片策略：把需要记忆的知识记录在卡片上，便于携带，可以经常复习直至巩固。采用这种方法需要注意的是，每张卡片最好只写一个问题，一个事例，灵活便于整理；每张卡片注明资料来源、书名、页码等，便于查找；养成定期整理的习惯，随着学习水平的提高，注意将卡片按内容归纳整理进行编码，分类插放，使平时分散、零碎的知识系统化。

（4）记笔记策略：记笔记有助于对材料进行加工和复述。记笔记方法有很多种，流行较广的是康奈尔笔记技术。准备一个活页式笔记本，先将每一页分成两栏，较宽的一栏为主栏，记录听课内容，较窄的一栏为概括栏，作为回忆线索。回忆的时候，遮盖住主栏，根据线索进行回忆，然后对照检查。

拓展阅读　　　　　　5R 笔记法

5R 笔记法，又称康奈尔笔记法，是用产生这种笔记法的大学校名命名的。这一方法几乎适用于一切讲授或阅读课，特别是对于听课笔记，5R 笔记法应是最佳首选。这种方法是记与学、思考与运用相结合的有效方法。它的步骤包括记录、简化、背诵、思考和复习五步。

1. 记录（Record）　在听讲或阅读过程中，在主栏（将笔记本的一页分为左小右大两部分，右侧为主栏，左侧为副栏）内尽量多记有意义的论据、概念等讲课内容。

2. 简化（Reduce）　下课以后，尽可能及早将这些论据、概念简明扼要地概括（简化）在回忆栏，即副栏。

3. 背诵（Recite）　把主栏遮住，只用回忆栏中的摘记提示，尽量完满地叙述课堂上讲过的内容。

4. 思考（Reflect）　将自己的听课随感、意见、经验体会之类的内容，与讲课内容区分开，写在卡片或笔记本的某一单独部分，加上标题和索引，编制成提纲、摘要，分成类目并随时归档。

5. 复习（Review）　每周花 10 分钟左右时间，快速复习笔记，主要是先看回忆栏，适当看主栏。

同学们可以以一门功课为例进行训练，在这一科不断熟练的基础上，然后再用于其他科目，1 个月后进行归纳总结。

3. 组织策略　是指整合所学新知识间、新旧知识间的内在联系，形成新的知识结构的策略，可以使信息由繁到简，由无序到有序。主要有归类策略和纲要策略两种。

（1）归类策略：把学习材料根据一定的规则进行适当的分类以便于记忆。例如，要上街买很多东西：盐、蒜、葡萄、苹果、胡萝卜、橘子、酱油、胡椒、豌豆、生姜、青菜等，可将这些东西归在水果、蔬菜、作料的类别下，分别进行记忆。

（2）纲要策略：纲要可以是用语句或句子表达的主题纲要，也可以用符号、图式等形式表达的符号纲要。主题纲要法通常是对学习材料进行概括，用一个恰当的词语或一句话概括出这一段材料的主题，起到提纲挈领的作用。这不仅可以备忘、备查，而且可以锻炼归纳概括能力。符号纲要法是采用图解的方式体现知识的结构，如图 5-3 所示。

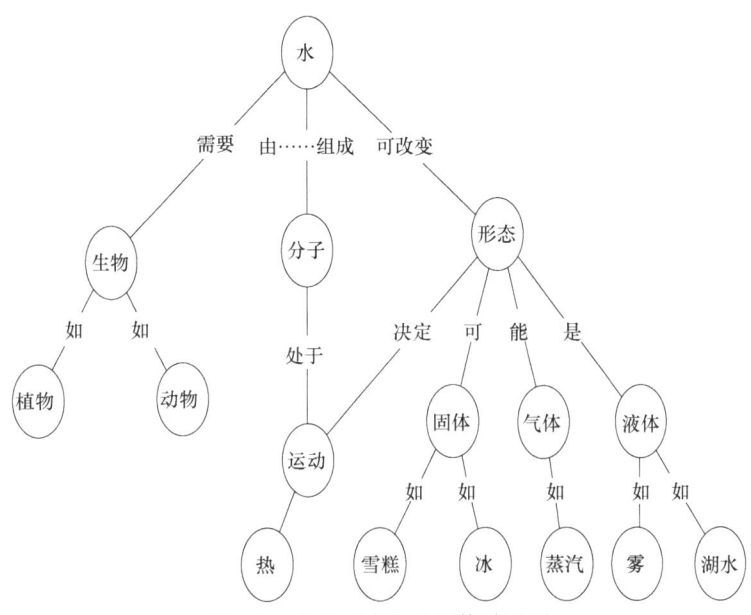

图 5-3 关于"水"的网络关系图

拓展阅读 思维导图

思维导图又称心智图（图 5-4），是表达发散性思维的有效的图形思维工具。思维导图运用图文并重的技巧，把各级主题的关系图相互隶属与相关作用的层级图表现出来，把主题关键词与图像、颜色等建立记忆链接。绘制思维导图的步骤如下：

1．从一张白纸的中心开始绘制，周围留出空白。
2．用一幅图像或图画表达你的中心思想。
3．在绘制过程中使用颜色。

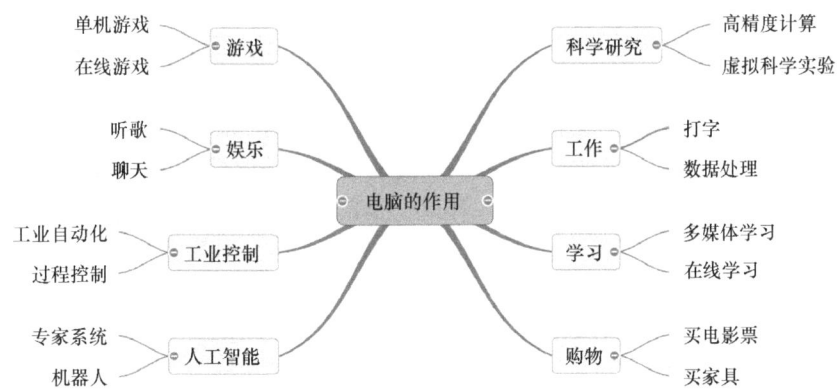

图 5-4 思维导图示意图

4．将中心图像和主要分支连接起来，然后把主要分支连接起来，再把三级分支和二级分支连接起来，依此类推。
5．让思维导图的分支自然弯曲而不是像一条直线。
6．在每条线上使用一个关键词。
7．自始至终使用图形。

（二）元认知策略的培养

元认知是指对自己认知过程的认知。学习者通过元认知来了解、检验、评估和调整自己的认知活动，由元认知知识、元认知体验、元认知监控3部分组成。其中，元认知监控是元认知的核心，是指学习者对自己整个学习过程的有效监视及控制的策略。一般包括计划策略和监视策略。

1. 计划策略　学习计划的内容包括学习目标、任务、时间、措施等，所以确定学习计划包括学习目标的制订、学习任务的确定、学习策略的选择和学习时间的分配等内容。学习目标的制定要注意目标的可行性（目标实现的难度、层次性）和具体性；学习时间的分配要注意学习任务的轻重缓急和时间安排的充裕性等。

2. 监视策略　是指在认知过程中，依据认知目标及时检测认知过程，寻找两者之间的差异，并对学习过程及时进行调整，以期顺利实现有效学习的策略。主要包括领会监控、集中注意力、调节策略等方面。如在写作文时，要紧扣题目和中心，为防止偏题，写一段要回过头反思一下，看看是否符合主题，如有不妥，及时调整。

（三）资源管理策略的培养

资源管理策略是对可用的环境进行管理的策略，包括对时间管理的策略、对努力管理的策略、对学习环境管理的策略和利用其他人支持的策略。

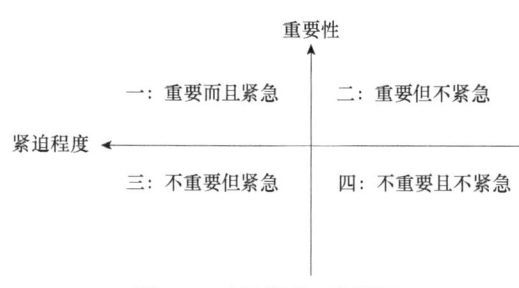

图5-5　时间管理四象限图

1. 对时间管理的策略　是通过一定的方法合理安排时间，有效利用学习资源。学生使用学习时间通常是基于习惯，而不是计划，更可能优先去做紧急而不重要的事情，而把重要但并不紧急的事情扔在一边。因此，要做好时间计划，优先考虑重要的事情，可根据时间管理四象限图进行统筹安排，见图5-5。

2. 对努力管理的策略　是指合理安排自己的有限精力，从而取得最优的效果。一个人的精力是有限的，不可能一直保持旺盛的精力，过分使用努力会出现疲劳而使学习效率低下。对个人努力的管理如同对时间的管理一样，分清事情的轻重缓急，要把有限的精力优先运用到重要的事情上。

3. 对学习环境管理的策略　是通过选择或管理自己周围的学习环境，以有利于自己集中精力进行学习，取得好的学习效果。光亮的、安静的、没有分心因素的学习环境有利于学习者集中精力利用自己有限的学习时间和努力有效地完成学习任务。有的人善于选择充满浓郁氛围的学习环境，如到图书馆去学习；有的人也善于安排和管理属于自己的学习环境，如寝室和教室，使得自己在这样的环境能够安心学习，当然在人多的环境下，需要大家共同遵守秩序。

4. 利用其他人支持的策略　是指当学习遇到困难时，要抛开顾虑，与身边的老师、同学交流请教，这是一种非常重要的社会支持管理策略。大学的老师大多不坐班，这就需要同学们在课余时间利用网络、电话等方式主动与老师联系，使学习中的困惑得到及时的解答。同时，多与同学、师哥、师姐交流，可以分享彼此的学习经验与心得，加深对专业的了解。向他人求助并不是自身能力缺乏的表现，而是获取知识、增长能力的一种途径。

学习策略还有很多，同学们要根据自己的学习经验、学习风格，选择适合自己的学习策略，以达到事半功倍的效果；在借用别人的学习策略时，要消化吸收，切忌生搬硬套，否则会事倍功半（图5-6）。

图5-6

训 练 活 动

训练活动 5-3　　　　画线技巧面面观

【目的】了解并改善自己的画线技巧,学会学习策略。

【步骤】

在书本上适当巧妙地画线,有助于我们学习的效果,你在学习过程中会用到哪些画线的技巧?

_____

_____

以下的画线技巧你曾经用到过吗?如果没有,尝试从今天开始吧!

1. 圈出不知道的词。
2. 标明定义。
3. 标明例子。
4. 列出观点、原因或事件序号。
5. 在重要的段落前面标加重号。
6. 在混乱的章节前划上问号。
7. 给自己作注释。
8. 标出可能的测验项目。
9. 画箭头表明关系。
10. 注上评论,记下不同点和相似点。

训练活动 5-4　　　　小组 PK 赛

【目的】学会运用记忆策略。

【步骤】

活动 A:联想法练习

小组长根据以下内容,请成员们用联想法,将下列物品相关联,几分钟后,只看右边的词语,就记住左边的词语。想不出的,就查一下哪个环节出了问题,写出正确答案最多的小组获胜。

斗——贝壳;斑马——信;门——小刀;房子——酒;烟灰缸——飞机;船——席子;墨鱼——小麦;UFO——钱;书架——被子;庙——网球。

活动 B:练习记忆无序的事物

下面的实物中,顷刻之间你能记住多少?答出数量最多、顺序错误最少的组获胜。

地毯、纸张、瓶子、床、鱼、椅子、窗户、电话、香烟、钉子、汽车、砖、鞋、话筒、钢笔、盘子、电视机、炸面包片、计算机、咖啡壶。

训练活动 5-5　　　　制订学习计划

【目的】制订具体可行的学习计划。

【步骤】

凡事预则立,不预则废。学会明确学习目标,并付诸行动,是学会学习的标志之一。请参考例子列出你的本周学习计划吧!

一周学习计划

学习目标	学习任务	学习策略	学习时间
预习新课文	第一单元第三课	复述策略 时间管理策略	本周一 15:00~15:40

训练活动 5-6　　学习优势我知道

【目的】根据学习风格提高学习效果。

【步骤】

1. 下面有6种学习方式，你最喜欢哪一种？
（1）动手学习：鼓励学生通过动手学习知识。
（2）视觉学习：鼓励学生通过声像学习知识。
（3）自由学习：鼓励学生通过自由坐姿学习知识。
（4）伴音学习：鼓励学生通过背景音乐学习知识。
（5）成对学习：鼓励学生通过小组协作学习知识。
（6）走动学习：鼓励学生通过间歇活动学习知识。

2. 对照下面的学习者学习特点描述，再次确认你最符合哪一个学习者类型。
（1）动手型学习者：这类学生在学习中需要较多的身体活动参与，才能记住课堂教学的内容，是一种有效的学习手段。
（2）视觉型学习者：这类学生记住知识的最佳方式是亲眼见到所学的相关知识。电影、教育电视及博物馆展品可以帮助他们很好地学习。
（3）自由型学习者：这类学生在不太严格的学习中，成绩突出，躺在舒适的软椅上，也许比书桌和直背椅子更能提高他们的学习成绩。
（4）伴音型学习者：这类学生在学习时，需要用声音作为一种背景，才能更好地集中思想。
（5）成对型学习者：这类学生在与另一个伙伴合作学习时，成绩最佳，而单独或在分组中，不管是大组或小组学习都不理想。
（6）走动型学习者：这类学生在学习时，要走来走去，或稍稍休息一下，停下来喝点水或者眺望窗外一会儿，会使其注意力更集中，而不会分散。

3. 寻找同类　找到你最擅长的学习风格类型了吗？现在请你找到班里和自己学习风格一致的同学，并和他们组成一个小组，一共分为6个小组。

4. 风格反思　每个小组根据小组的优势学习风格总结这种学习风格给自己带来的积极的影响和消极的影响。

积极影响	消极影响
_____	_____
_____	_____
_____	_____
_____	_____

5. 学习建议　每个小组根据刚才的总结的积极和消极影响提出如何有效利用这种优势风格来提高学习的建议，组长进行交流发言。

6. 小组讨论　这个活动带给你什么感受？

7. 教师总结。

第3节　养成学习习惯

名人名言　如果人们已经忘记了他们在学校里所学的一切，那么所留下的就是教育。让我们想一想，什么是一个人忘不掉的呢？显然，习惯是忘不掉的，因为习惯是一种相对稳定的、自动化了的行为。

——爱因斯坦

心理故事 5-5　　　习惯的力量

有一个小男孩练琴时每天坚持4个小时。她的老师知道后，对他说："你不能这样练，马上停止。因为长大以后根本没有更多的时间来练琴，你应该养成习惯，一有空闲就练，即使几分钟也行。"他听从了老师的劝告，把练钢琴的时间分解到各个时间段。其他时间他用来写日记、培植标本、到草地上踢足球，而这一切并没有影响他的琴艺。

这个美国小男孩后来成为著名的诗人、小说家和极其出色的钢琴家，他之所以在各个领域取得辉煌的成就，原因在于他能分解自己的爱好到每天的时间中，他即使只有5分钟的空闲也会利用起来，写几句诗，弹一首曲子。

几分钟的时间并不长，但如果能利用它并能成为一种习惯，这些短短的时间就有可能成就一个人，因为再大的事业和成就所需要的数年和数十年的时间都是由短短毫不拖延并加以充分利用的几分钟累加起来的（图5-7）。

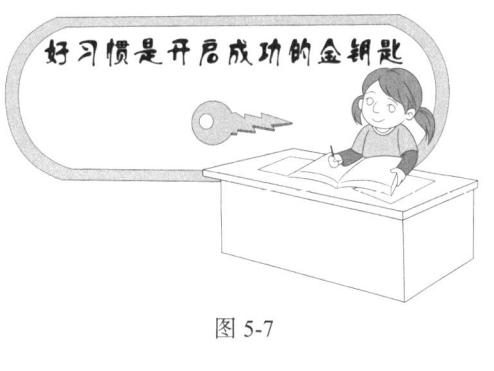

图 5-7

学习习惯是在学习过程中经过反复练习形成并发展，成为一种个体需要的自动化了的学习行为方式。良好的学习习惯如同奇妙的源泉，帮助你驶向成功的彼岸。对于大学生而言，应具备哪些良好的学习习惯呢？

案例 5-1　　　小张的困惑

小张是一名高职一年级的学生，刚入学时对大学生活充满了期待，但是第一天上课就让他很不适应，一节课老师讲了20多页内容，还讲了教材上很多没有的内容，一节课下来小张感觉什么也没有学会，接着下一节课又开始了……小张感到很困惑，不是大学的学习就轻松了吗？怎么自己根本无法跟上节奏？

问题： 你是否也有类似的困扰？大学生应养成哪些良好的学习习惯呢？

一、自主学习的习惯

高职教育是建立在普通基础教育基础上的专业教育，课堂教学不同于中学，往往是提纲挈领式的。教师在教学过程中经常只讲难点、疑点、重点，很多知识需要学生自己去理解和掌握。大学里看似自由的时间里浓缩着很多自学任务。有学生认为大学学习很轻松，其实这是一种误解。就学习过程而言，教师只是引路人，学生才是学习的真正主体，只有自己努力，学习才会真正的提高。学习中的大量问题，主要靠自己去解决。学习层次越高，自学的意义越重要。自主学习是获取知识的主要途径，是重要的学习习惯。这种习惯一旦形成，就会把很多事物与学习联系起来，并体验到学习的乐趣，无论当前的学习还是今后的工作，都要养成自主学习的习惯，这是大学生必须完成的一项重要任务，也是进行终身学习的基本条件。

二、按计划学习的习惯

学生的主要任务是学习，同时还有休闲、文体活动等方面的内容。学生应该有一个比较全面的学习计划，并且应该有按计划进行学习的习惯。计划可以调整，但不可放弃。计划应该包括每天的时间安排、考试复习安排和双休日、寒暑假安排；计划要简明，什么时间干什么，达到什么要求要明确，这样的学习就会有的放矢。

心理故事 5-6　　　　目标成就梦想

有一个叫布罗迪的英国教师,在整理旧物时,发现了一沓作文本,原来这是幼儿园的31位孩子在50年前写的作文,题目叫《未来我是……》。

他随手翻了几本,很快便被孩子们千奇百怪的梦想迷住了。例如,彼得说自己是未来的海军大臣;还有一个孩子能背出25个法国城市的名字,说自己将来必定是法国总统;最让人称奇的是一个叫戴维的盲童,他认为,将来他肯定是英国内阁大臣,因为英国至今还没有一个盲人进入内阁。

布罗迪读着这些作文,突然有一种冲动:把这些作文重新发到他们手中,让他们看看现在的自己是否实现了50年前的梦想。这件事经由报纸刊登后,书信便向布罗迪飞来。其中有商人、学者及政府官员,更多的是没有身份的人……布罗迪按地址一一寄了出去。

1年后,布罗迪手里只剩下署名戴维的作文本没人索要。他想,这人也许死了,毕竟50年了,50年间是什么事都可能发生的。就在布罗迪准备把这本子送给一家私人收藏馆时,他收到了英国内阁教育大臣布伦克特的一封信。信中说:"那个叫戴维的人就是我,感谢您还为我保存着儿时的梦想。不过我已不需要那本了,因为从那时起,那个目标就一直在我心中,从未放弃过。只要不让年轻时的目标随岁月飘逝,成功总有一天会出现在你眼前。"

三、保证学习效益的习惯

学习应该速度、质量并重,在规定时间内,按要求完成一定数量的任务。一旦开始学习,就应该进入适度紧张的学习状态,避免无关干扰,保证学习的效益。每次学习之后,要评价自己做得如何,坚持下去,就能形成专时专用的好习惯。

四、善于独立思考的习惯

学习最忌讳一知半解。学习过程中必须养成独立钻研、善于思考的习惯。

首先,应该学会站在系统的高度把握知识。有的学习者在学习中仅限于一节一节、一章一章地学,不太注意章节与学科整体系统之间的关系。随着时间推移,所学知识不断增加,就会感到内容繁杂、头绪不清,记忆负担加重。事实上,任何一门学科都有自身的知识结构系统,从整体上把握知识,弄清每一部分内容在整体系统中的位置,往往更容易把握所学知识。

其次,应该学会追根溯源,寻求事物之间的内在联系。学习最忌死记硬背,弄清楚道理更重要,这样学到的知识似有源之水,有本之木,即使所提的问题超出了所学知识范围也未尝不可,这正是有强烈求知欲、好奇心的表现,是培养我们学习兴趣的重要途径。

再次,应该训练发散思维,养成联想的思维习惯。我们应经常注意新旧知识之间、学科之间、所学内容与生活实际等方面的联系,不要孤立地对待知识,养成多角度思考问题的习惯,有意识地去训练思维的流畅性、灵活性及独创性。知识的学习主要通过思维活动来实现,学习的核心就是思维的核心,知识的掌握固然重要,但更重要的是通过知识的学习提高思维能力,思维能力提高了,学习知识会变得容易。

案例 5-2　　　　小赵的成功之道

小赵是某高职院校机电专业毕业生,现为某电机厂销售部经理。他大学的专业并不是营销,却能领导众多营销专业高学历的同行,这是为什么呢?

小赵大学毕业后,刚开始在生产车间工作,熟悉了各种机电设备的生产原理及性能。一次,工厂积压了一些急待销售的产品,人手不够,他便主动报名参与推销工作。由于精通设备的性能,他很快找到用户,成功地推销了第一台设备,于是他被抽调到销售部工作。当时,他的压力很大,为了能胜任工作,他自学了营销知识,并自费参加各种类型的营销培训。在营销实践的过程中,他真正体会到，营销的关键不在"推"，而在于"营"。于是，他又开始学习营销策划。就这样，在学习之中，小赵的工作能力得到明显提高，职位也随之提升。但是，他越学越觉得知识贫乏，切身体会到学无止境。他说："我非常感谢在高职三年的学习，虽然我现在的工作和当初所学专业不同，但在校期间形成的良好的学习习惯和思维方式，为今后终身学习奠定了扎实的基础。这是我高职生活中最大的收获。"

点评： 大到科技进展和改革成果，小到实际生活和职业发展，习惯和思维方式无不起着非常重要的作用。

五、合理把握学习过程的习惯

学习过程包括听课、预习、复习、作业等多个环节，只有合理把握，才能收到良好的效果。

（一）认真预习的习惯

很多同学只重视课堂上认真听讲，课后完成作业，而忽视课前预习，其实课前预习对提高听课效率关系很大。课前预习可以扫除课堂学习的知识障碍，提高听课效果；还能够复习、巩固已学的知识，最重要的是能发展自学能力，减少对老师的依赖，增强学习的独立性。

（二）专心听课的习惯

如果课前没有一个"力求当堂掌握"的决心，会直接影响到听讲的效果；反之，上课的效率会大大提高。有的同学认为，上课听不懂没有关系，反正有书，课下可以看书，如果抱有这种想法，听课时往往就会不求甚解，或者稍遇听课障碍，就不想听了，结果浪费了上课的宝贵时间，增加了课下的学习负担，这正是一部分学生感觉学习负担重的重要原因。

拓展阅读　　　　　如何科学地记笔记

第一，记内容提纲。边记提纲边审视、思考提纲的上下逻辑关系，看是否富有条理和直观，并尝试当堂记住主要的知识点。教师讲课大多有提纲，并且讲课时老师会将一堂课的线索脉络、重点难点等，简明清晰地呈现在黑板上或课件中。这些内容提纲，使知识形成清晰的框架，对于课后复习十分有益。

第二，记疑难问题。同时注意疑难问题与所涉及的概念之间的联系。将课堂上未听懂的问题及时记下来，课后继续加以思考和探究，注意所涉及的概念或定律，及时加以理解和掌握，避免出现知识的断层、方法的缺陷。

第三，记思路方法。注意老师在分析例题时三言两语的提示，并在书上相应的位置标注。及时记下老师在课堂上介绍的解题方法和分析思路，课后进行理解消化。谨记老师讲的解题技巧、思路及方法，利于启迪思维，触类旁通。

第四，记归纳总结。注意记下老师的课后总结。这对于浓缩一堂课的内容，找出重点及各部分之间的联系，掌握基本概念、公式，寻找规律，融会贯通课堂内容都很有作用。同时，很多有经验的老师在课后小结时能够承上启下，一方面是归纳所学内容，另一方面又是布置预习任务或点明后面所要学的内容。做好笔记可以把握学习的主动权，提前做准备，做到目标任务明确。

第五，记体会感受。简要地写几句听课时的情感体验，有助于牢记听课的内容。学习是知、情、意、行的综合，学习的过程往往伴随着积极的情感体验、意志过程，记下自己学习过程的感受，既有助于回忆当时的学习过程，也可以用来更好地调控自己的学习行为。

第六，记错误反思。学习过程中不可避免地会犯这样或那样的错误，记下自己所犯的错误，并用红笔醒目地加以标注，以提醒自己，同时也应注明错误成因，正确思路及方法，在反思中成熟，在反思中提高。

（三）及时复习的习惯

及时复习的优点在于可加深和巩固对学习内容的理解，防止经常在学习后发生的急速遗忘。根据艾宾浩斯遗忘曲线，识记后的两三天，遗忘速度最快，然后逐渐缓慢下来。因此，对刚学过的知识，应及时复习。随着记忆巩固程度的提高，复习次数可以逐渐减少，间隔的时间可以逐渐加长。复习要"趁热打铁"，学过即复习，方为及时。此外，复习过程要注意归纳概括，将所学新知识纳入已有的知识结构，力求融会贯通。

拓展阅读　　　　　艾宾浩斯记忆遗忘曲线

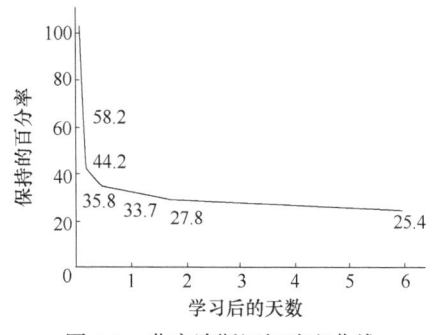

图5-8　艾宾浩斯记忆遗忘曲线

德国心理学家艾宾浩斯研究发现，遗忘在学习之后立即开始，而且遗忘的进程并不是均匀的。最初遗忘速度很快，以后逐渐缓慢，根据他的实验结果绘成描述遗忘进程的曲线，即著名的艾宾浩斯记忆遗忘曲线（图5-8）。

这条曲线告诉人们在学习中的遗忘是有规律的，遗忘的进程很快，并且先快后慢。观察曲线，你会发现，学得的知识在1天后，如不抓紧复习，就只剩下原来的33.7%。随着时间的推移，遗忘的速度减慢，遗忘的数量也就减少。

有人做过一个实验，两组学生学习一段课文，甲组在学习后不复习，1天后记忆率36%，1周后只剩13%。乙组按艾宾浩斯记忆规律复习，1天后保持记忆率98%，1周后保持86%，乙组的记忆率明显高于甲组。实验表明，对学习过的内容及时进行复习是学习过程中的重要环节，是保证学习效果的重要习惯。

（四）认真完成作业的习惯

作业是为了及时检查学习的效果，知识有没有记住，记到什么程度，能否应用，应用的能力有多强，这些都要通过做作业时进行及时的检验。作业一般都是经过精选的，有代表性、典型性，可以加深对知识的理解和记忆，促进对知识的"消化"，使知识的掌握进入到应用的高级阶段。作业可以使思维能力在解答过程中得到提高。还应当定期分类整理做过的习题，作为复习时的参考资料。

训练活动

训练活动5-7　　　　　学习习惯和学习方法自测

【目的】了解自己的学习习惯和方法。

【步骤】

指导语：同学们，下面有25个问题，请根据自己学习过程中的实际情况回答，请不要漏答。计分标准如下：很符合记5分；比较符合记4分；很难回答记3分；较不符合记2分；很不符合记1分。

	很不符合	较不符合	很难回答	比较符合	很符合
1．在阅读时常记下不懂之处	1	2	3	4	5
2．经常阅读与自己学习看似无直接联系的书籍	1	2	3	4	5
3．在观察和思考时，重视自己的看法	1	2	3	4	5
4．重视做好预习和复习	1	2	3	4	5
5．按照一定的方法进行讨论	1	2	3	4	5
6．做笔记时，常把材料归纳成条文和图标	1	2	3	4	5
7．听人讲解问题时，眼睛注视着讲解者	1	2	3	4	5
8．注重利用参考书和习题集	1	2	3	4	5
9．注重归纳并写出学习中的重点	1	2	3	4	5
10．经常查阅字典、手册等工具书	1	2	3	4	5
11．面临考试时，能克服紧张情绪	1	2	3	4	5
12．认为重要的内容，就格外注意听讲和理解	1	2	3	4	5
13．学习中如有不懂的地方，非弄懂不可	1	2	3	4	5

	很不符合	较不符合	很难回答	比较符合	很符合
14．联系其他学科内容进行学习	1	2	3	4	5
15．动笔解题前，先有个设想，然后抓住要点进行解题	1	2	3	4	5
16．阅读中认为重要或需要记住的地方，就画上线或做上记号	1	2	3	4	5
17．经常向老师或他人请教不懂的问题	1	2	3	4	5
18．喜欢和同学讨论学习中遇到的问题	1	2	3	4	5
19．善于吸取别人好的学习方法	1	2	3	4	5
20．对需要记住的公式、定理等反复进行记忆	1	2	3	4	5
21．常观察实物或参考有关的资料进行学习	1	2	3	4	5
22．听课时注意做好笔记	1	2	3	4	5
23．重视学习的效果，不浪费时间	1	2	3	4	5
24．如果实在不能独立解答问题，就看了答案再做	1	2	3	4	5
25．有切实可行的学习计划	1	2	3	4	5

【结果解释】

将每题得分相加，算出总分。总分 100 分以上，表明学习习惯和方法优秀；86～100 分，表明学习习惯和方法一般；51～85 分，表明学习习惯和方法较差，需改进。

小　　结

本章首先介绍了学习兴趣的概念、作用、培养兴趣的方法；然后，从大学学习的特征引发对学习策略的介绍；最后介绍养成良好学习习惯的方法。通过自测量表、小组活动，学生可以了解自己的学习效能和学习习惯，为会学、乐学、好学奠定基础。

思考与解答

1．小陈是某高职计算机专业一年级的学生，在填报志愿时，因对上网情有独钟，便毫不犹豫地选择了计算机专业，入学后才发现，这个专业并不是原来想象的上网聊天、玩游戏，不像原来想象的那么有趣，感到很失望，于是产生了厌倦情绪，上专业课时经常走神。请分析小陈产生这种状态的原因并给予建议。

2．知识问答

（1）培养学习兴趣的途径有哪些？

（2）大学学习与中学相比有什么特点？

（3）你的学习策略有哪些？通过本章的学习，今后的学习过程中你还将采取哪些学习策略？

（4）你是否有不良的学习习惯？通过本章的学习，你要培养哪些良好的学习习惯？

推荐欣赏

电影推荐
《风雨哈佛路》《三傻大闹宝莱坞》
书籍推荐
安德斯·艾利克森．2016．刻意练习．王正林译．北京：机械工业出版社
儿玉光雄．2011．别说你记不住．富雁红译．武汉：武汉出版社
斯科特·扬．2014．如何高效学习．程冕译．北京：机械工业出版社
张志，黄鑫．2014．学会独立思考——学习篇．北京：九州出版社

第6章 学会交往

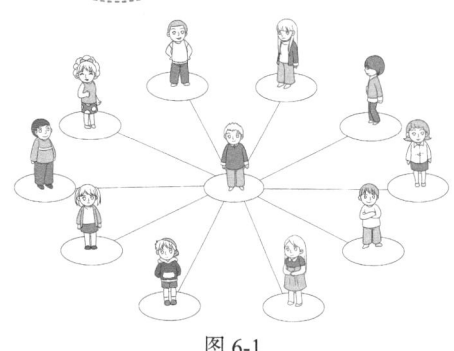

图6-1

人际交往是社会化过程中的重要组成部分,是影响心理健康的关键因素。大学生离开父母和家庭,独自面对人生,产生强烈的交往需要,但是由于情绪易冲动、社会经验不足、人际交往技巧欠缺、自身性格特点等原因,在与同学、异性、老师等交往时,常常出现各种问题。因此,大学生需要了解人际交往的知识,学会有效沟通和建设性处理人际冲突(图6-1)。

第1节 人际交往概述

名人名言 与他人交流与分享是人的天性。人生之旅充满了艰辛与坎坷,如果没有人与你同甘共苦的话,那你的生活是很空虚的。

——亚科卡

心理故事6-1　人际剥夺实验

美国心理学家沙河特·斯坦利曾经做过这样一个实验:以每小时15美元的酬金招聘人员参加实验,要求应聘人员独自待在一个小房间里,居住时间越长,得到的报酬越多。这个小房间是特设的,与外界完全隔绝,没有报纸,没有电话,不准写信,也不允许其他人进入。每天只供应饮食等必需的用品。先后有5人应聘参加了这个实验,结果1人待了2个小时,3人待了2天,只有1人待了8天。根据参与者的报告,在实验最初阶段,被试者会以睡觉、思考问题方式打发时间,但是时间不长就开始感到无聊。接下来是一段平静的时期,表现出对环境的适应。短暂的平静期过后,被试者感到精神崩溃,极力想逃避这种"剥夺"环境,待了8天的人出来后说:"如果再让我在里面多待一分钟,我就要疯了。"

这个实验充分证明了作为社会性的人,离不开与别人的交往。

人际交往是人的一种需要,良好的人际关系是人生存和发展的基础和条件。良好的人际关系,可以使我们获得更多的社会支持,建立充分的安全感和信任感,精神生活会更丰富、愉悦;不良的人际关系,会引发更多的烦恼、苦闷、挫折体验甚至心理障碍。

一、人际交往的概念

人际交往是指人运用语言或非语言符号交换意见、交流思想、表达感情和需要的过程,是一种心理与行为的沟通过程,包括物质交往和精神交往。人际交往过程中形成的情感联系,即通常所说的人际关系,表现为心理距离,是人与人互动的结果,具有一定的稳定性。

人际交往是建立良好人际关系的基础,也是人际关系最明显的外在表现。一般来说,人际关系融洽,行为上会表现出亲近;人际关系不好,行为上多表现为回避、漠视、疏远等。

拓展阅读　良好人际关系发展四阶段

心理学家阿特曼等认为,良好的人际关系的发展一般经历四个阶段:

1. 定向阶段　现实生活中,个体对交往的对象有很高的选择性。在一个交往场合中,人们往往会选择性地注意某些人,并进行初步的沟通,谈论无关紧要的话题,这些活动就是定向阶段的任务。在此阶段，人们只有很表层的自我表露，如谈谈自己的工作、对最近发生的新闻的看法等。

2．情感探索阶段　如果定向阶段双方有好感，产生继续交往的兴趣，那就可能有进一步的自我表露（如生活体验、感受等），并开始探索共同点，进行深层交往。如果发现话不投机，交往会终止。这个阶段，双方有一定程度的情感卷入，但是不涉及私密性的领域。双方的交往还会受到角色规范、社会礼仪等方面的制约，比较正式。

3．情感交流阶段　建立基本的信任感后，就可能发展到情感交流的阶段，彼此有比较深的情感卷入，谈论一些相对私人性的问题。双方的关系已经超越了正式规范的限制，比较放松、自在，有不同意见也能够坦率相告，较少拘束。通过双方的反馈，感情逐步加深。

4．稳定交往阶段　此阶段，双方心理上的相容性增加，沟通更广泛，发展为亲密朋友，可以分享各自的生活空间、情感、财物等，自我表露更深广，相互关心更多，保持一种动态的稳定。当然，"千古知音最难觅"，能够达到这个境界的关系相当少。

二、人际交往的功能

一滴水放到大海里才不会干涸，一个人只有融入社会中才能活出生命的本真。人的社会属性决定了人必须生活在广泛的人际关系网里，从中获得物质需要和精神需要的满足。人际交往对个体发展的功能表现在以下4个方面。

（一）满足心理需求，促进心理健康

精神分析理论认为，人伴随着出生会产生基本焦虑，这种焦虑只有在与他人的交往中才能得到缓解。交往是人的一种需要，同人的生理需要一样重要。人际交往中，相互理解、信任、关怀、宽容、友爱，可以满足个体安全、归属、自尊的需要，产生乐观、积极的情绪，从而保持身心健康状态。

（二）交流信息，合作共赢

在人际交往中，个体间通过交流信息，实现互补，促进双方成长，实现"1+1＞2"的共赢局面。正如英国作家萧伯纳所说："倘若你有一个苹果，我也有一个苹果，而我们彼此交换苹果，那么你和我仍然各有一个苹果。但是，如果你有一种思想，我有一种思想，彼此交换，我们每人就有了两种思想，甚至多于两种思想。"

（三）完善自我意识

人的自我意识不是一个自然成熟的过程，而是通过人际交往逐步塑造的。"夫以铜为鉴，可以正衣冠，以史为鉴，可以知兴替，以人为鉴，可以知得失"，在人际交往中，个体根据他人对自己的评价和态度，认识自己的形象、社会地位等，并调整自己的行为，逐渐形成正确的自我意识。

（四）加速个体社会化进程

社会化是指人为了更好地充当社会角色、获得社会资格，不断学习和掌握社会规范、准则的过程，是自然人向社会人转化的过程，是一个学习的过程。在个体成长过程中，人际交往范围越广泛，就会有越多的机会学习和掌握更多的社会规范、准则，社会适应能力就会变强。不善交往的人社会化过程将延缓或者难以完成。

拓展阅读　"社会促进效应"与"社会惰化效应"

1897年，社会心理学家普里特做了一个非常著名的实验，在3种实验情境下，让被试者骑车完成25英里（1英里＝1609.3米）路程。第一种情境是被试者单独骑行，第二种情境是让一个人跑步伴同；第三种情境是多人骑车竞赛。结果显示，有人跑步伴同与竞争情境下成绩均好于单独骑行情况。个体对其他人的意识，包括他人在场或与他人一起活动，会使行为效率提高，这种现象被称为"社会促进效应"。然而，1913年瑞琼曼的实验发现了相反的现象。实验中，被试分别在单独的与群体的情境下拔河，同时用仪器来测量他们的拉力。结果发现，随着被试人数的增加，每个被试平均使出的力减少了。个人与群体其他成员一起完成某种事情时，或个人活动时有他人在场，往往个人所付出的努力比单独时偏少，不如单干时出力多，个人的活动积极性与效率下降的现象，被称为社会惰化效应。俗语"一个和尚挑水吃，两个和尚抬水吃，三个和尚没水吃"正是这种社会心理现象的具体形象化。为什么会出现社会促进或社会惰化效应呢？心理学家指出，他人在场增加了个体的活动动力，这种驱力或动机的增加对任务成绩的影响依任务的性质而定；社会评价和社会认知也是引起社会促进与社会惰化效应的重要原因之一。当他人在场，如果我们认为可以突出自己的成绩和能力，就会增强自己的信心，对自己起到积极的促进作用；反之，就会消极怠工，出现消极的干扰作用。

三、人际交往的原则

（一）交换原则

交换原则要求我们在人际交往过程中，要考虑双方共同的价值和共同利益，使双方都能获得好处和利益，不仅包括物质利益上的，还要包括感情层面上的满足和平衡。如果一方只索取不给予，交往就会中断。

（二）自我价值保护原则

每个人都希望得到别人的承认、接纳、支持、喜欢，感觉自己有价值。对于肯定自我价值的人，个人也倾向于接纳，愿意交往并建立和维持关系。"爱人者，人恒爱之，敬人者，人恒敬之"，喜欢和厌恶、接近和疏远都是相互的。

（三）平等尊重原则

尽管人与人在能力、气质、性格、知识等方面不同，但是在人格上是平等的，渴求平等的心情是一样的。人际交往中应一视同仁，不嫌贫爱富，不以貌取人，不因家庭背景、地位职权等原因对人另眼相看。只有尊重他人的人格、习惯，向他人传达善意，才能与他人和谐相处。

> **心理故事6-2** 郑板桥赠对联
>
> 有一次，郑板桥去寺院游览。老和尚见他像个穷书生，有点看不起他，随口说声："坐"，然后吩咐小和尚："茶"。郑板桥和他们谈了几句话，老和尚发现这个人气度不凡，好像有点来头，口气就和缓了许多。当郑板桥站起来要走时，他赶紧说："请坐"，又吩咐小和尚："上茶"。郑板桥暗暗好笑，就和他们又谈了起来。当他说到自己是江苏兴化人时，老和尚问："贵乡有位郑板桥先生，您认识？"郑板桥站起来，行了一个礼，说："不才我就是呀。"老和尚吃了一惊，上下打量了一番，恭恭敬敬地说："请上座"。回头又吩咐小和尚："上好茶！"郑板桥坐了一会儿，看天色不早了，就站起来告辞。老和尚拉住他的手说："今天先生来了，也是和老僧有缘，怎么也得留下点儿墨宝呀！"郑板桥也不推辞，等小和尚拿来文房四宝，运了运气就写了一副对联："坐请坐请上坐，茶上茶上好茶"。

（四）真诚原则

古人云："以诚感人者，人亦诚而应。"在交往中，只有彼此抱着心诚意善的动机和态度，才能相互接纳、信任，引起感情的共鸣，有利于巩固和发展人际关系。所有的人际交往手段、技巧都以真诚交往为基础。

（五）理解宽容原则

不管如何谨慎，如何熟谙交往之道，在人际交往中都不可避免地会出现不和谐的音符；人生观、价值观、个性特征等方面不同的人相处，矛盾会增多。学会换位思考、相互理解，尊重他人的不同，容得下别人的缺点，对于非原则问题，不斤斤计较，能够以德报怨。有了这样的心境，可以大大消除人际间的紧张和矛盾。

> **心理故事6-3 选择性记忆**
>
> 两个朋友在沙漠中旅行，旅途中他们为了一件小事争吵起来，其中一个打了朋友一记耳光。被打的人觉得深受屈辱，一个人走到帐篷外，一言不发地在沙子上写下："今天我的好朋友打了我一巴掌。"他们继续往前走，一直走到一片绿洲，停下来饮水和洗澡，在河边，被打了一巴掌的人不小心掉到河里，差点被淹死了，幸好被朋友捞起来了。在被救起之后，他拿了一把小剑在石头上刻下了："今天我的好朋友救了我一命。"他的好朋友好奇地问道："为什么我打了你，你要写在沙子上，而现在我救了你要刻在石头上呢？"他笑着回答说："当被一个朋友伤害时，要写在容易忘记的地方，风会负责抹去它；如果被朋友帮助，要把它刻在心灵的深处，那里任何风都不能磨灭它。"

（六）适度原则

人际交往中需要注意交往的尺度，保持理性交往。交往的广度方面，注意不能过广也不能过窄，交往对象的数量要有所限制。过广的交往浪费时间、精力，影响交往质量；过窄的交往又有可能错过许多可交的朋友，使自己眼界狭小，气量狭小，陷于窄小的人际圈子不能自拔；交往的深度方面，注意仔细鉴别，对于理想、追求、志趣、道德水准、人格修养等相同的人，可以深交成为知心朋友，而有些人只能浅交，甚至拒交，"无德者不交，无为者不交，无爱者不交"；交往的频率方面，即使是好朋友，也不能交往过密，天天黏在一起，否则会减弱彼此的新鲜感，增加摩擦、冲突的机会；当然，如果长时间不联系，亲密的关系也会变淡甚至消失。

> **拓展阅读 刺猬法则**
>
> 生物学家为了研究刺猬在寒冷冬天的生活习性，把十几只刺猬放到户外的空地上。这些刺猬被冻得浑身发抖，为了取暖，它们只好紧紧地靠在一起，而相互靠拢后，又因为忍受不了彼此身上的长刺，很快就又各自分开了。可天气实在太冷了，它们又靠在一起取暖。然而，靠在一起时的刺痛使它们不得不再度分开。挨得太近，身上会被刺痛；离得太远，又冻得难受。就这样反反复复地分了又聚，聚了又分，不断地在受冻与受刺之间挣扎。最后，刺猬们终于找到了一个适中的距离，既可以相互取暖，又不至于被彼此刺伤。
>
> 刺猬法则强调的就是人际交往中的心理距离。这个法则提醒我们，每个人都需要有个人空间，交往过程中，保持亲密有间、不远不近的人际距离，才是适度的人际相处原则。

四、影响人际交往的因素

（一）人际吸引

人际吸引是指个体主观上体验到的，在时间、空间上直接或间接的相互依存关系，对他人给予积极的、正面的认识和评价的倾向。主要有以下5种形式。

1. **邻近式吸引** 俗话说"近水楼台先得月""远亲不如近邻"。时空距离是影响人际交往的一个重要条件。因空间上接近，经常见面，彼此相识，又因为接触频繁，容易产生共同的话题、经验，从而建立起亲密的人际关系。

2. **外貌式吸引** 不单纯指人的先天长相，还包括人的打扮、仪表风度。先天长相很难改变，但是打扮、气质风度可以通过后天的培养加以弥补。生活中总有人告诫我们不要"以貌取人"，但外貌对人际关系产生的影响总是难以排除，尤其在人际交往初期建立第一印象之时。随着时间的流逝，相貌的影响开始减小，人们会更关注个人品质、能力等特征。

3. **相似式吸引** "物以类聚，人以群分"说明了相似性在人际交往中的重要作用。实验证实，人们通常喜欢与那些在态度、价值观、个性特征、社会条件及教育程度等方面与自己类似的人交往，这些方面的相似使得彼此有共同语言、互相理解、互相印证、互相支持，友情得以深入发展。

4. 互补式吸引　心理学家科克霍夫等的研究表明，人际交往时，互补性有时候也会成为人际关系的保鲜剂。互补可以表现在需求、利益、兴趣、特长等诸多方面，交往双方在心理需要上相互满足。相似与互补看似矛盾，其实针对不同的方面，相似多含价值取向的意味，互补多表现为现实的需求。

5. 才能、品格式吸引　对才华的敬仰是大多数人的天性，聪明能干能增加个人的吸引力；品格在人际交往中也有重要作用，品格高尚的人受人敬重，品格低下的人遭人唾弃。众多研究表明，吸引朋友的良好品质有忠诚、热情、理解宽容、幽默、自信、谨慎等，其中，忠诚是友谊的灵魂与核心。

（二）人际沟通能力与技巧

人际沟通是人与人之间发生相互联系的最主要形式，研究表明，人醒着的时候，大约70%的时间都花在沟通过程中。这种交流主要通过言语、表情、手势、体态及社会距离来表示。然而，沟通不是一件容易的事情。要向他人表达一个意思，始终说不清楚；要为他人办件好事，但是有可能弄巧成拙；本来想与他人解除原有的隔阂，但可能弄得更僵。实践活动中，个体需要具备一定的沟通能力，掌握一定的言语和非言语的技巧，如说话得体、善于倾听、交往适度等，从而改善沟通效果，促进人际交往。

（三）处理人际冲突的能力

日常生活中，由于每个人有其不同的经历、独特的情感，个体间总会出现大大小小的分歧，导致人际冲突出现。人际冲突本身并不可怕，而如何认识、处理将决定人际关系的走向，建设性的处理冲突或分歧，可以有效地减少人际关系恶化和破裂的发生。

案例 6-1　　　　　　　　　　　班主任认错

一次班会，数名同学迟到，其中一名同学已经是多次班会迟到了，班主任为了提醒学生养成准时的习惯，就以此学生为典型警示大家，在班会上点名批评："小薛同学已经四次迟到了，请注意。"话还没说完，小薛情绪激动地回呛了一句"这是第三次"，班主任意识到小薛的情绪反应很大，就没有继续这个话题。班会结束后，班主任与小薛单独交流，小薛一脸敌意地站在班主任对面。"老师刚才处理方式有点不妥当，没有顾及你的自尊心，老师向你道歉。"没有听到预想的批评教育，反而听到了老师的道歉，小薛愧疚地低下了头："老师，我迟到了，应该被批评，我不该对您生气，我道歉，以后会准时到。"自此之后，小薛不再迟到，很守纪律，以前见了班主任就绕开，现在总是乐呵呵地和班主任打招呼，还经常找老师谈心交流。

点评： 建设性地处理人际冲突是一种能力。班主任通过避开情绪炸弹、事后单独交流、主动道歉的方式有效处理了冲突。他的做法显示了宽大的胸怀，引发了学生的转变，把一桩桩冲突转化为一首和谐的师生乐曲。

训 练 活 动

训练活动 6-1　　　　　　　　　　　无 家 可 归

【目的】意识到归属感的重要，体会和感受个人与团体的关系，明白人际支持的重要性，从而更愿意与人交往，投入团体。

【步骤】

1. 开始时让全体学生围圈手拉手，充分体会大家在一起的感觉。
2. 说明游戏规则：当老师说"桃花朵朵开"时，学生说"开几朵？"老师会说"开 N 朵"。学生必须重新组成 N 个人手拉手的"新家"，老师会多次变换人数，如 2、3、6、3、5 等。

3．请那些没有找到家的人谈谈游离在团体之外的感受，请团体内成员分享和大家在一起的感觉。

4．教师总结　游离在外的学生大多会谈到"孤独、孤单、被抛弃、没依靠、失落"；团体内的学生大多会表达"温暖、有力量、安全、踏实"；被团体或他人接纳，个人体会到人际支持的力量。通过多次变换人数，让学生有机会改变自己的行为，积极融入团体，体验到有家的感觉，更愿意与人交往。每一个人在群体中都有自己的位置，要找到自己的归宿还需要自己主动寻找和争取。

第2节　运用沟通技巧

名人名言　假如人际沟通能力也是同糖或咖啡一样的商品的话，我愿意付出比太阳底下任何东西都珍贵的价格购买这种能力。

——洛克菲勒

心理故事6-4　教授的裤子

一位教授正在精心准备一个重要会议上的演讲，会议规格之高、规模之大都是他平生第一次遇到的。全家人都为教授的这次露脸而激动。妻子专门为他选购了一套西装。晚饭时，妻子问他："西装合身吗？"教授说："上身很好，裤腿长了那么两厘米，倒是能穿！"晚上教授早早就睡了。她妈妈却睡不着了，她琢磨着儿子这么隆重的演讲，西裤长了怎么能行，就翻身下床，把西装的裤腿剪掉两厘米，缝好烫平，然后安心地入睡了。第二天早上五点半，妻子醒了，想起丈夫西裤的事，心想时间还来得及，便拿来西裤又剪掉两厘米，缝好烫平，惬意地去做早餐了。过了一会儿，女儿也起床了，看见早餐还没有做好，就想起爸爸西裤的事情，寻思自己也能为爸爸做点事情了，便拿来西裤，再剪短两厘米，结果……

无效的沟通造成事倍功半甚至阴差阳错；有效的沟通是生活快乐的源泉，更是取得成功的关键。然而，由于自尊心强、情绪冲动、社会经验不足、沟通技巧欠缺等，大学生面对人际交往中的分歧或误会时，经常出现不愿意或者不会沟通，进而展开冷战，导致矛盾升级，最终关系破裂。为了避免冲突出现或者理性地处理冲突，大学生应该掌握人际沟通的知识（图6-2）。

图6-2

一、人际沟通的概念

人际沟通是指人际交往中利用语言符号或非语言符号系统进行信息交流沟通的过程，本质是信息沟通的过程。人际沟通不是简单的信息传输，沟通双方都有各自的动机、目的、立场，并设想或判定对方的回应，信息交流是积极主动的。沟通过程中，双方不断地互动，反馈信息并理解对方。但是，由于外在的干扰和内在的障碍，沟通过程可能会产生偏差。

二、人际沟通的结构

人际沟通过程由7个要素组成，即信息源、信息、通道、信息接收者、反馈、障碍和背景。

（一）信息源

信息源是指拥有信息并试图进行沟通的人。沟通的目的各不相同，可能为了提供信息，或者影响别人，也可能为了建立联系。沟通中，双方互为沟通者和信息接收者。

（二）信息

信息是指沟通者试图传达给别人的内容，往往附加有沟通者的观念、态度和情感。信息可能是直接明确的，无须思索和逻辑推理的，也可能是间接隐晦的，需要深刻理解和推理才可弄懂。

（三）通道

通道是指沟通信息传递的方式。人的五官都可以接收信息，但日常生活中最主要的沟通还是视觉和听觉沟通。常用的沟通方式包括面对面的直接沟通，也包括网络沟通、电话、书信等间接沟通，影响最大的还是原始的面对面沟通。

（四）信息接收者

信息接收者是指接收信息的人，对信息进行解码，将信息转化成自己能了解的想法和感受。

（五）反馈

反馈是指信息接收者对信息的反应，可以反映出信息接收者对信息的理解和接收状态。反馈可以来自对方也可能来自自我，双方都在不断地将反馈信息传给对方，如果一方缺乏反馈，则会导致沟通的阻断。

（六）障碍

障碍是指沟通中影响信息理解和解释的干扰因素，导致沟通失真。来自信息发送者的障碍包括语言表达不清楚、表达目的不明确、选择时机形式不当、个人形象不佳等；信息接收者产生的障碍包括过度加工信息、选择性接收信息、心理定势、偏见、不良情绪、思想差异、忽略反馈等；沟通过程中，空间距离太远、环境杂乱无序等都对沟通造成阻碍。

（七）背景

背景是指人际沟通发生的情景，它影响沟通的每一个要素，许多意义是由背景提供的，甚至词语的意义也随着背景而改变。

三、人际沟通的分类

（一）单向沟通与双向沟通

单向沟通只是一方向另外一方发出消息，双方的方向位置不变，不存在反馈信息，演讲、报告、下指令都是单向沟通，单向沟通传递信息快速。双向沟通指发信者和接收者的地位是可以互换的，信息立即得到反馈，直到双方共同明确信息，信息传递准确。

（二）纵向沟通与横向沟通

在组织内部，上下级之间的信息流动称为纵向沟通。下级向上级传递信息主要表现为工作汇报、问题反映、请求支持等，称为上行沟通；上级向下级传递信息主要表现为发布指令、布置任务等，称为下行沟通。同级别、平行部门间信息传递和交流，就是横向沟通，可以增进互相了解，任务协调，减少矛盾与冲突。

（三）正式沟通与非正式沟通

正式沟通是指通过正式的组织程序和渠道，按组织规定的路线、渠道进行信息的传递和交流，如会议制度、文件的传达和呈送、公函往来。正式沟通信息权威，约束力强，沟通效果好，但是速度慢，互动性小。非正式沟通是指在正式的规章制度和沟通渠道外进行的信息传递交流，如同学间的私下交流、聚会、小道消息的传播等，沟通方便速度快，更能体现情感交流，是正式沟通的有效补充，但是信息可靠性较差。

（四）语言沟通与非语言沟通

根据沟通时运用的符号系统不同，分为语言沟通和非语言沟通。语言沟通是最常见、最准确、最有效的沟通方式，包括口头语言沟通和书面语言沟通。非语言沟通的实现有三种方式：通过动态无声的目光、表情动作、手势、身体运动等实现；通过静态的无声的姿势、空间距离、衣着打扮等实现；通过辅助语言（音量、音质、声调、语速等）和类语言（哭声、笑声、叹息等）实现。

四、影响人际沟通的因素

（一）个人因素

1. 生理因素　永久性生理缺陷（如色盲、聋哑等）、短暂的生理阻碍（如疼痛、疲惫、饥饿等）等因素不同程度地影响沟通效果，应区别对待。

2. 心理因素　人的个性特点、情绪体验、认知程度等不同，会对同一信息产生不同的理解，并对沟通方式产生直接影响。一般来说，热情、直爽、健谈、善解人意的人易于沟通；积极的情绪状态能促进沟通顺利进行；生活阅历相当、知识层次相近的人，容易相互理解。

3. 文化习俗　不同民族、地域的文化习俗存在差异。东方文化喜欢婉转的表达方式，美国人却认为与"虚伪"相似，要尊重对方习俗，不能轻易全盘否定。

4. 沟通技巧　人际沟通是有规律的，沟通作为一种技术，可以通过后天学习获得或提高，如交谈、提问、倾听、排除干扰等。但是，技巧的应用又需要因地制宜地改变，必须认真研修、身体力行才能应付自如。

（二）环境因素

1. 物理环境　沟通场所的安静程度、光线、温度、湿度、噪声、私密性等，是否让人感到舒适、安全，会影响沟通的效果。

2. 心理环境　是指沟通双方在信息交换时是否存在心理压力。如果缺乏安全感，或者情绪焦虑、紧张，都不利于沟通；而轻松愉快、彼此尊重、互相理解的氛围有利于双方直接表达观点，沟通效果好。

3. 社会背景　沟通双方的社会角色关系不同，沟通方式应该不同，如亲子沟通与医患沟通。与在场他人的社会角色关系也影响沟通，如上级领导在场和同事在场，沟通效果存在差异。

4. 历史因素　是否认识、有无相同经历、是否达成共识等构成现在沟通的历史背景，影响着沟通的顺利进行，如好友间的沟通常常不需要完整的表达就可相互理解。

五、人际沟通的技巧

（一）有效发送信息

1. 明确信息发送的对象，通过建立视线联系等方法，引起其注意。

2. 决定恰当的发送内容　任何信息都有很多表达方式，而不同的表达会产生截然不同的表达效果。面对一个选择，"随便你"和"都听你的"，虽然表达同样的意见，但是听者的感受差别巨大。沟通中，我们要选择让人舒适的语言表达。组织语言时，尽量简洁、清晰，无歧义，准确表达自己的想法。

3. 选择合适的发送形式　任何沟通都包括信息、思想、情感的交流，选择沟通方式时，我们首先要考虑沟通的内容是以信息为主还是以思想和感情为主。相比网络沟通、电话、书信等间接沟通，面对面的直接沟通更利于沟通情感。

4. 选择合适的发送地点、时机　在安静、整洁、让人舒适的环境中，对方情绪稳定的时间，发送信息，获得的沟通效果往往较好。

（二）有效倾听

苏格拉底说："自然赋予我们人类一张嘴、两只耳朵，就是让我们多听少说。"聆听重要的不是评判对方讲的是否正确，而是搞清楚讲话的目的。一定要听懂、听完对方的话，听懂对方想说没说出的话，听懂对方为什么说这句话。在聆听时，我们要注意，与说话人要有目光的交流，表情专注，点头或发出"哦、嗯"等给予反馈，从而让说话者感到被尊重、重视；对于没听清的要点，适时提问，以免发生曲解。

> **心理故事6-5** 林克莱特的采访
>
> 美国知名主持人林克莱特一天访问一名小朋友，问他说："你长大后想要当什么呀？"小朋友天真地回答："我要当飞机的驾驶员！"林克莱特接着问："如果有一天，你的飞机飞到太平洋上空所有引擎都熄火了，你会怎么办？"小朋友想了想："我会先告诉坐在飞机上的人绑好安全带，然后我挂上我的降落伞跳出去。"当现场的观众笑得东倒西歪时，林克莱特注视着孩子，想看他是不是自作聪明的家伙。没想到，孩子两行热泪夺眶而出，这才使得林克莱特发觉这孩子的悲悯之情远非笔墨所能形容。于是林克莱特问他说："为什么要这么做？"小孩的答案透露出一个孩子真挚的想法："我要去拿燃料，我还要回来！"你听到别人说话时……你真的听懂他说的意思了吗？

（三）有效提问

1. **提问要目的明确** 沟通中要多听少说，提问是为了获取信息，问什么问题要紧扣主题，问题少而精，不能打断讲者的思路，扰乱其情绪，问题表达要观点明确、有重点、语言简练。

2. **选择合适的提问方式** 开放式提问给对方自由发挥的空间，如"……怎（么）样……""……如何……"等，可以缩短心理距离，沟通开始时比较得体，但是难以深挖信息；封闭式提问给对方一个框架，在几个答案中选，可以按照指定的思路获取信息，不跑题，但是范围小、有限制。

3. **提问要讲究艺术性** 不同的生活环境、教育、经历造就了千差万别的个性，因此提问要因人而异，问题要符合被问人的年龄、身份、文化素养、性格特征等；注意态度语气，尊重对方，体谅对方，问题得体，不让对方难堪，在对方将观点阐述完后，及时提问。

> **心理故事6-6** 糟糕的采访
>
> 有位年轻记者满怀信心地去采访一位有成就的女科学家。他问道："请问您毕业于哪所大学？"答："对不起，我没有上过大学，我搞科研靠自学，我认为自学也能成才。"她的回答不免使记者有几分尴尬。为了缓和气氛，他忙转移话题，想先谈谈生活，于是说道："您的孩子在哪儿上学？"不料科学家十分不悦，答道："我早已决定把毕生精力贡献给自己的事业，因此，我一直独身至今。如果你没有其他问题的话，就谈到这儿吧。我还要工作。"

（四）反馈的技巧

反馈是沟通中双方期望得到的一种信息的回流，使沟通成为一个交互过程。反馈要明确具体，集中于可改变的行为上，充分考虑接收者的需要，给予建设性的意见；以称赞开始，再谈需要改进的问题，避免逆反情绪；称赞要针对个人，建议要确保客观并且不针对个人。

（五）肢体语言技巧

肢体语言是指沟通中个体有意识或无意识通过身体的外观、姿势、动作传递信息。包括目光与表情、身体运动与接触、姿势等。心理学研究表明，人的肢体语言传递的信息超过70%，合适的肢体语言能更容易接受和被接受。

在说话之前，开放性肢体语言先发出一种可接受的信号："我是友好的，如果你有兴趣，我很愿意和你沟通。"有学者认为，人际沟通时有六种最重要的参与技巧，包括微笑、准备注意聆听的姿态、身体前倾、音调、目光交流、点头。微笑时，全身肌肉处于松弛状态，通过目光交流，对方会感知到亲切、喜悦和善意，气氛就会变得和谐，交流起来也容易多了；准备注意聆听的姿态、身体前倾、音调、点头、目光交流，都能够表达对对方的友好、对沟通的兴趣，可以使双方更快进入角色。

🔔 训 练 活 动

训练活动 6-2   "对牛弹琴"游戏

【目的】体验肢体语言对沟通效果的影响，通过角色互换，学会换位思考。

【步骤】

1．分组　将学生随机分成 A、B 两组。

2．体验一　请 A 组学生看固定的内容，"请给你 B 组的搭档讲述一件你感到特别高兴的或有意思的事情"，此时 B 组同学站到较远的地方，不能看 A 组的内容，B 组看到的规定内容是"当你的搭档讲话时，你不要讲话，但是表现出非常不专心，东张西望，眼神飘忽不定，或者突然插入不相干的话，或者干脆不作任何回应（面无表情或者陷入自我沉思中）"。

3．体验二　A、B 组角色互换。

4．分享　不被专心倾听的感受；角色互换后的感受和变化。

5．教师总结　沟通过程中，表达者通过对方"东张西望，眼神飘忽不定"等肢体语言感知到不被关注，这样的反馈会影响表达者交流的意愿，沟通会中断；当角色互换时，这种体验将提醒自己作为信息接收者，给对方恰当的反应，表达关注的意愿，促进沟通的顺利进行。

训练活动 6-3   听 与 答

【目的】辨别谁是真正的倾听者，学会倾听。

【步骤】

1．教师宣布开始，接下来将提出一系列问题，每个问题都有一个很简短的答案。学生所需做的就是将答案写在纸上（注意：每道题只念 1 遍）。

2．教师检查学生的答案，随后再读一遍问题，并逐一解释各题。

题目：

（1）我国法律是否规定成年男子不得娶其遗孀的姐妹为妻？

（2）如果你晚上 8：00 上床睡觉，设定闹钟在 9：00 将你叫醒，你能睡几个小时？

（3）在我国，每年都庆祝 10 月 1 日国庆节，在英国是否也有 10 月 1 日？

（4）如果你只有 1 根火柴，当你走进一间冰冷的房间时，发现里面有 1 盏油灯、1 个燃油取暖器、1 个火炉，你会先点燃哪一个来获取最多的热量？

（5）平均一个男子一生可以有几次生日？平均一个女子一生可以有几次生日？

（6）根据国际法的规定，如果一架飞机在两个国家的边境坠落失事，那些不明身份的幸存者是应当被安葬在他们准备坐飞机前往的国家呢，还是出事的国家？

（7）一位考古学家声称发现了一枚有"公元前 48 年"字样的钱币，这可能吗？

（8）有人造了一幢普通的有 4 面墙的房子，每面墙上都开着一个朝南的窗口，这时有只熊来敲门，这只熊是什么颜色的？

解题关键：

（1）没有任何一部法规会有如此规定，因为这个男人若想娶他遗孀的姐妹为妻，首先得让自己的妻子变成遗孀，而他的妻子要变成遗孀，他就得先去世。

（2）你只能睡 1 个小时，因为闹钟不会区分是白天还是晚上，除非你按 12 小时制设定。

（3）是的，在英国也有 10 月 1 日，还有 2 日、3 日直到 31 日。

（4）首先你得点燃火柴。

（5）平均一个男人一生只有 1 次生日，平均一个女人一生也只有 1 次生日，其他的都是生日纪念日。

（6）无论哪里的法律都绝不允许埋葬不明身份的幸存者，因为他们还活着。

（7）那个考古学家在骗人，因为公元前时不可能在钱币上刻上"公元前"的字样，那时还没有公元纪年。

（8）是只白熊，因为只有在北极才可能建一幢那样的房子，在北极点每个方向都是南方。

3．讨论　你答对了多少？答错了多少？为什么你的成绩不太理想呢？

4．教师总结　倾听是一个能动的过程，人们总是选择性地注意一些信息，并把过滤后的信息进行组织、识别、记忆、赋予意义等，调动大脑里的知识经验，通过判断、推理获得正确的解释或理解，并做出必要的反馈。倾听应当是积极主动的，必须边听边想，不能只是被动地接受。

第3节　处理人际冲突

名人名言　人一生要做的两件事就是防患于未然和豁达大度，前者是为了使他避免遭受痛苦和损失，后者是为了避免纷争和冲突。

——叔本华

案例 6-2　错误的选择

小李和小谢都是某高校二年级的学生，同住一栋宿舍楼的四楼。某天，楼层的公共洗漱间人很多，小李为了快速挤出人群，将洗衣服的水盆高举过头，结果不小心将盆底部的脏水滴到小谢身上。小谢没有在意，小谢非常生气地骂了一句"没长眼吗！"小李回呛了一句："人这么多，我又不是故意的！"两人发生争吵推搡，周边同学迅速劝说拉架。因地面湿滑，推搡拉扯中，小李被推倒在地面，情绪立刻失控，从地上弹起之后，奋力挣开拉扯，冲小谢踢出一脚。同学们尽量把两人分开，带回各自宿舍。小谢气愤难平，当天晚上，约小李到校外谈谈，两人都认为对方错误重大，应该道歉，再次发生激烈争吵，小谢在情绪激动下，用捡起的石块击伤小李头部，小李颅内出血昏迷。小谢被刑事拘留。

点评：近年来大学生冲突事件经常出现。从各类调查结果来看，高校人际冲突事件的起因主要是师生、同学间关系不融洽、恋爱挫折等，基本都与人际关系冲突或破裂有关。

生活中人与人之间的冲突在所难免，因为处理不当，曾经亲密的朋友、幸福的伴侣最终分道扬镳、形同路人，不免让人惋惜。如何避免或应对人际冲突，远离暴力冲突事件，是大学生应该认真思考的问题。

一、人际冲突的概念

人际冲突是一种人与人之间对立的状态，表现为两个或多个相互关联的主体之间的紧张、不和谐、敌视甚至争斗关系。

人际冲突的原因多种多样，可以是各方的需要、价值观、利益不同，也可以是对事物的认识、看法不同，或者是行为方式、做事风格不同。当这些不同或不兼容被冲突各方同时意识到了，冲突就发生了。当然，差异本身并不会产生冲突，如何看待差异、用什么态度去处理，才是冲突产生的根本原因。

二、人际冲突的影响

从冲突本身来讲，无所谓好坏，但是处理方式会造成影响的不同，冲突可以带来挑战，也可以带来机遇。

（一）冲突的负面影响

冲突多与压抑、不满等负性情绪有关，这些负性能量的增加会腐蚀人的身体、心理和精神，降低工作效率，减损思考能力；如果处理方式不恰当，冲突变成攻击、自卫、批评时，人际关系的裂痕就会增大,甚至演变成暴力事件;也有人采取逃避的方式处理冲突,表面看起来冲突消失了,其实是转入了内心,日积月累,总会爆发。

（二）冲突的正面影响

冲突让双方有机会产生深层次的接触,成为增进了解的切入点。双方把隐藏的不满、误解、不同公开表达出来,借助直接的、面对面的沟通,通过辩论得以澄清、化解,从而消除隔阂,增进理解,加深关系;在争论中,双方彼此激发,找到更好的解决方案;同时,借助冲突,让我们看问题的角度更开阔,学习人外有人、天外有天的谦逊,开放自己的心胸及拓宽视野。

三、人际冲突的类型

心理学家布瑞克和凯利,认为人际冲突分3个层次。

1. 特定行为上的冲突　即对某个问题存在不同的意见,例如,外出购物,打车返校还是坐公共汽车。

2. 关系原则或角色上的冲突　即双方对于如何处理两人的关系,在关系中两人的权利、义务,有不同的理解。例如,宿舍里进行大扫除,该如何分工,分歧很大,从而引发冲突。

3. 个性态度上的冲突　这是较深层次的冲突,涉及双方人格、价值观等方面的差异。例如,有同学属于内向型的,喜欢安静独处,周末在宿舍看书;而有同学喜欢结交朋友,在宿舍里聊天打牌。性格迥异,矛盾不断。

冲突层次越深,涉及因素越多,情感卷入程度越高,矛盾越复杂,解决起来越困难。

根据冲突的基础不同,心理学家多伊奇将冲突分为5类。

1. 平行的冲突　存在客观的冲突,双方都准确地知觉到了这种分歧,但是都不愿让步。例如,一家人一起看电视,孩子要看动画片,长辈要看新闻,互相都知道意愿,却都不想迁就对方。

2. 错位的冲突　一方可能有客观的理由,而且知道冲突的存在,却不直接针对问题本身,将矛盾转移。例如,学生小李对舍友小贾不推选自己为优秀学生内心非常不满,但是又不好直接说,于是就总在宿舍故意针对小贾。

3. 错误归因的冲突　存在客观的分歧,但是双方没有准确地感知到分歧。

4. 潜在的冲突　客观存在分歧,但是双方没有感觉。

5. 虚假的冲突　双方有分歧,但是分歧没有客观基础。例如,小夏生日聚会,邀请小李,小李不在,就让舍友小王转告,结果小王忘记了。小李、小夏在不知情的情况下,都心生不满。这是误会造成的分歧。

案例6-3　　公共责任谁来负

宿舍里的公共卫生、生活设施使用总是最麻烦的事情。"都有责任"总会被某些同学理解成"都没有责任"。学生小陈说,宿舍里有两个同学特别不自觉,每天值日生打扫完卫生,她总是不注意维护,很快就在她们的周围出现瓜果皮等垃圾,宿舍里的洗手盆用完从来不知道打扫一下,个人卫生也不注意,床上乱七八糟,感觉整个宿舍也乱了,看着都闹心。刚开始,我看不下去,经常收拾,希望宿舍里有个整洁的环境,但是,时间久了,她们也不改变,我心里也不平衡了,为什么她们缺乏起码的集体观念呢?凭什么她们坐享其成?所以有时候就忍不住管一下,希望她们自觉,结果根本不起作用,还闹得吵架,搞得关系很紧张。

点评:生活习惯不同、价值观念不同引发了人际关系的紧张。面对这种局面,"替代"他人做事效果并不理想,有效沟通、达成一致目标、共同努力才是解决问题的方向。

四、避免人际冲突的技巧

在人际交往中，应把握好交往的尺度，采取积极的措施尽量减少或避免人际冲突的发生。

（一）尽量避免争论

人际相处，出现不同意见时，人都有企图说服对方的心理倾向，总希望通过争论辨出是与非。事实证明，无论输赢，结果总是以不愉快结束。赢的人当时获得心理满足，但是很快就会体会到人际关系恶化带来的不愉快，好心情也随之烟消云散；输的人感觉被否定，心理挫败感强烈，有可能导致人身攻击或者人际报复。人际交往时，我们应该始终记得，人际沟通的目的是为了互相理解，而非决出胜负，避免争论引起两败俱伤。

> **心理故事6-7　　　　　　　　　　远离垃圾人**
>
> 　　一位朋友在正确的车道上行驶，突然间一辆黑色轿车从停车位开出，正好挡在前面。朋友立即踩刹车，车子滑行了一小段路，刚好闪开来车，两车之间的距离就只差几厘米。这辆车的司机凶狠地甩头并且朝着我们大喊大叫。我朋友只是微笑，对那家伙挥挥手，表现得很友善。于是我问他："你刚才为什么那么做？那家伙差点毁了你的车，还可能伤害我们！"他解释说："许多人就像'垃圾人'。他们到处跑来跑去，身上充满了负面垃圾：沮丧、愤怒、忌妒、算计、仇恨、傲慢与偏见、贪心不满足、抱怨、比较、见不得人好、愚昧、无知、烦恼、报复和失望。随着心中的垃圾堆积又堆积，他们终需找个地方倾倒；有时候，我们刚好碰上了，垃圾就往我们身上丢。所以，无须介意！只要微笑、挥挥手、远离他们，然后继续走我们自己的路就行！"

（二）不直接批评、责备和抱怨他人

直接的批评、责备、抱怨会让人自尊心、自我价值感受损，尤其是当时的情境下感到特别难堪，甚至引起逆反心理。私底下沟通或者委婉的提醒、暗示，往往更容易让人接受。

（三）勇于承认自我的错误

"一个巴掌拍不响"，冲突的产生每个人都有一定的责任，只是所占比重不同而已。勇于承认自己的错误，虽然是种自我否定，但却是责任感的表现，对他人有感召力，给他人台阶，容易打破人际僵局。

（四）学会批评

不到不得已时，不要自作聪明地批评他人。有时不可避免，就要学会批评的策略。例如，先表扬后批评，或者先做自我检讨再批评，从而消除对立情绪，让人更容易接受；批评时，注重描述行为，不进行人身攻击，不把个人情绪掺杂其中，就事论事，不随便扩展；给人留面子，点到为止。

（五）拒绝的艺术

不论因为什么原因，被拒绝总是不舒服的，我们只能尽量降低这种不适感。用肯定的态度拒绝，避免伤害对方的感情，用"目前""暂时"等字眼表示未完全拒绝，如"这个提议非常好，但是我们目前条件不宜采用""好主意，不过我们恐怕暂时还不能实行"；提出另一个建议，以示诚意，尝试性拒绝他人，如"实在是不好意思，我今天太忙了，要不你把材料留给我，或者我们下周再约行吗？"

五、建设性地处理人际冲突

不管拥有多少人际交往的技巧，人际冲突也无法完全避免，如何应对才能降低冲突给人际关系带来的危害呢？心理学家经过研究提出了解决人际冲突的有效步骤，实践证明，这些步骤可以

有效地帮助人们控制和消除冲突。

（一）解决人际冲突的步骤

1. 相信一切人际冲突都是可以理性而建设性地获得解决。
2. 客观地了解人际冲突的原因。
3. 具体地描述人际冲突。
4. 向他人核对自己有关冲突的观念是否客观。
5. 提出可能的解决人际冲突的办法。
6. 对提出的办法逐一进行评价，筛选出最佳的解决途径，最佳的方法必须对双方都最有益。
7. 评估实现最佳方案的实际效应，并按照给双方带来最大利益和有利于良好人际关系维持的原则给予修正。

案例6-4　　　　　　　　　　寻找时间差

最近小谢有点烦，宿舍里热得跟蒸笼似的，空调却不能开，因为有同学吹空调全身疼。小谢只好自己买了一个小的台式风扇放在床上用，结果邻近床铺的同学小马不乐意了。小马有严重的神经衰弱，听着风扇转动的声音，无法入睡。吹风扇小马睡不着，不吹自己睡不着，该怎么办呢？同学之间互相谦让是应该的，但是总不能都是自己让步呀！小谢非常生气，和小马的关系也很紧张。小谢冷静下来后，希望找到解决办法，通过沟通，小谢发现小马每天晚上都是听歌到凌晨1：00左右才睡，睡着后就听不到风扇的声音了。小谢突然发现可以划分时间段，每天22：00，给风扇定时2小时，自己入睡，如果晚上热醒，小马已经入睡了，可以再定时3小时，两人都可以舒服得睡到天亮，皆大欢喜。

点评： 凡事至少有三种解决方法，沟通也如此。找出解决问题的途径，皆大欢喜。

（二）解决人际冲突的原则

在处理人际冲突的实践中，运用解决冲突的7个步骤，我们还应遵循以下原则，使我们的行为更加从容、有效。

1. 控制好情绪　人际冲突发生时，双方都处于一种激情状态下，负性情绪体验强烈，判断力下降，容易说出中伤彼此的话，变成人身攻击与批评，导致无法挽回的局面。通过暂时离开或做深呼吸放松，给情绪降温，做出合理的让步，是一种明智的做法，让步不是忍气吞声，是给解决冲突腾出时间和空间。然而，控制好情绪不是能轻易做到的，它是一种修养、一种自信、自尊及自我价值的表达，要从日常生活中的待人处事中学习。

2. 当时当地解决冲突　自我不很肯定的人，比较害怕得罪人，为了保持双方的和谐，宁愿委曲求全；或者，有人不知如何化解冲突，采取逃避的态度，通过妥协或压抑自己，企图息事宁人。这种未经双方成熟地、共同了解问题所在，并寻求解决方法的情况，息得了事，但是无法"宁人"。冲突迟早还要发生，而且力量还会更大，更难处理。所以，当我们控制好情绪后，要直面冲突、了解问题，坦诚以待，立即处理，不要积留问题。

3. 就事论事，对事不对人　冲突的发生是受多种因素影响的，起因大部分是一些生活琐事，而且每个人都要承担一定的责任，难以分清对错。冲突不能不代表一个人，为了不将冲突扩大，我们应该将焦点放在事件本身，客观分析冲突的起因，以事实为依据，围绕本次冲突事件展开讨论，不应变成人身攻击与批评。

拓展阅读　　　　　　　　　　非暴力沟通模式

美国心理学家马歇尔·卢森堡博士提出了非暴力沟通模式。在人际交往过程中，通过专注于自己和他人的观察、感受、需要和请求，一心致力于满足彼此生命的需要，可以减少退缩、申辩、对抗等造成隔阂的反应，而培育彼此的尊重与爱。这样，通过建立双方的感情联系并促进相互理解，矛盾就有可能以非暴力的方式得以解决。以下是解决冲突的4个技巧。

1．客观观察　用评论来表达，带有主观色彩，不是客观事实的真实表达。在交往时，我们要学会区分观察与评论，不做主观评论，不去关注应该如何，仅仅观察事实，然后客观、清晰地表达出来，才能以非暴力的形式进行有效沟通。

2．体会和表达感受　为了避免他人对自己产生怀疑、攻击，维护自我的权威和社会地位，使内心感到安全，自我防御机制使我们不去体会和表达自己的感受。而且，我们的感受总是不断变化的，非常复杂，所以人们总是难以客观表达自己的感受。要学会区分内心的感受及背后的根源，才能准确地表达出来，有效地沟通情感。

3．了解自身的需要，勇敢表达出来　别人的行为可能会刺激到我们，但却不是我们感受的根源。感受的根源在我们自身，我们的需要、期待是否得到满足导致了我们的感受。冲突中，我们应该从需要的角度考虑问题，了解自己和对方的需要，尊重双方的需要，不再相互指责，有可能找到办法满足双方的需要。

4．提出具体清楚的请求　清楚告诉对方，我们需要他做什么。如果请求不做什么，对方也许会感到困惑，不知道我们到底想得到什么，还容易引起别人的反感。只有清楚的表达，才能得到称心的回应。

训 练 活 动

训练活动 6-4　　　　　　　勇于承担责任

【目的】帮助成员正视自己的错误，并勇于承认错误，克服心理障碍。

【步骤】

1．分组　10人一组，成员相隔一臂站成几排（视人数而定）。

2．宣读游戏规则　老师喊一时，向右转；喊二时，向左转；喊三时，向后转；喊四时，向前跨一步；喊五时，不动。当有人做错时，做错的人要走出队列，站到大家面前先鞠一躬，举起右手高声说："对不起，我错了！"

3．正式游戏　做几个回合。

4．讨论　这个游戏说明什么问题？

5．教师总结　现实生活中，因为我们并不是完美的，总会有个性上的不成熟，或者是言行表达的不完美，所以会说错话、做错事，这些都是十分正常的。可是，面对错误，很多人就是无法主动承认并承担责任。因为认错是一种自我否定，会让人感到沮丧。通过活动，我们认识到，每个人都会犯错误，主动承认错误，并没有想象中可怕，反而更容易得到他人的谅解。认错不是示弱，并不能说明比别人差，相反，这是一种成熟的表现。

训练活动 6-5　　　　　　　平息人际冲突能力测验

指导语：从下列各项中选出适合自己的一项。

1．你正埋头赶一件急事时，你的一个朋友上门来找你倾诉苦闷，你的做法是（　　）

A．放下手中的工作，耐心倾听

B．显得很不耐烦

C．似听非听，思维还在自己的事情上

D．向他解释，同他另约时间

2．你的朋友向你借新买的录音机，你自己还没有好好用过，你的做法是（　　）

A．借给他，但牢骚满腹

B．脸色很难看，使你的朋友不得不改变主意

C．骗他说你已经借给了别人

D．告诉他你想先用一个时期，然后再借给他

3．在公共汽车上，你无意踩了别人的脚，别人对你骂个没完，你的做法是（　　）

A．听其自然，充耳不闻

B．同他对骂，打架也在所不惜

C．推说别人挤了我才踩到你脚的

D．请他原谅，同时提醒他骂人是不妥的

4．影院不准高声喧哗，但你的邻座却旁若无人地讲话，你感到厌烦，你的做法是（　　）

A．很反感，希望有人向讲话者提醒注意

B．大声指责他们"没修养"

C．请服务员来干涉，或自言自语地对讲话者旁敲侧击地进行指责

D．很有礼貌地提醒对方不要影响别人

5．休息日你忙了一整天，把房间全部打扫干净，你爱人下班后却指责你没有及时做饭，你的做法是（　　）

A．心里很气，但仍勉强去做饭

B．大发雷霆，骂爱人自私，要爱人自己去做

C．索性当晚不吃饭

D．向爱人解释，然后请爱人一同出去"改善"一顿

6．某一天你家里有急事，领导不了解情况，要你加班，你的做法是（　　）

A．同意加班但心中暗自埋怨

B．拒绝加班，不做解释

C．借口身体不爽，不能加班

D．同领导商量由于有急事能否不加班，但若工作的确重要，就仍服从领导安排

7．你辛苦了好长时间，自己觉得某项工作做得颇为出色，但上司却很不满意，你的做法是（　　）

A．不耐烦地听上司指点，心中充满委屈但默不作声

B．拂袖而去，认为自己受到的对待不公平

C．寻找各种借口开脱自己

D．诚恳地注意自己做得不够的地方，以便今后改善和提高

8．别人做了一件很对不住你的事，却又试图掩盖，知道事情真相后，你的做法是（　　）

A．不客气地告诉对方自己已经知道了一切

B．与对方大吵大闹，威胁报复

C．将事情埋在心底，装作什么也不知道

D．诚恳地告诉对方事情对自己造成的苦恼，并表明双方以后仍可真诚相处

【计分方法】

以上题目选A项记2分；选B项记1分；选C项记3分；选D项记4分。

【分数解释】

得分越高，表明平息人际冲突的能力越高，处理人际冲突的方式越有建设性。得分越低，意味着处理人际冲突的方式越情绪化，越容易使事情变得更糟，也使得自己付出更大的代价。每道题目的D项是最有建设性的处理人际冲突的方式，也是最理性、从长远看最有利的处理方式，这类方式是值得提倡的。每道题目的B项是对人际关系最具有破坏性的做法，这些处理方式不但对冲突的解决无益，也使得自己失去更多东西。

小　　结

本章首先介绍人际交往的概念、功能、原则，然后介绍人际交往的沟通技巧、避免及应对人际冲突的技术。通过心理故事、活动训练和自测，使学生可以了解自己的人际关系状况、掌握沟通及应对冲突的技巧，进而提高人际沟通能力，改善人际关系，维护身心健康。

思考与解答

1．通过本章的学习，我学会了一些沟通的技巧，可实际生活中用起来，还是不够理想，矛

盾冲突还是会发生。该怎么办？

2. 知识问答

（1）什么是人际交往？哪些因素会影响人际交往？

（2）结合自己的实际情况，谈谈大学生应掌握哪些人际交往的技巧。

（3）请举例分析如何避免人际冲突。

推荐欣赏

电影推荐

《通天塔》《电子情书》《穿普拉达的女王》

书籍推荐

金圣荣．2017．非暴力沟通．南京：江苏人民出版社

卡耐基．2003．卡耐基沟通与处世的艺术．赵静译．北京：中华工商联合出版社

马薇薇，黄执中，周玄毅，等．2016．好好说话：新鲜有趣的话术精进技巧．北京：中信出版社

马歇尔·卢森堡．2016．非暴力沟通．阮胤华译．北京：华夏出版社

第7章 经营爱情

爱情,是不落幕的舞剧,是不过时的话题。爱情可以促进个体的内在生长,也可以促进个体的外向发展。爱情作为人生的必修课,对大学生有着强烈的吸引力。大学生渴望了解爱情、遇见爱情、经营爱情,希望在最美丽的年纪遇见最合拍的人。然而,经营爱情是需要能力的,拥有爱的能力,掌握走出恋爱困境的技巧,才会在爱中绽放、在爱中成长。

第1节 爱情概述

名人名言 爱,不是一种单纯的行为,是我们生活中的一种气候,一种需要我们终身学习、发现和不断前进的活动。

——惠特曼

心理故事7-1   爱情的真谛

  有一天,柏拉图问苏格拉底:"什么是爱情?"
  苏格拉底说:"我请你穿越这片稻田,去摘一株最大最金黄的麦穗回来,但是有个规则,你不能走回头路,而且你只能摘一次。"
  于是柏拉图去做了。许久之后,他却空着双手回来了。
  苏格拉底问他怎么空手回来了?
  柏拉图说道:"当我走在田间的时候,曾看到过几株特别大特别灿烂的麦穗,可是,我总想着前面也许会有更大更好的,于是就没有摘;但是,我继续走的时候,看到的麦穗,总觉得还不如先前看到的好,所以我最后什么都没有摘到。"
  苏格拉底意味深长地说:"这,就是爱情。"

哲学家苏格拉底用故事向柏拉图描述爱情,寓意深远。诗人用回忆思念爱情,写下"此情可待成追忆,只是当时已惘然"的千古绝唱;作家张爱玲说:"于千万人之中遇见你所要遇见的人,于千万年之中,时间的无涯的荒野里,没有早一步,也没有晚一步,刚巧赶上了,没有别的话可说,唯有轻轻地问一声:'噢,你也在这里?'"爱情是真切的,也是梦幻的,到底什么是爱情?

一、爱情的本质

关于"爱情",很多哲学家、心理学家有独到的见解。"爱情"最早出现在柏拉图的论述中,他认为"爱情是没有肉体接触的灵魂的融合,是一种超个人情感的爱神的具体体现"。休谟说,"爱情是由美貌、性欲和好感三种印象或情感结合而发生的"。恩格斯认为,"爱情是一对男女基于一定的物质基础和生活理想,在各自内心形成的对异性最真挚的倾慕,并渴望对方成为自己终身伴侣的最强烈的感情"。《现代汉语词典》对爱情的定义是男女间爱恋的感情。

由此可见,爱情是男女之间基于性的吸引而建立起来的相互接纳、相互需要、相互爱慕的一种亲密的情感关系。

二、爱情的构成要素

关于爱情的构成要素,心理学界有着3种经典理论:分别是罗伯特·斯腾伯格"爱情三因素论"、海伦·菲希尔的"爱情三成分说"和艾里希·弗洛姆"爱的五要素"。

（一）罗伯特·斯腾伯格"爱情三因素论"

罗伯特·斯腾伯格（Robert Sternberg）认为，爱情由激情、亲密和承诺3个因素构成，如图7-1所示。

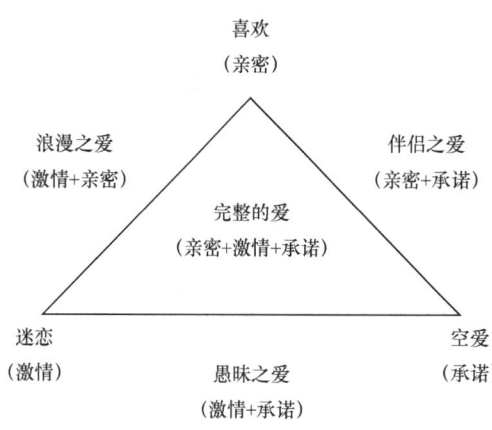

图7-1 罗伯特·斯腾伯格"爱情三因素论"

其中，亲密是爱情的动机成分，指心理上喜欢的感觉，主要包括联结感、紧密感和喜爱；激情是爱情的情感成分，指情绪上的着迷，主要包括身后的情感和性欲；承诺是爱情的认知成分，指心里或口头的预期，主要指决定与另一个人建立长期关系。

根据这3种因素的不同组合，斯腾伯格将爱情分为以下8种。

（1）无爱：亲密、激情和承诺三者都缺失，爱就不存在，如泛泛之交，彼此关系随意、肤浅、不受约束。

（2）喜欢：亲密程度高，但缺乏激情和承诺，如友谊关系。

（3）迷恋：充满激情，但缺乏亲密和承诺，如初恋。

（4）空爱：以承诺为主，但缺乏亲密和激情，如激情燃尽的爱情关系中，既没有温情也没有激情，仅仅是在一起过日子；或包办婚姻的初始阶段。

（5）浪漫之爱：有激情和亲密，但缺乏承诺。

（6）伴侣之爱：有亲密和承诺，但缺乏激情。深沉的情感依恋，温馨而又相互依赖，常见于白头偕老的夫妻。

（7）愚昧之爱：有激情和承诺，但缺乏亲密，如一见钟情，常伴随着旋风般的求爱，闪电般的结婚。

（8）完美之爱：亲密、激情和承诺同时存在。此时，人的体验是完全的、圆满的（图7-2）。

图7-2

（二）海伦·菲希尔的"爱情三成分说"

在海伦·菲希尔（Helen Fisher）看来，爱情由三种既相互联系又截然不同的生物系统控制成分组成，具有演化学上的意义。

首先是性欲，由性荷尔蒙调控，人们有了与人交媾的动机，成功地进行繁衍。

其次是吸引力，由多巴胺和5-羟色胺调控，促使人们追求他们所偏爱的特定的恋人，通过激起浪漫的爱情促使人们形成稳定的配偶关系。当我们坠入爱河时，多巴胺水平上升，从而引起兴奋和欣喜；5-羟色胺水平下降，给予我们足够能量去不知疲倦地追求心上人。

最后是依恋，由神经肽催产素调控，指长期的伴侣关系所带来的舒适、安全的情感，这种情感使得夫妻们厮守在一起，从而能保护和供养他们年幼的子女。依恋的时间越长，催产素含量越高。

（三）艾里希·弗洛姆"爱的五要素"

艾里希·弗洛姆认为，爱是一种积极"活动"，而不是消极的情感；它是主动"投入"的活动，而不是盲目"沉迷"的情感。换言之，爱是给予而不是接受。爱除了包含给予外，还有关心、责任感、尊重和了解。

1. 给予　弗洛姆认为,"给予"不是一种牺牲,是力量的最高表现。个体通过"给予"体验到生命力的升华,因此获得快乐感。"给予"最重要的意义并不在于物质方面,而更表现在人性方面。个体可以给予他人自己所具有生命力的一切,包括快乐、兴趣、怜悯、知识、幽默、哀愁……给予不仅丰富了别人的生活,增添了别人的生命感受;也丰富了自己的生活,增添了自己的生命感受。给予可以唤起对方生命深处的生机,这种生机又会反过来激发自己的活力,从而使对方成为"给予者"。双方相互给予,都感受到"给予"所带来的快乐。如果没有给予的能力,就没有创造爱情的能力。

2. 关心　爱是对我们爱的对象的生命及成长的主动关心。在爱情中,我们要养成关心对方的习惯,而且要进行有效关心。有效关心是一种高效陪伴,传递给对方的信息应该是"如果你有什么需要,我会一直在身边",给予对方安全感。只有具备主动关心的爱,才是真正的爱,否则,就只是一种激情而已。

3. 责任感　是一种完全自觉自愿的事情,是我对另一个人表达出来或即将表达出来的愿望和需要做出的反应。"负责任"意味着有能力并且愿意对这些愿望和需要做出反应。

4. 尊重　意味着努力地让对方按照自己的个性自由地成长和发展。尊重不是惧怕对方,也不是利用对方。我所爱的人应该为他自己并以他自己的方式去成长、发展,而不是服务于我。个体的独立是尊重别人的前提。

5. 了解　是对他人尊重、关心、负责任的基础。作为爱的要素的了解,是要深入到事物的内部,了解其本质,而不能只停留在表面现象。例如,深入了解对方愤怒的背后,隐藏着焦躁和恐惧。于是,就知道了对方的愤怒只不过是他内心深处某些情绪的反应。此时,他在我眼中就不再是一个怒火中烧的人,而是一个深受恐惧和焦躁不安情绪折磨的人。

三、爱情的特征

爱情是人际吸引最强烈的表现形式,是身心成熟到一定程度的个体对异性个体产生的有浪漫色彩的高级情感。其特点如下:

(一)爱情的排他性

排他性是爱情的最大特点。在其他各种爱当中,排他性都是不存在的。父母、子女、同事、朋友的爱不会因为各自还有其他的人际关系而互相疏远。但在爱情中,情况就不一样了,一旦两人成为恋人,双方都反对对方与其他异性发生恋情。

(二)爱情的持久性

真正的爱情建立在男女双方彼此有着深刻的了解之上,建立在平静和谐的亲密关系上,以维持一份健康、恒久的爱情。旋风式的爱情固然令人向往,但令人难以捉摸的情感并不能给我们带来许多快乐,狂恋不能让爱延续,它来得快去得也快;狂恋更多的是出于一时的激情,由于其新奇、狂烈和短暂,所以分外让人思念和向往,但由于它缺乏最基本的条件,男女双方并不拥有相互深刻的了解,而只是一时的心血来潮,所以它只能算是一种恋爱,而不是真正意义上的爱情。正所谓,陪伴是最长情的告白。

(三)爱情的冲动性

爱情的冲动性在其他人际爱中一般是不存在或不那么强烈的,大都能控制在适当水平,难以自己的情况较少出现,爆发强度和速度一般都远远低于爱情。人们形容爱情具有核动力,冲动性是爱情力量和魅力的重要表现。当爱情受到外来阻力时,对爱的强烈激情能使相爱的双方作出令人敬佩的勇敢和果断的抉择;但也会使当事人受感情的支配,做出丧失理智的行为。

（四）爱情的平等性

平等性也就是说，爱情的双方是立足于平等自主这一基点，相亲相爱，相恋相依而最终结婚成家，夫妻相濡以沫，互相欣赏，彼此包容，持久地保持一份平静和谐的亲密关系，过着平静而又幸福的爱情生活。

训 练 活 动

训练活动 7-1　　　　　　　　爱 的 呼 吸

【目的】培养学生对爱的感知能力。

【步骤】

1．每天进行"爱的呼吸"练习，把一百次呼吸献给爱。伴着每次呼吸，你都要向爱敞开心门，让爱向你展露本来面貌。你把自己调到爱的频率，而这爱一直存在着，它是无限的、不排他的、恒定的，也是无所不在的。此爱不是你创造出来的，是它创造了你。此爱为你存在，会祝福你、指引你、启发你。

2．教师总结：通过环境选择、闭目练习、腹式呼吸，可以让练习者暂时远离纷扰忙乱的快节奏生活，沉下心来感知爱，享受爱。

训练活动 7-2　　　　　　　　真 爱 清 单

【目的】认识爱情。

【步骤】

1．请如实回答以下问题

（1）是爱还是依赖？　　　　　　　　（2）是爱还是附属？
（3）是爱还是期待？　　　　　　　　（4）是爱还是交易？
（5）是爱还是牺牲？　　　　　　　　（6）是爱还是恐惧？
（7）是爱还是改造？　　　　　　　　（8）是爱还是控制？
（9）是爱还是角色扮演？　　　　　　（10）是爱还是规避伤害？

2．教师总结　如果某一题选择了后一选项，你需要重新审视你的爱情，学会经营爱情。

第2节　走出恋爱困境

名人名言　当你爱上一个人时，你爱的是他本身，而非你想让他变成的样子。

——列夫·托尔斯泰

心理故事 7-2　　　　　　荷西向三毛求婚的故事

荷西向三毛求婚，三毛说："我的心是玻璃做的，它已经碎了。"荷西说："我一生的愿望就是有一个很小的公寓，里面有一个像你这样的太太，然后我去赚钱养活你，这是我一生最幸福的梦想。你的心碎了没关系，这儿有一颗金子般的心，我和你交换。我想过了，除非你和我结婚，不然我的心永远也减轻不了这份痛楚。我们夏天结婚好吗？"

面对心仪的他（她），你驻足凝望，却因害怕被拒绝而将那份心动抑于心底？适逢恋爱的年纪，你懵懵懂懂，常见他人恋爱，却依然分不清喜欢与爱的界限？你与他（她），久别时分明"思君如流水，何有穷已时"，长处后却扬言"锦水汤汤，与君长绝"。明知他（她）心已另属，你却依旧爱到卑微。……初怀情愫的你，是否曾经或正在经历这样那样的恋爱困惑？面对爱，你是否有能力表达、调适甚至是道别？

一、大学生的恋爱心理特点

（一）注重恋爱过程，轻视恋爱结果

恋爱向来被看作是为了寻觅生活伴侣，是婚姻的前奏。但有调查结果显示，当代大学生注重恋爱过程本身，至于恋爱的结果已经不太在意。注重恋爱过程，有利于培养感情。但是，只注重恋爱过程，把恋爱当作一种感情体验，借以寻求刺激，满足精神享受，解除寂寞，填补空虚，是不负责任的恋爱态度。

（二）恋爱观念开放，传统道德淡化

随着时代的发展，当代大学生的恋爱观念日益开放，传统道德逐渐淡化。部分大学生信奉"爱情就是即时的快乐"等，在恋爱中只顾及当时的感觉，不愿再受传统道德观念的束缚。一项调查表明：65%的大学生认为："只要有爱情，性是可以理解的"，对恋爱中的人发生性关系持宽容的态度。大学生在恋爱中，应正确处理情爱和性爱的关系，正确面对性及相关问题，并正确调适。

（三）强调爱的权利，缺乏爱的能力

大学生中的恋爱大都是激情碰撞下的初恋，在激情平息之后，却不懂得如何滋养爱情，在爱与被爱的磨合中显得笨手笨脚，往往造成对彼此的伤害，轻易地恋爱，轻易地分手，强调爱的体验，负不起爱的责任。爱不仅是一种权利，更是一种责任和义务，必须以高度负责的态度对待恋爱（图7-3）。

图 7-3

二、大学生的恋爱困惑及调适

（一）单恋的苦恼及其调适

1. 单恋的苦恼　单恋是指一方对另一方以一厢情愿的倾慕与热爱为特点的畸形爱情。单恋较多地出现在性格内向、敏感、富于幻想、自卑感较强的人身上。首先是自己爱上了对方，于是也希望得到对方的爱，在这种具有弥散心理的作用下，误解对方的言行、情感，从而陷入单恋的深渊不能自拔。单恋者固然能体验到一种深刻的快乐，但更多体验到的是情感的压抑，因为他们无法正常地向自己所钟爱的异性倾诉柔情，更不能感受到对方爱意的温馨。

拓展阅读　　　　　单相思只能持续36天

英国心理学家弗曼斯特是全世界独一无二专门研究"单相思"问题的专家。2006年他在《人格与社会心理》杂志上发表了自己的研究心得。弗曼斯特指出，单相思比恋爱更常见。在英国，每年约有100余万人不幸陷入"单相思"的泥潭，尤以男性居多。

单相思的模式大多是：起初双方仅是精神交流，接着其中一方萌生爱意，并陷入自己编织的情网中难以自拔，不时用隐晦的语言和行动暗示对方。如果对方年龄在25岁以下，通常会直接拒绝单恋者，30岁以上的人则大多"默不作声"，这往往使单恋者产生误解，两人陷入尴尬关系中。

单相思可能发生于任何年龄段，但在14～18岁时更常见，因为少男少女此时正处于爱幻想的青春期，不善于自我控制。而在适婚男女中，60%的人有过"单相思"，20%的"多情种子"还可能每年单

恋他人 2~3 次。另外，60 岁以上老人也不时出现单恋。

单恋他人的人显得可怜兮兮，但研究显示，被恋的人到最后往往也会忧心忡忡。70%被他人"单恋"的男女在接受调查时说，起初会为自己的魅力洋洋得意，但后来渐渐因难以开口正面拒绝，不胜其扰而感到烦恼，甚至生自己的气。值得庆幸的是，"单相思"大多"寿命"不长，平均每次持续时间仅为 36 天，绝大多数人能很快走出阴影。

2. 调适——尝试爱的告白　首先，要能避免"恋爱错觉"，学会准确地观察和分析对方表情，用心明辨；要视其反复性，假如某种信息经常出现可能意义很深，而一两次就不足为凭了；不要强化内心中形成的一见钟情式的浪漫爱情。其次，当向对方表达遭到拒绝时，要用理智克制自己的情感，爱情是两心相悦的，这种理性、客观、冷静地考虑也是自身未来幸福、快乐的源泉。正所谓"孤枕偏生蝴蝶梦，吟鞋怕上凤凰楼。此情应是长相守，你若无心我便休"。

案例 7-1　　大学生表白被拒竟服药轻生

2017 年 8 月 9 日，秦淮公安分局大光路派出所接到徐州市民李先生报警，称儿子小李离家后已经失联多日。小李的大学同学小张给李先生打来电话，告诉他最近小李曾提到喜欢上了班上一个家住南京的女生，但是前几日表白后遭到这个女生的拒绝，小李打算最近再去南京找这个女孩表白一次。

女生告诉李先生，小李的确到南京找过她，但是她再次拒绝了小李的表白，小李走的时候看上去很伤心，现在小李在哪里，她也不清楚。李先生担心儿子想不开，随即买车票赶到南京。

民警查询到小李的住宿登记信息，赶到宾馆后，打开门时看到小李已经昏迷，床头柜上还放着两盒已经空了的安眠药盒和只剩下半瓶的红酒，民警立刻将其送往医院洗胃。目前，小李已经痊愈出院。

点评：爱的表白可以使用技巧，如含蓄暗示、大方开玩笑，或以朋友身份相处一段时间后进行试探，表白之前可以设想好被接纳和被拒绝两种结果，做好相应的心理准备。当表白被拒时，要理性，要恪守两条准则：一不伤害自己，二不伤害他人。

（二）多角恋的烦扰及其调适

1. 多角恋的烦扰　多角恋是一个人同时被两个或两个以上的异性所追求或自己同时追求两个或两个以上的异性并建立了恋爱关系。多角恋是爱情纠纷的主要原因之一，实质上是比单恋更为复杂、更为严重的异常现象。多角恋爱易引发冲突，酿成悲剧，本身也为社会规范所不容。因此，应该杜绝。导致多角恋的原因主要有以下几个方面：择偶标准不明确；恋爱动机不良；盲目崇拜。

2. 调适——遵守爱的规则　爱情是专一、排他的，恋爱的双方都要遵守爱情的规则。首先，要明确自己的择偶标准，在理清之前不要轻易恋爱。其次，要端正恋爱动机，恋爱对象多、恋爱次数多并不代表自己受追捧，能长久恋爱的双方才是拥有爱的能力，富有魅力的。最后，要恪守道德底线。一个人能在一生中对唯一心爱的人忠贞不渝，始终保持高尚、纯真的爱情，这不是因为事业的一帆风顺或偶然巧合，而是因为在对异性产生爱恋之情以前早已培养起了高尚的道德品质。对于已有恋爱对象的人，无论如何优秀，也无论如何向你示爱，都要敬而远之。大学生选择恋爱对象，应选择属于自己的唯一，忠于恋人，善始善终。

心理故事 7-3　　卓文君与司马相如

卓文君（公元前 175—前 121 年）为蜀郡临邛的冶铁巨商卓王孙之女，姿色娇美，精通音律，善弹琴，有文名。文君因听琴结缘相如，两人连夜私奔，后因生活拮据当垆卖酒，获父亲赠送财产后归隐田园。

后来，司马相如所写《子虚赋》得到汉武帝赏识，又以《上林赋》被封为郎（帝王的侍从官）。不久打算纳茂陵女子为妾，冷淡卓文君，于是卓文君写诗《白头吟》给相如。

曾经患难与共，情深意笃的日子此刻早已忘却，哪里还记得千里之外还有一位日夜倍思丈夫的妻子。终于某日，司马相如给妻子送出了一封十三字的信："一二三四五六七八九十百千万"。聪明的卓文君读后，泪流满面。一行数字中唯独少了一个"亿"，无忆，岂不是夫君在暗示自己已没有以往过去的回忆了。她，心凉如水，怀着十分悲痛的心情，回《怨郎诗》旁敲侧击诉衷肠。相传卓文君又附《诀别书》给相如。

司马相如看完妻子的信，不禁惊叹妻子之才华横溢。遥想昔日夫妻恩爱之情，羞愧万分，从此不再提遣妻纳妾之事。两人白首偕老，安居林泉。

面对丈夫的变心，卓文君没有小女人的哭哭啼啼，没有妇人的指责和迁怒。她心思清明，千言万语用诗来表达。她爱着丈夫，用诗表白自己的深情，也表明自己的态度。

（三）失恋的痛苦及其调适

恋爱是幸福的，失恋是痛苦的，但是失恋不是失去了整个世界。正如海伦·凯勒所言："一扇幸福之门对你关闭的同时，另一扇幸福之门却在你面前洞开了。"

1. 失恋的痛苦　失恋是指恋爱受挫失败。失恋引起的主要情绪反应是痛苦和烦恼。摆脱失恋的痛苦，需要外界的帮助，但更重要的是提高自己的心理承受力，增强心理适应性，学会自我心理调节，从而达到新的心理平衡。

拓展阅读　　　　　　　　　　分手博物馆

在克罗地亚首都萨格勒布，坐落着世界唯一一个失恋主题博物馆——分手博物馆。它被BBC称为"储存关于心碎的故事"。这座博物馆的创办也是因为分手，Olinka Vitica 和 Dražen Grubišić 刚认识的时候，跟所有甜蜜的情侣一样，一起去各地旅行。他们有一只兔子玩具，当其中一个人独自旅行时，就会带上它。4年后，他们和平分手。但在处理共有物品时，他们对于这只有特殊意义的兔子究竟该归谁发生了争执。于是他们就萌发了建造博物馆的想法。Dražen Grubišić 说："也许在你生命中的某一刻，会想拾起这段感情的美好时光，回味一番。"他还表示这些纪念物也是疗伤的手段。博物馆里现在已经有1000多件展品，尽管这些展品并非年代久远或者价值连城，但每件都会标注这段爱情的时间和涉及的地点，以及各自的真实故事。

同样是"分手"，以不同的心态面对，所产生的结果是完全不同的。失恋是痛苦的，但是这种痛苦是可以被合理排解和治愈的。

2. 调适——勇敢面对，优雅道别　爱情是重要的，但它并没有重要到可以涵盖整个人生。失恋时，要从以下几个方面调适自己。

（1）勇敢面对：要认识到，失恋不等于失败，而是成长过程中必经的测试。爱情是以互爱为前提的，不可因一厢情愿而强求，应该尊重对方选择爱人的权利。正如诗人徐志摩对待爱情的态度："得之，我幸，不得，我命。"

（2）倾诉：失恋者精神遭受打击，被悔恨、遗憾、愤怒等不良情绪困扰，可以主动找朋友或信任的长辈倾诉，减轻心理负荷。

（3）移情：及时适当地把情感转移到失恋对象以外的人、事或物上。例如，失恋后，与其他朋友交流思想，倾吐苦闷，求得开导和安慰；或积极参加各种娱乐活动，陶冶性情；或投身到大自然的怀抱中，从而得到抚慰。

（4）升华：尽快把精力引向学习及自身事业中，把失恋升华为一种向上的动力。许多失恋者因此而创造出了辉煌的成就。像歌德、贝多芬、罗曼·罗兰、诺贝尔、牛顿等历史名人都曾饱受失恋的痛苦。他们是用奋斗的办法更新"自我"，积极转移失恋痛苦的楷模。

香港资深心理辅导及培训师萧庆仪教授，曾经提出8条"分手策略"：①提出一方必须交代其原因，切忌默然不语，一走了之，这是很不负责的伪君子所为。②让对方有机会发问，甚至让对方有机会指责。③交代清楚后，切勿以谓怜香惜玉，再作无谓的关心照顾。④提出分手的，表示歉意之余，也可谢谢对方过去给你的关顾，这是礼貌而适中的。万勿以为对方是呼之即来，挥之即去的闲人。记着对方虽然不适合自己，但对方仍是尊贵人物。⑤被离弃的一方，记着这不是世界末日，趁机检视自己的成长机会，伤口康复后，再看看适合自己的人选。切忌为了报复或示威，随手拈来，填补实时的空洞与无奈。⑥承认不快及受伤的情绪，多与好友分享和申诉，避免辱骂对方或散播谣言泄愤。⑦扩展生活圈子，继续成长，欣赏自己仍是可爱而独特的一员，对方可能走眼了。⑧找个可以支持自己的长者或成熟的好友，详细交谈伴你同行。

如果失恋者能正确对待和处理失恋，不仅能从中学到爱的能力，还能更好地完善自己、提升自己。总之，失恋者要恢复心理平衡，做好感情转移和空间转移。做到失恋不失德、不失职、不失志、不失命。

心理故事7-4　　苏格拉底与失恋者的对话

苏（苏格拉底）："孩子，为什么悲伤？"
失（失恋者）："我失恋了。"
……
苏："如果他认为离开你是一种幸福呢？"
失："不会的！他曾经跟我说，只有跟我在一起的时候他才感觉到幸福！"
苏："那是曾经，是过去，可他现在并不这么认为了。"
失："这就是说，他一直在骗我？"
苏："不，他一直对你很忠诚，当他爱你的时候，他和你在一起，现在他不爱你了，他就离去了，世界上再没有比这更大的忠诚。如果他不再爱你，却还装的对你很有情谊，甚至跟你结婚，生子，那才是真正的欺骗呢。"
失："可我为他投入的感情不是白白浪费了吗？谁来补偿我？"
苏："不，你的感情从来没有浪费，根本不存在补偿的问题，因为在你付出感情的同时，他也对你付出了感情，在你给他快乐的时候，他也给了你快乐。"
失："可是，他现在不爱我了，我却还苦苦地爱着他，这多不公平啊！"
苏："的确不公平，我是说你对所爱的那个人不公平。本来，爱他是你的权利，但爱不爱他则是他的权利，而你却在自己行使权利的时候剥夺别人行使权利的……这是何等的不公平！"
……
失："但愿我也有这一天，但我的第一步该从哪里做起呢？"
苏："去感谢那个抛弃你的人，为他祝福。"
失："为什么？"
苏："因为他给了你份忠诚，给了你寻找幸福的新机会。"

训练活动

训练活动7-3　　爱情练习

【目的】明确自己的爱情观，用正确的方法走出恋爱困惑。
【步骤】

1. 事先准备好白纸和彩笔，让学生按照自己的真实想法，快速画出理想中的恋人形象，并附100字以内的人物说明，包括性格、气质、兴趣爱好、年龄、学历水平等。

2．集体思考 假如你画的人物变成了现实中的真人，你是否会向对方告白？根据学生选择，分成"告白组"和"单恋组"。

3．请告白组的同学，现场演绎告白场景。

4．假设告白组的同学全体被拒，变成"失恋组"，和"单恋组"结成"恋爱挫折同盟"，轮流回答如何调适失恋和单相思带来的挫折感。

5．教师总结 单恋与失恋都是常见的大学生恋爱困惑，通过本活动，大学生要端正自己的爱情观、积极体验单恋或失恋的感觉，找到适合自己的、走出恋爱困惑的方法。

训练活动 7-4　　　　"我爱你"问题训练

【目的】学会爱的具体表达，走出恋爱困惑。

【步骤】

1．请回忆 5 种与恋人相处的场景，结合每次场景完成以下句子各一次：

当说"我爱你"时，我的意思是_____。

2．教师总结 在爱情中，有些恋人因不善或羞于表达而选择沉默，有些则仅仅说出"我爱你"却不够具体，这些都不利于爱意的传递。具体、及时是有效表达的原则。例如，面对孩童，称赞"你的动手能力很强"比"你真棒"的效果好；面对恋人，道出"我爱你带给我的温暖感、喜悦感"比"我爱你"的效果好。大学生应学会爱的具体表达，有效传达爱意，也可以在身入恋爱困境时有效沟通，最大程度止损。

第3节　培养爱的能力

名人名言　爱，绝不是两个人独立成一个世界；爱，是两个人共同去欣赏这个世界。

——艾里希·弗洛姆

心理故事 7-5　　　　钱钟书与杨绛的爱情故事

1932 年早春，在清华大学古月堂门口，两人初次偶遇，杨绛觉得他眉宇间"蔚然而深秀"，钱钟书被她"颉眼容光忆见初，蔷薇新瓣浸醍醐"的清新脱俗吸引……两人一见如故，侃侃而谈。钱钟书急切地澄清："外界传说我已经订婚，这不是事实，请你不要相信。"杨绛也趁机说明："坊间传闻追求我的男孩子有孔门弟子'七十二人'之多，也有人说费孝通是我的男朋友，这也不是事实。"恰巧两人在文学上有共同的爱好和追求，这一切使他们怦然心动，一见钟情。

爱，是艺术，亦是能力。当遇见爱情时，如何才能像钱钟书和杨绛那样互倾爱慕？当喜结连理后，又如何才能像他们那样鸾凤和鸣，扶持一生？这需要培养爱的能力。

一、爱的能力的概念

爱的能力是与他人建立亲密关系的能力。爱的能力包括对爱的感知、认知及接受能力；能够准确地了解、感悟、体会对方对自己爱的表达，能够很好地回应对方爱的表达（图 7-4）。

二、爱的能力的范畴及培养

爱的能力，包括对爱的认知、表达、共情、回应及影响的能力。

（一）认知

爱的第一种能力是认知爱，包括：对爱的认知，自我认知

图 7-4

和对爱的对象的认知。爱的前提是知道爱情是什么，自己的爱情观是什么，大致想要和什么样的人经营爱情。反之，爱情又会促进人认知爱、认知自我、认知爱的对象。弗洛姆曾说，"我们觉得自己是一个谜，别人对我们来说也永远是一个谜。全面了解的唯一办法是爱，在爱中了解、认识。"因此，在爱情中，对爱的认知、自我认知和对爱的对象的认知既是爱的前提，也是爱的功能。爱情与三者相互作用，相互加强；同时，三者之间也彼此促进。

1. **对爱的认知** 包括对爱情的本质和特征、爱情的构成等基本理论的认知。个体只有具备了对爱的认知能力，充分认识了什么是爱，才能准确地感知爱、表达爱、回应爱。

2. **自我认知** 指的是对自己的洞察和理解，包括自我观察和自我评价。自我观察是指对自己的感知、思维和意向等方面的觉察；自我评价是指对自己的想法、期望、行为及人格特征的判断与评估，这是自我调节的重要条件。基因、环境及教育等因素的影响，导致个体的发展各具侧重，形成了不同的人格。人格具有独特性，却并不完美。因此，在爱情中个体要时常自我观察和自我评价。面对问题，要进行内归因。正确的归因有助于个体认识、接受并改进自己的不足。反映到爱情中体现为个体易于认清自己的问题，从自身出发进行改变。此外，个体还要明确自己爱情的底线和原则，在底线和原则被突破时，要提醒自己：爱人先爱己，不要爱到卑微。一个人如果在爱情中放弃了对自己的爱，对自己的尊重，势必感觉委屈，无幸福可言。一方幸福感缺失的爱情既不会高质量也不会恒久远。

3. **对爱的对象的认知** 个体具有独特性，爱情中的两个人必然有差异性，然而有些人在相处中不允许差异存在。这也是许多爱情走向尽头的缘故。著名婚恋心理学专家张怡筠教授曾说："许多婚姻结束的原因正是他们爱情开始的原因。"恋爱时觉得对方有些霸气，有安全感；婚后却觉得对方非常霸道，控制欲强。恋爱时觉得对方比较孝顺，有感恩之心；婚后却觉得对方过于孝顺，有偏颇之心。解决这类问题的方法是从根本上改变对爱的对象的认知，不要用完美来衡量爱的对象。每个人都有自己的特点，如果决定和某个人共同经营爱情，那么就要允许他或她以其本来的面目存在。

爱能够使人克服孤独感，但同时又允许人保持独立性和完整性。在成熟的爱中，爱的双方既彼此独立又相互融合。"允许是解决爱情中诸多问题的一条捷径，也是一种能力。不管是对方和你的差异，还是对方身上的缺点，还是对方与你家人的关系不佳，只要提升自己内心允许的能力，都能得以解决"。

（二）表达

表达是爱的第二个能力，是一种沟通能力，是指在爱情中，个体向爱的对象表达自己的情绪、需求、感受、想法等状态的能力以及关爱对方的能力。它区别于指责、抱怨、冷暴力等方式，有助于对方了解自己，有利于对方感知自己，有利于感情关系的维护。它包括两个层面的内容：一是自我状态的表达；二是关爱对方的表达。

1. **自我状态的表达** 在爱情中，自我状态的表达至关重要。个体只有将自己的情绪、感受、需求、想法等状态客观、准确、及时地告诉对方，自己的状态才能被对方精准地感知到。

当情绪出现时，我们应该做到通过察觉情绪，疏导情绪实现合理的情绪表达。具体方法：可以直接将引发情绪的事实以及情绪一起描述出来告知对方，句型：事实＋情绪。例如，"你说了这样不好的话，我感觉很难过""你做了我最喜欢吃的饭菜，我真是太幸福了"等。（情绪表达是情绪管理的一部分，相关内容详见第4章。）

在爱情中，个体要学会将自己的需求表达出来，征询对方的建议方案，而不是抑制需求，更不是略过需求直接自行给出解决方案。具体方法：向对方表达自己的需求，可附带解决方案。句型：需求+解决方案，例如，"我希望你陪我晨练，未来的日子我们早点起吧""明天我一个朋友来家里做客，你下班捎些菜好吗？"

2. 关爱对方的表达　爱的表达，即向爱的对象表达关爱，让所爱的人真切地感觉到被爱。爱不需要猜测，也不需要产生心电感应；爱要用对方看得见、感受得到并能够理解的方式表达。对方因我们的表达而感受到被爱。具体方法是让对方感受到爱情中存在着爱的几个要素，如关心、牵挂、排他等。

拓展阅读　　　天堂里总是这样

天堂里总是这样的，而有一天
人间也会如此——
已婚的男女
相爱的两个人
彼此照亮对方的两个人，
会常常跪在彼此身前，温柔地抓住对方的手，
眼含热泪，
真切地说，
亲爱的，
怎样才能对你更深情，
怎样才能对你更仁慈？

（三）共情

共情又译作移情、同感、同理心、投情等，指能设身处地体验他人的处境，对他人情绪情感具备感受力和理解力。这一概念最初由人本主义创始人罗杰斯针对医患关系提出。在爱情中，共情的能力表现在两个方面：其一是理解对方的感受，其二是体会对方的爱意。

1. 理解对方的感受　理解对方的感受，需要共情者抛开自我的价值体系，进入另一个人的世界，揣测对方的感受。首先，共情者要学会尊重别人的价值体系。当双方价值体系矛盾时，要以对方的价值体系为准；其次，要及时觉察对方的情绪变化；最后，要准确地描述出对方的内心感受。不确定的时候，要通过复述、反问进行核对。这样做是为了让所共情的人知道你理解了他。只有所共情的人感觉自己被理解了，共情才是有效的。

2. 体会对方的爱意　当对方向我们表达爱意时，要准确地感知到，并通过赞美、奖励等方式及时强化对方的爱。感知对方爱意的具体方法包括察言观色、倾听等。

（四）回应

回应是指在感受到对方的爱意时，积极做出反应。包括两层含义：其一是悦纳并回应契合之爱，其二是婉拒并尊重无缘之爱。

1. 悦纳并回应契合之爱　当契合的爱情来临时，接受对方的爱意并积极回应对方；当身处爱恋之中，细心体会对方的爱意并积极回应；这些都是爱的能力的体现。

2. 婉拒并尊重无缘之爱　面对向自己表达爱慕之情的他人，如果无意于和其共同经营爱情，应该明确、果断、委婉地表示拒绝。要以不伤害他人自尊，不违背自己意愿为原则，妥善回应无缘之爱。

培养爱的回应能力的方法有以下几点：注意有效沟通；运用身体语言，如拥抱、牵手等。

（五）影响

相爱的两个人言行举止具有一定的相似性，这是双方潜移默化互相影响的缘故。影响作为一种促进对方成长的方式，具有以下特点：一是潜移默化发生的；二是不以直接改变对方为目的；三是不以否定对方为方式。

培养爱情的影响能力的方法：①学会等待，允许对方渐渐成长。在影响的过程中，要学会不作为。②及时强化，鼓励对方好的行为。强化需要及时，并且让对方感觉是自然发生的，不刻意。

心理故事 7-6　　林徽因的爱情

林徽因的爱情故事中少不了梁思成、徐志摩、金岳霖。这个传奇女子是独一无二的万古人间四月天。

婚前，梁思成问林徽因："有一句话，我只问这一次，以后都不会再问，为什么是我？"林徽因答："答案很长，我得用一生去回答你，准备好听我说了吗？"

一天，梁思成从外地回来，林徽因很沮丧地告诉他："我苦恼极了，因为我同时爱上了两个人，不知道怎么办才好？"梁思成听了以后非常震惊，异常痛苦，经过一夜的思想斗争，他毅然告诉林徽因："你是自由的，如果你选择了金岳霖，我祝你们永远幸福。"而林徽因，不仅没有离开他，反而感动万分地对他说："你给了我生命中不能承受之重，我将用我一生来偿还！"

训 练 活 动

训练活动 7-5　　爱 的 地 图

【目的】培养学生爱的表达、回应能力。

【步骤】

1．请画出一张"爱的地图"，其中包括生命中最重要的至少五个关系。

2．请完成以下问题：从 0~10，请评估这段关系中有多少爱？首先写下你对这段关系目前状况的评分，然后再猜想对方会打多少分，但最好能直接问对方。"0"代表没有爱，"5"代表普通，"10"代表无条件的爱。

（1）你以何种方式向对方表达爱？请列出至少 10 种方式。

（2）对方如何向你表达爱？也请列出至少 10 种方式。

（3）你何时最能感觉到对方的爱？请回想什么事情能够感动你，比如某些善举、温柔的话语、身体的碰触、被欣赏、高质量的相处时间、沟通情感、被关注、一起享乐等。

（4）对方何时最能感觉到你的爱？请注意他们更喜欢的表达方式：语言（"我爱你"是他们耳中的音乐）、肢体（他们喜欢拥抱与触摸）、艺术（他们喜欢你亲手做的礼物）、趣味（他们喜欢你的自然随性）、精神（当你对他们认为重要的事表现出兴趣时，他们特别高兴）。

（5）你们怎样才能更好地对待对方，给对方更多的爱？这是在邀请你深度审视自己表达爱的方式，也是在邀请你们展开相关的对话。

3．教师总结　爱的表达、回应能力在很大程度上决定了爱情的质量，大学生在经营爱情时学会有效表达、积极回应爱，有助于爱情的保鲜。

训练活动 7-6　　透视爱侣的优势

【目的】学会对爱的对象的认知。

【步骤】

```
□智慧与知识
  1．好奇心        2．热爱学习       3．判断力
  4．创造性        5．社会智慧       6．洞察力
□勇气
  7．勇气          8．毅力           9．正直
□仁爱
  10．仁慈         11．爱
□正义
  12．公民精神     13．公平          14．领导力
□节制
  15．自我控制     16．谨慎          17．谦虚
□精神卓越
  18．美感         19．感恩          20．希望
  21．灵性         22．宽恕          23．幽默
  24．热忱
```

1．根据你所挑选出来的3个优势，请写出最近发生在你配偶身上，使你觉得值得赞美的事情，让你的爱侣读你所写的句子，也请他做这个练习。

优势：_____
事件：_____
_____

优势：_____
事件：_____
_____

优势：_____
事件：_____
_____

2．教师总结 每个人都希望别人能够看到自己的优势，进而认可自己，你的爱侣也不例外。从现在起，逐渐养成关注爱侣优势的习惯，你会发现幸福将随之而来。

训练活动 7-7　　讨论：我所认识的"性"

【目的】引导学生正确认识性。

【步骤】

1．请从下列词汇中找出你认为与性有关的词汇：快乐、好玩、污秽、养育、恐惧、爱、美妙、信任、羞耻、不满足、委身、忠贞、尴尬、压力、例行公事、表现、欢乐、释放、难为情、舒服、无奈、罪、厌恶、内疚、无助、享受、压抑、乏味、满足、美丽、征服、沟通、禁忌、亲密、融洽、遗憾、自卑、自信、和谐。

2．请思考

（1）你选择了哪些词汇？

（2）为什么这些词汇和性有关？

（3）在你挑选的词汇中，是积极方面的多一些，还是消极方面的多一些？为什么？

3．教师总结 你所挑选的词汇折射出你对性的认识，无论是积极的还是消极的，都只代表你过往的认识，学习完本节内容后，请尝试用积极的心态面对性，在你心中如果性不是美好的，那么性至少应该是合理的。

小　结

本章从本质、构成要素和特征3个方面详细介绍了爱情，进而探讨了大学生的恋爱心理特点，可能面对的恋爱困惑及调适方法，在明确爱的能力的概念之后，提出了爱的能力的范畴及培养方法。通过心理故事和训练活动，在实践中端正学生的爱情观、择偶观，从爱的视角出发促进学生的自我发展与完善，为培养完满的人生而努力。

思考与解答

1. 尽管学习了培养爱的能力的方法，但是和爱的对象相处时还是会磕磕碰碰，那该怎么办？
2. 知识问答

（1）什么是爱情？爱情的构成要素是什么？

（2）结合自己的实际情况，谈谈大学生应该如何培养自己爱的能力。

（3）请举例分析大学生应如何走出恋爱困境。

推荐欣赏

电影推荐

《八月迷情》《情书》《山楂树之恋》

书籍推荐

艾里希·弗洛姆．2005．爱的艺术．亦菲译．北京：京华出版社

张羽．2016．只有医生知道．南京：江苏文艺出版社

赵永久．2014．爱的五种能力．北京：作家出版社

第 8 章　应对挫折

气候有冷暖，人生有四季。光明和黑暗共存，欢乐和悲伤与人生相伴。在每一个人的人生旅途中，由于自身、环境、机遇、天灾、人祸等原因，难免会遭受诸如家庭变故、蒙冤受屈、考试落榜、应聘失败等种种打击，面临坏者不能避、好者不能取、恨者不能除、爱者不能得等种种精神压力，这就是我们遇到了挫折。随着现代化进程的加快，大学生面对日益复杂的学校和社会环境，遭遇挫折和灾难在所难免，我们应当正视挫折，增强克服困难、经受考验的能力，共同去战胜它们。

第1节　走近挫折

名人名言 人的生命，似洪水奔流，不遇着岛屿和暗礁，难以激起美丽的浪花。

——奥斯特洛夫斯基

心理故事8-1　　　　　　战胜残疾的巴雷尼

巴雷尼小时候因病成了残疾，母亲的心就像刀绞一样，但她还是强忍住自己的悲痛。她想：孩子现在最需要的是鼓励和帮助，而不是妈妈的眼泪。母亲来到巴雷尼的病床前，拉着他的手说："孩子，妈妈相信你是个有志气的人，希望你能用自己的双腿，在人生的道路上勇敢地走下去！好巴雷尼，你能够答应妈妈吗？"

母亲的话，像铁锤一样撞击着巴雷尼的心扉，他"哇"的一声，扑到母亲怀里大哭起来。

从那以后，妈妈只要一有空，就帮巴雷尼练习走路，做体操，常常累得满头大汗。有一次妈妈得了重感冒，她想：做母亲的不仅要言传，还要身教。尽管发着高烧，她还是下床按计划帮助巴雷尼练习走路。黄豆般的汗水从妈妈脸上淌下来，她用干毛巾擦擦，咬紧牙，硬是帮巴雷尼完成了当天的锻炼计划。

体育锻炼弥补了残疾给巴雷尼带来的不便，母亲的榜样作用更是深深教育了巴雷尼。他终于经受住了命运给他的严酷打击。他刻苦学习，学习成绩一直在班上名列前茅，最后，以优异的成绩考进了维也纳大学医学院。大学毕业后，巴雷尼以全部精力致力于耳科神经学的研究，最后，终于登上了诺贝尔生理学或医学奖的领奖台。

"人生不如意事十有八九""自古英雄多磨难，从来纨绔少伟男"，面对不可避免的压力与挫折，大学生应当积极克服并勇于战胜它们，从中吸取教训，增长经验，锻炼意志，把挫折看作成功与胜利的前奏曲，在跌倒之后爬起来继续前进。

一、挫折的概念

挫折就是我们常说的失败或"碰钉子"，如考试不理想、面试失败、失恋等。在心理学领域中，挫折是指人们在从事有目的的活动过程中，遇到难以克服或自以为难以克服的障碍或干扰，致使其动机不能满足或目标无法实现时产生的情绪状态或情绪反应。

挫折通常有3种要素：

一是挫折情境。指对个体动机行为造成障碍或干扰的内部或外在刺激情境，亦可称为挫折源。在挫折情境中，对个体行为发生阻碍作用的可能是人或物，也可能是社会环境或者自然环境。

二是挫折认知。指个体对挫折情境的感知、认识和评价。挫折情境能否构成挫折，取决于个体对挫折情境的认知，不同个体的认知产生不同的体验和感受，个体之间存在着差异。挫折认知既可能是对实际遭遇的挫折情境的感知，如升学失利，也可能是对个体想象中可能出现的挫折情境的感知，如怀疑别人背后说自己坏话。

三是挫折反应。指个体有目的的活动受到阻碍，伴随着挫折认知产生的诸如烦躁、焦虑、困惑、愤怒等情绪或攻击、退缩、逃避等行为反应，即挫折感。

通常，挫折情境越严重，挫折反应就越强烈；反之，挫折情境越轻微，挫折反应就越平淡。但只有挫折情境被个体认知，并对个体目标造成阻碍时，才会产生挫折反应。如果挫折情境没有被个体认知，或认知到挫折情境但个体觉得不严重，就不会产生挫折反应，或仅产生轻微的反应。因此，挫折认知是挫折形成的核心要素。同样的挫折情境，可能会对有些人形成挫折认知产生挫折反应，而对另外一些人来说则不会形成挫折认知。

二、挫折产生的原因

一般来说，挫折产生的原因包括客观因素和个体特点。

（一）客观因素

1. 自然因素　指我们无法预料的非人力所能抗拒的自然灾害，如洪水、台风、地震、火灾、车祸、亲友离世等。

2. 社会因素　主要指我们社会生活中的政治、经济、法律、道德、教育、家庭、宗教、文化、风俗等因素，如流离失所、个人破产、求职失败等。家庭和学校是社会因素的重要构成部分，也是大学生产生挫折的主要外部因素。

（1）家庭因素：家庭是个体成长发展的第一场所，深深影响着个体的发展。家庭因素主要包括以下3个方面。

一是家庭经济水平。大学生家庭来源多样，部分同学家庭条件较其他同学差，同学之间生活水平存在"两极分化"现象，家庭条件不好的大学生可能会产生失衡心理，形成挫折感。

二是家庭教育。当前大学生多为2000年前后出生，多数为独生子女，从小被父母、长辈宠爱。他们的成长过程缺乏挫折教育，缺少社会和生活的磨炼，一旦遇到困难阻碍就灰心丧气，委靡不振，耐挫能力差。

三是家庭结构。家庭结构一般分为健全家庭和残缺家庭，健全家庭指家庭内父母和子女等家庭成员结构完整的家庭结构，包括大家庭和核心家庭两类。残缺家庭指父母离异、离世或者长期不在家庭生活无法尽到养育责任导致家庭成员缺失的家庭结构。相比健全家庭的孩子来说，残缺家庭成长起来的孩子心理比较脆弱，容易形成挫折心理。

（2）学校因素：学校是大学生除家庭以外的主要学习生活场所，是其接受系统教育的主要途径。通常来说，学校因素有以下两个方面。

一是学校的硬件建设。包括校园环境、学习条件、生活设施等，如校园环境简陋，学习设施缺乏，图书陈旧，餐厅饭菜口味不好，住宿条件差等，这些都可能对大学生产生心理影响，特别是新入校的大学生从舒适的家庭生活进入到校园生活，很容易产生对比，形成挫折感。

二是学校的校风学风。包括学校的教育理念、管理方式、学习氛围等，如学校对素质教育缺少重视，缺乏对大学生人生观、价值观的教育和耐挫力教育，学校心理健康教育活动不足，学校管理不规范不科学，专业发展引导不够，学校校风不佳，学风不浓，打架斗殴等不良现象过多等，会让大学生产生挫败感，引起挫折心理和挫折行为。

（二）个体特点

一般情况下，个体自身引起挫折的因素有以下3个方面。

1. 生理特征　现实生活中，个体的身高、体重、长相、健康等会影响个体人生目标的实现，如身高不够、体重超标、长相丑陋、身体残疾等，从而导致被成功拒之门外，形成挫折情境，产生挫折感。

2. 心理特征　对个体挫折形成产生影响的因素主要有自我期望值、抱负水平、容忍力、认知偏差等，大学生正处于从不成熟向成熟发展的心理过程，因此在上述各方面心理因素中，大学生往往会出现不平衡性、两面性和两极性等特点，在面对困难和阻碍的时候，很容易造成心理上的不平衡状态，加之他们初涉人世，社会阅历缺乏，面对困难和障碍，容易形成挫败感。

3. 个性特征　一个人的气质、性格、兴趣、爱好、能力等都会对个体挫折的形成产生重要影响。不同气质类型的人对待挫折的处理方式不同，性格开朗、乐观、自信的人挫折承受能力强，能力强的人面对挫折情境能够轻松应对从而不会或较少产生挫折感。

拓展阅读　挫折产生的理论

1. 挫折的本能学说　由美国心理学家麦独孤于20世纪初提出，个体受挫折而产生的种种行为均源于本能。人在活动中遭受挫折而产生的情绪以及由此而引发的各种挫折行为反应都是本能冲动的结果。

2. 挫折—攻击理论　美国心理学家多德拉和米勒等指出，挫折是一种目的性行为遭受阻碍时的伴随状态，当目的性行为受到阻碍就会引起挫折感，挫折感导致个体产生对阻碍目标实现的人或其他对象的攻击行为，也就是说，攻击行为往往是挫折的结果。

3. 需要和紧张的心理系统理论　代表人物是著名的心理学家库尔特·勒温，他认为个体在其需要压力下，会产生一种紧张的心理状态，激发起一种要求满足需要的动机，以求得心理平衡，当需要得到满足时，心理紧张就随之消除；否则就会产生挫折体验。因此，勒温认为，需要的满足是避免挫折的重要条件。

4. 社会文化理论　其代表人物是新精神分析学派的沙利文和人本主义心理学派的卡尔·罗杰斯，这种理论认为挫折的产生是由于个体的"向上意向""自我实现"受到压抑的缘故，这一理论强调文化和社会条件对个体挫折的产生及其反应的影响。

5. 精神分析学派的挫折理论　精神分析学派创始人弗洛伊德认为，人的一切行为都是以性力为动力的，如果心理性欲的发展过程不能顺利进行，都可能造成行为异常，一切精神疾病的根源也就在于这种心理性欲受到压抑或阻碍，即挫折。

三、大学生挫折的种类

大学生虽然生理上已经基本成熟，但他们阅历尚浅，社会经验缺乏，在很多方面还未达到完善程度，在个人交往、学习、生活、情感、择业等方面不可避免地会遭遇挫折。常见的大学生挫折有以下5种。

（一）人际交往挫折

大学生人际交往的需要特别强烈，需要通过人际交往去认识世界，获得支持和信赖感。但是，由于性格或成长经验的影响，在人际交往中，往往难以达到理想效果，人际交往中会出现交往不顺利，要么难以抛开自尊、自傲和矜持的面具，要么以错误的方式向别人伸出友谊的橄榄枝，反而引起误解，导致人际交往受挫。

> **案例 8-1　　　　　　　　小明的遭遇**
>
> 　　小明以第一名的好成绩考入一所高职学校，受到了老师和同学的关注，将近一年的大学生活中，掌声和荣誉一直伴随他，他的房间里摆满了奖状和证书。
> 　　可是，自二年级开始，平时和他关系不错的同学与玩伴都渐渐地离开他，不再和他玩，同学们看他的目光也越来越奇怪。有时候，几个同学在那里有说有笑，当他走过去想和大家聊天的时候，大家却一个个走开了。小明很失落，但又不知道为什么，最好的朋友也对他疏远了。
> 　　一天，小明上厕所回来，发现书本里夹着一张小纸条，写着："真看不出来，你是个道貌岸然的小人，有什么了不起的，总是往班主任家里跑，还没见过这么阿谀奉承、爱打小报告的人。原来表面上都是装的，学习成绩是不是也有水分？老师给你开后门了吧？"小明看完之后，差点气疯了，是谁这么无中生有。他感觉大家的眼睛都在朝自己看，他不敢追问是谁写的纸条，更不敢再找班主任。但是小明内心感到非常委屈，整天沉默寡言、闷闷不乐，再也不像以前那样热情开朗了。上课时难以集中注意力，学习效率低下，成绩一落千丈。身体日渐消瘦，内心的委屈、苦闷、愤怒越积越深，后来竟然生出了退学的念头。
> **点评**：小明遇到了人际交往的挫折，可能与缺乏沟通有关。面对挫折，找寻办法，积极应对，方法总比困难多。

（二）学习挫折

对大学生来说，学习适应问题是主要、苦恼的事情，也是产生挫折的重要方面。大学生学习挫折的具体表现：无法及时有效适应学习环境，学习目标不明确，学习方法不当，学习效率低；对所学专业缺乏学习兴趣，学习动力不足，表现出厌学情绪；不能合理安排学习时间，未形成良好的学习习惯；因忙于社会工作或沉迷于网络，致使学习成绩不良。

（三）情感挫折

大学生情感挫折主要有两个方面：一是亲情挫折；二是恋爱挫折。父母用自己的成长经验、受挫的经历教育子女，让子女少走弯路，少受挫折。父母的这种做法，在大学生看来，是被管束、不自由。许多大学生认为，父母不了解他们，不知道他们需要什么，无法和父母进行有效沟通。大学生感受着父母给的压力，承受着不能达到父母期望的挫折。恋爱挫折主要有失恋、单恋、多角恋等。大学生生理上已经发育成熟，心理上渴望爱情，对爱情充满憧憬。但由于大学生社会经验不足、人际交往困难、缺乏经济收入、今后去向不明朗等因素影响，大学生恋爱经常会遇到挫折。恋爱挫折对大学生的心灵伤害很深，它往往会使人产生自我价值的幻灭感或自尊心受到伤害的自卑感和屈辱感，以至于一些大学生因为失恋导致情绪失控做出伤害自己和他人的事情。

（四）生活挫折

大学生生活中总会遇到一些困难、不适和阻碍，生活习惯不适应、经济困难、意外事故、身体疾病等。大学生来自各地，对校园生活、学习条件要有一个适应过程，在适应之前，难免受挫和情绪低落。大学生没有收入来源，其经济保障来自于父母。家庭经济情况能否给大学生提供经济保障，会给其带来生活压力和挫折。大学生身体和精力都是最佳时期，习惯没有身体健康方面的烦恼，一旦有了较重大的身心疾病，易产生失落情绪，形成挫折心理，自怨自艾、消极被动、痛苦不已。另外，生活中的意外事故，也会对大学生产生影响，形成挫折感。

（五）就业挫折

当前，我国社会发展日新月异、突飞猛进，社会竞争日益激烈，高校扩招后大学生数量猛增，每年都有庞大的高校毕业生面临就业，各种内在外在因素给大学生造成了巨大的心理压力。双向选择、自主择业给大学生带来机遇的同时，也带来了巨大的挑战。专科生、本科生与研究生之间，普通高校大学生和名校大学生之间，在学历方面存在巨大的心理落差，导致大学生不能正确评价自我，缺乏自信，不敢竞争而导致错失良机，还有的大学生盲目自信，高不成低不就，也有大学生片面追求高薪，导致求职失败。

四、挫折的影响

大学生在面对挫折时，通常有两种态度，一是向挫折屈服，采取逃避、掩饰的态度，为自己的失误寻找"借口"，一遇挫折，神情沮丧，甚至万念俱灰，完全向挫折屈服；第二种态度就是面对挫折，勇敢地战胜挫折，面对挫折无所畏惧，仍能积极进取，认真寻找摆脱困境的途径，千方百计地去克服困难，使愿望得以实现（图8-1）。

图 8-1

心理故事 8-2　　　　发牌的是上帝，打牌的是自己

艾森豪威尔年轻的时候，有一次晚饭后跟家人一起玩纸牌游戏，连续几次他都抓了很坏的牌，于是就变得很不高兴，开始抱怨。他的妈妈停下来，严肃地对他说道："如果你要玩，就必须用你手中的牌玩下去，不管那些牌怎么样。"

他一愣，听见母亲又说："人生也是如此，发牌的是上帝，不管怎样的牌你都必须拿着，你能做的就是尽你全力，求得最好的结果。"

很多年过去了，艾森豪威尔一直牢记着母亲的这句话，从未再对生活有过任何抱怨。相反他总是以积极乐观的态度去迎接命运的每一次挑战，尽力做好每一件事，从一个默默无闻的平民家庭走出，一步一步地成为中校、盟军统帅，最终成为美国历史上第34任总统。

人们面对挫折的两种态度实际上也体现为挫折影响的两重性。这种两重性首先体现在：一方面，挫折对我们来说是坏事，给人以身体和心理上的打击和压力，造成精神烦恼和痛苦，给生活的道路造成曲折和坎坷。另一方面，挫折在一定条件下也可以变成好事，它使人经受考验，得到锻炼，积累经验教训，催人振奋精神，重新鼓起勇气再接再厉，变困难为顺利，变挫折为成功。用积极的思维方式来考虑，挫折也许会成为我们战胜挫折的动力，引导我们积极地战胜挫折，勇敢地面对生活中的困境。

🔔 训 练 活 动

训练活动 8-1　　　　压力生命线

【目的】

1. 人们往往不知道是什么使自己感到烦恼，细细分析起来才知道原来是生活和学习中的某些压力所致。本活动旨在帮助学生了解自己的压力源，以便更好地加以应对。

2. 本活动通过让每个人找出自己过去应对压力的经验，使学生学会以"确立目标""找寻例外经验""假设成功"的方式，找出应对压力的可行策略。

3. 本活动可以使学生了解到自己能够用以应对挫折的资源，并掌握自己最熟悉且最有效的应对挫折的方式。

【步骤】

1. 在纸上画一条线代表自己的生命线，起点是0，终点为自己生命的终点，并在生命线上方用点标出不同年龄阶段的重要压力事件。压力大的事件标注的点较高，压力小的事件标注的点较低。将这些点连接成一条自己生命历程中的压力曲线。

2. 挑选1～2个压力事件及自己曾运用的应对压力的方式与小组成员分享。

3. 思考　过去压力的来源是否有相似性，主要集中在哪些方面？如果遇到压力，还可以采取哪些应对方式？你觉得哪种缓解压力的方式最适合你？

训练活动 8-2　　　　　　　　有胆你就来

【目的】培养学生坚强的意志，顺利走过漫长的学习和生活历程，形成健康心理。

【步骤】

1．游戏引入　掰手腕。请胜利的学生做一个表情动作，请失败的学生也做一个表情动作，来表达自己此刻的心情。采访胜利者：你获得了游戏的胜利，你现在的心情怎么样？采访失败的学生：此时，你的心情如何？看着胜利者开心的样子，你的心里是什么感受？

2．普通人会遇到挫折，那么名人呢？请看一位名人的"挫折档案"。

美国总统林肯的简历：22岁生意失败；23岁竞选州议员失败；24岁再次生意失败；27岁精神崩溃；29岁竞选州长失败；34岁竞选国会议员失败；39岁竞选国会议员再次失败；45岁竞选参议员失败；47岁竞选总统失败；49岁竞选参议员再次失败；51岁当上美国总统。讨论：从林肯简历中你发现了什么？历数林肯经过了多少次失败才获得成功的？

3．活动总结　人生的道路不可能一帆风顺，在生活、学习、工作中都会遇到挫折，挫折并不可怕，要学会勇敢地面对挫折。

第2节　战胜挫折

名人名言　困难与折磨对于人来说，是一把打向坯料的锤，打掉的应是脆弱的铁屑，锻成的将是锋利的钢刀。

——契诃夫

心理故事 8-3　　　　　　　俞敏洪的求学之路

1978年，俞敏洪参加了人生的第一次高考却失败而归，英语得了33分。第二年又考了一次，英语得了55分，依然是名落孙山。高考失利的俞敏洪回到农村喂猪种地。尽管生活条件十分艰苦，但俞敏洪仍在微弱的煤油灯下坚持学习。

1979年，县里办了一个外语补习班，俞敏洪挤了进去，这是他第一次系统地学习外语。住在30人一间的大房子里，俞敏洪感觉好似进了天堂。到了第二年春节，俞敏洪在班里的成绩已经进入前几名。功夫不负有心人，1980年，俞敏洪参加了第三次高考，一举考进了国家重点学府——北京大学西语系。

在北大，俞敏洪是全班唯一的农村生。因为家里很穷，俞敏洪穿的衣服几乎都打着大补丁。体育老师从来不叫他的名字，一直都是："哎，'大补丁'，出来做个动作！"因为来自农村，俞敏洪的普通话也不好，蹩脚的发音经常遭到同学们的嘲笑。他之前学的典型的"哑巴英语"让他从A班调到较差的C班。

这一系列的不适应没有把俞敏洪吓倒。他慢慢调整好自己的心态。普通话不好，他就跟着收音机里的播音员学说话；英语不好，他就天天坐在未名湖畔背单词。渐渐地，他的英文水平大幅度提高。

然而，好景不长。大三时，俞敏洪患上了肺结核，无奈之下，他只好休学一年。当他再次返回学校时，人也变得更加消瘦，对未来一片迷茫。幸好，凭借着扎实的外语功底，毕业时，俞敏洪留在了北大，成为一名英语教师。

从俞敏洪求学的故事中，我们读出一点人生的痛苦、一点挣扎、一点不屈、一点顽强、一点辉煌；从痛苦中读出快乐，从绝望中读出希望，从黑暗中读出光明，从迷雾中读出方向。这就是挫折带给我们的力量。

一、大学生常见的挫折反应

大学生在成长过程中受到家庭、社会和学校等环境因素的影响，加之在生理、心理和个性等方面的自身特点，在遭遇挫折后，往往会产生一系列的生理、心理和行为反应。

（一）生理反应

个体受到挫折后，机体内部的自我调节机制将会最大限度地调动机体的潜力，维持超常状态下的正常生命活动，以有效地应付外界环境的变化。能量的大量突击消耗，导致神经末梢释放生物信息，刺激心肌收缩力增强，以促进血液循环，使血压升高刺激呼吸加快，以保证氧气供应；刺激各种激素分泌增加，促进蛋白质、脂肪、糖原分解。在体内潜能大量消耗的同时，机体内部与情绪反应无直接联系的器官或系统则得不到必要的能量而不能维持正常功能，如消化道蠕动减慢、胃肠液分泌减少等。如果长期处于挫折情境而不得到消解，上述生理变化将会进一步增强，从而引起身心病变，出现面色苍白、四肢发冷、心悸、气急、腹胀、尿少等一系列症状，就会引起有关器官功能出现衰竭趋向，从而发生病变。医学研究表明：心律失常、支气管哮喘、消化性溃疡、类风湿关节炎、偏头痛、失眠等疾病多与受挫后的生理反应有关。

（二）心理行为反应

有的人面对挫折呈现积极的心理行为反应，表现为积极调整自己的目标，采取切实可行的措施摆脱挫折情景，从挫折的不良体验中走出来；有的人面对挫折则呈现消极的心理行为反应，表现为失态的、没有目的的、恐慌的态度甚至表现出自杀等极端的心理行为倾向。

1. 积极的心理行为反应　常见的积极心理行为反应有以下几种。

（1）升华：当个体因种种原因无法实现原定目标，或者个人的动机与行为不为社会所认可和接受时，用另一种比较崇高的、具有创造性和建设性的、有社会价值的目标来代替。借此弥补因受到挫折而丧失的自尊与自信，减轻挫折造成的痛苦，保持内心的安静和心理的平衡。升华一方面转移和实现了原有的情感，达到了内心平衡，同时又创造了积极的价值。如有位大学生在大一时"计算机基础"考试不及格，心里很不服气。这种不甘心不服气驱使他要把计算机学好，于是立志要在大二通过全国计算机二级考试。最后，通过不懈努力终于通过了全国计算机二级考试。

（2）补偿：一个人由于生理或心理上的某种缺陷，或外界客观条件的限制和障碍，使个人的某个目标无法实现时，往往以新的目标代替原有目标，从而以现实过程中所感悟的成功体验去弥补原有失败的痛苦，这就是人们受挫后的补偿行为反应。古人说，"失之东隅，收之桑榆"，就是这个道理。例如，某大学生恋爱失败了，便积极参加文体活动，用成功来补偿失恋的痛苦。

（3）认同：是指一个人以多种方式去建立与另一个人或者群体的统一性，把他所钦佩或崇拜的人的特点当作自己的特点，或者自认为是某个团体中的一员，用以掩护自己的短处，提高自己的信心、声望、地位，从而减轻挫折感。大学生在学习、生活中常常把一些历史名人、科学家、富翁、明星，甚至身边的教师、同学作为自己认同的对象。那些与自己家境条件、经济状况、社会经历极为相似或相近的专家、学者，特别是已经成功的校友更容易成为他们认同的对象。这种心理反应在大学生中比较常见，成为激励自身进取的特殊方式。

（4）幽默：是一种对抗挫折的积极的心理反应，是高级的适应环境的方法。当一个人遇到挫折时，常可以用幽默来化解困境维持自己心理的平衡。使用幽默的基本目的就是把原本非常棘手或难办的事情小而化之，把损失降到最低。幽默可以明显地表达观念和感情，但并不使自己感到不舒服，对别人也不会产生不愉快的影响。当处境困难和尴尬时，人格比较成熟、心理修养较高的大学生，往往以幽默来化险为夷。幽默作用的发挥能够体现出一个人的生存智慧、思想境界及人格完善程度。

> **心理故事 8-4　　　　第一个返回地球的人**
>
> 美国著名宇航员阿姆斯特朗第一个登上月球,当他的一只脚踏上月球时,他说了闻名于世的一段话:"这对我来讲,只是迈出了一小步,而对整个人类却是迈出了一大步。"返回地球后很多记者都采访他,而冷落了同他一起登月的另一位宇航员。可当一位记者问那个宇航员是否感到不公时,他非常轻松地回答:"不会啊,阿姆斯特朗虽然是第一个登上月球的人,可返回时是我先出舱门的,我是第一个从月球上返回地球的人啊!"
>
> 这个优秀宇航员不仅用他的幽默化解了当时被冷落的场面,而且充分展示了他宽阔的胸怀、崇高的境界和完美的人格。

2. 消极的心理行为反应　常见的消极心理行为反应有以下几种。

（1）退化：指人们受到挫折时所表现的与自己年龄和身份不相称的幼稚行为。当人们遇到挫折时,有时会放弃已经学到的比较成熟的适应技巧或方式,而恢复使用原先比较幼稚的方式去应付困难,或满足自己的欲望,从而减轻内心的压力。例如,一位学生会干部在受到老师批评后,感到很委屈,无法进行理智分析和对待,一连几天不吃不喝。

（2）投射：就是受挫者把自己内心不被允许的冲动、意念和行为,加诸他人或其他事物,以摆脱自己内心的紧张心理,从而保护自己并为自己的行为辩护。"借题发挥""怨天尤人""以己之心,度他人之腹",以及鲁迅所描写的阿Q精神等,都属于这类心理反应的表现形式。例如,某大学生上课迟到了,老师批评他。可是这位学生却这样回答老师:"我们的班长还在后面!"以此减轻内心的紧张和压力。

（3）文饰：是个人在目标或行为表现不符合社会常规时,为避免或减少因挫折而产生的焦虑或维护自尊起见,而给自己行为的一种"合理化"的解释。文饰在大学生的学习、生活中时常发生,如某学生本来下决心要在外语考试中夺魁,却只考了个第十名,为了维护自尊,便用不屑的口吻说:"为分而死读书有什么意义,我可不想做书呆子。"文饰虽然能暂时缓解内心冲突、保持暂时的心理平衡,但长期过分地使用这种方式,对心理发展产生消极作用。

（4）压抑：就是把不能被意识所接受的念头、情感、欲望、行为及痛苦经验在不知不觉中抑制到潜意识。有些大学生在学习、生活中,常常把不愉快的经历不知不觉地压抑在潜意识里,不去想,更不愿谈起。那些被压抑的痛苦经历似乎是被遗忘了,使人在现实意识中感受不到焦虑和恐惧,但它只不过是在意识监控下的一种暂时潜伏。例如,一位大学生曾偷看了好朋友的日记,事后他非常后悔,觉得自己没礼貌、没教养,内疚不已,心理冲突所带来的痛苦时时折磨着他。可他又不敢向同学道歉,怕失去好友的信任,就一直将这种情绪埋在心底。过了一段时间,他似乎把这件事忘了,内心恢复了平静,可这并不是真正的遗忘,而是压抑起了作用,以后每次看到那个笔记本,他就总觉得心里不踏实。

（5）攻击：是指当个人遭受挫折后,有时为了将愤怒的情绪发泄出去,或者对构成挫折的对象进行报复而产生的反应。攻击是个体受挫折后通常会产生的最直接、最简单的反应方式。攻击可分为直接攻击和转向攻击两种。

直接攻击是指攻击行为直接指向引起挫折的对象,以动作、表情、言语、文字等形式表达出来。例如,对引起自己挫折的人采取打斗、辱骂、讽刺、嘲笑等形式,发泄自己内心的不满、侮辱对方人格等。直接攻击多发生在那些缺乏生活经验,比较简单、鲁莽、易冲动的学生身上,由于这种行为多为情绪影响所致,缺乏理性,往往会造成极为严重的后果。例如,上海某体院一名学霸,因一名女同学在课堂讨论时对其观点进行反驳,课后对女同学进行尾随报复,实施暴打。学校里发生的打架斗殴、损坏公物现象,大部分都与大学生受挫后的攻击反应有关。

转向攻击是指受挫折者由于种种原因不能攻击使其受挫的对象，于是便把愤怒的情绪指向自己，或与其挫折情境无关的对象，一般以"替罪羊"的形式出现，如自我折磨、自我虐待、发牢骚、摔东西、向别人发泄怒气等。例如，某大学生对某任课教师不满，但碍于老师的身份、地位不能发火，于是便把怨气发泄到老师最得意的课代表同学身上，经常找碴儿不交作业，不配合他的工作，甚至谩骂这位同学，侮辱他的人格。由于这种无名之火缺乏具体攻击目标，于是就出现了谁碰上谁倒霉的情况。许多情况下，成为转向攻击目标的对象是无辜的。

大学生的直接攻击行为与转向攻击行为在学校都是存在的，受挫的大学生通过攻击行为虽然可以暂时发泄心中的愤懑与不快，但并不能消除原有的挫折感，甚至还会引起新的挫折，同时危害他人与社会，尤其要引起关注。

总之，挫折反应还有许多种，面对挫折选择不同的反应，构成应对挫折的模式，成为个体人格的有机组成部分。积极的挫折反应有利于大学生化解危机，获得成长。消极的挫折反应虽然能起到暂时平衡心理的作用，但不能从根本上解决问题，有时还会使当事人在一种自我欺骗中与现实环境脱节，生活在一种幻觉之中，降低了积极的适应能力，形成一些恶习，为心理疾病埋下种子，影响大学生身心健康和全面发展。

二、大学生战胜挫折的策略

人生难免会遭遇挫折，没有经历失败的人生不是完整的人生。没有河床的冲刷，便没有钻石的璀璨；没有挫折的考验，便没有不屈的人格。大学生在遭遇挫折时，不仅要经得起打击和压力，更为重要的是能否有效地摆脱和排解困境，在克服挫折中奋起。大学生应对挫折的策略主要有以下5种（图8-2）。

图 8-2

（一）正确认识挫折

首先，应该认识到每个人一生中都不可避免地会遇到挫折。有人专门研究过国外 203 个著名文艺家的传记，发现有 127 人一生中遭遇过重大挫折。世界上各行各业凡有巨大成就者都对成功道路上的挫折有着深刻体验。美国著名科学家、大西洋第一条海底电缆的设计者威廉·汤姆逊用这样一句话概括了他的一生："有两个字能代表我 50 岁前在科学道路上的奋斗，这就是'失败'。"

其次，还应该看到挫折并不是只有弊而无利的。历史上没有一个人是不经历失败就轻而易举地获得成功的。别林斯基说过："不幸是一所最好的大学。"应该看到，挫折可以增强一个人解决问题的韧性和能力，人们常说的"吃一堑，长一智""失败是成功之母"就是这个道理。大学生在经历挫折或坎坷之后，在思想意识、行为方式、人生理想等方面会更趋于成熟，对社会和人生的看法也将会更理智、现实，同时还有利于塑造坚强的个性。

> **心理故事8-5　　　　　　　　一张纸的命运**
>
> 　　大学里，一堂哲学课给学生们留下了深刻的印象。那是期中考试后的一天。班里的一个同学考得一塌糊涂，心情郁闷，在哲学课上无精打采。他的异常引起了哲学教授的注意。教授把他叫了起来，请他回答问题。教授拿起一张纸扔到地上，请他回答：这张纸有几种命运？那位同学一时愣住了，好一会儿，他才回答："扔到地上就变成了一张废纸，这就是它的命运。"教授显然并不满意他的回答。

教授又当着大家的面在那张纸上踩了几脚,纸上印上了教授沾满灰尘和污垢的脚印,"这下这张纸真的变成废纸了,还能有什么用呢?"那个同学垂头丧气地说。教授没有说话,捡起那张纸,把它撕成两半扔在地上,然后,心平气和地请那位同学再一次回答同样的问题。那位同学被弄糊涂了,他红着脸回答:"这下纯粹变成了一张废纸。"教授在上面画了一匹奔腾的骏马,而刚才踩下的脚印恰到好处地变成了骏马下的原野。骏马既刚毅、坚定又充满张力,让人充满遐想。最后,教授举起画问那位同学:"现在请你回答,这张纸的命运是什么?"那位同学的脸色晴朗起来,干脆利落地回答:"您给一张废纸赋予了希望,使它有了价值。"教授脸上露出一丝丝笑容。在这堂哲学课里,一张纸片尚且有多种命运,更何况人呢?命运如同掌纹,无论它怎样变化,永远都掌握在我们自己的手中。

(二)善于调节自我抱负水平

自我抱负水平是指个人对未来可能达到的成功标准的心理预期,是指人们在从事某种活动之前,对自己所要达到目标规定的标准。如果一个人对自己规定的标准高,那么他的自我抱负水平就高;如果对自己规定的标准低,那么他的自我抱负水平就低。可见,自我抱负水平是自定的标准,仅仅是个人愿望,与个人的实际成就不一定相符。但是个人的自我抱负水平必须建立在对自己的实际能力正确认知的基础之上,如果一个人的自我抱负水平总是高于自己的实际能力,那么就很难达到预期的目标,很容易遭受挫折。

在现实生活中,不少大学生在学习等方面的挫折都与自我抱负水平的确立不当有关。因此,大学生必须学会根据自己的实际能力正确设定生活学习目标,调整自我抱负水平,并在实现过程中及时调整自己的目标。对那些远大目标,要把它分解成中期、近期和当前目标,这样就可以在成功中体验到愉快和满足,逐步提高自信心,又能在失败、挫折后不断总结经验教训,最终战胜挫折,取得最后的成功。

(三)建立合理的自我归因

一个人在认识和对待挫折时要学会对挫折进行合理、正确的归因。按照社会心理学归因理论,个体对原因的归结可以分为外部归因和内部归因两种类型,倾向于外部归因的个体,通常认为自己的行为结果是受外部控制的,这种外部力量可以是运气、机会、他人的权力、自然的力量、任务的难度等无法预料和支配的因素;倾向于内部归因的个体,习惯于认为自己行为的结果是受内部力量控制的,支配自己成功、失败和前途的原因是自身的能力和技能及自己努力的程度等。

拓展阅读　　　　　遇挫折多正向思维

正向思维是指在遇到困难或挫折时,将问题向积极方向引导的思维,这种思维可以为我们带来强大的积极力量,帮助我们保持心态的平和与积极,使我们的心灵变得坚韧,并不断地去找寻方法改变现状。

反之,负向思维就是一遇到挫折,人就被负面情绪打败,而责怪自己、环境,最后选择退缩、放弃或报复。

美国一家心理研究机构研究发现,正向思维的人的业绩比负向思维的人高出88%,而负向思维者的离职率是正向思维者的3倍。

大学生应该如何培养自己的正向思维呢?具体来说,有以下4个方面。

1. 要善于发挥自己的长处　认识自己的长处,了解自己的特点,选择适合自己能力发挥的领域,为自己做好定位,将自己的长处与达成目标的需求结合起来。

2. 要提高自己的"抗挫折力"　在遇到挫折时,首先应该思考,这是客观造成的,还是主观造成的?是客观的,就应该尽量去克服;是主观的,就应该力求避免。

3. 要保持心态的平静,给挫折一个微笑　了解自我,接纳自我。只有自信才能从根本上战胜挫折。要正视现实,适应环境,坚信办法总比问题多。

（四）善于总结经验教训

有些挫折是自己的错误造成的，如交友不慎、麻痹大意、方法不当等。有些人因此而心情沮丧、自怨自责、自暴自弃。其实，大可不必这样。"人非圣贤，孰能无过"。聪明的人并不是不犯错误，而是能很快改正错误，并且不犯相同的错误，历史上有很多伟人、英雄、科学家都犯过错误，但他们的可贵之处在于能够及时总结经验教训，调整方式方法，避免重蹈覆辙。作为大学生，当考试失败、人际关系紧张、恋爱受挫时应及时察过醒非、重整旗鼓、振作精神、改变现状，从哪里跌倒，就从哪里爬起。

案例 8-2　　　　　　　　　　小丽的疑惑

带着对未来生活的憧憬，小丽成为大学校园中一名普通的大学生。入学她就发现大学校园里有校学生会、院学生会、各种社团等招聘新成员，她积极参加竞选，准备好好干一场。可是她竞聘了好几个职位，均以落选告终。接二连三的失败让她感到非常沮丧，她开始怀疑自己究竟能做什么呢？是不是什么都做不了？是不是真的太差了？此后，她开始逃避集体活动，觉得大学生活没有意思，不知该做什么，常常沉默，情不自禁地流泪。

那段时间里，父母亲常用鼓励的话语安慰她，班主任细心地发现了她的异常，采用专业的心理疏导给了她最有力的帮助，同学们、朋友们的陪伴给了她最贴心的支持。她意识到自己的颓废，先是在与同学的交流中讲述自己上大学的困惑，然后在与家长、老师的积极沟通中，表达了自己的想法，而后冷静地分析了自己竞选失败的原因。渐渐地，她又恢复了往日的自信，经过精心的准备，她成功地竞聘为校广播站的播音员，此刻的她深刻体会到了成功的不易，更加珍惜大学生活。

（五）提高逆商

逆商又称逆境商数，一般被译为挫折商或逆境商，它是指人们面对逆境时的反应方式，即面对挫折、摆脱困境和超越困难的能力。

首先，要正确认识人生的挫折和逆境。遍阅古今中外科学家、政治家、文学家、军事家的传记，不难看出这样一个规律：一帆风顺而又成就卓著的人凤毛麟角，历经坎坷艰辛的人，出类拔萃者众多。逆境是人生发展的障碍，但是超越和克服了它，无疑会磨炼意志，使人变得更坚强。

其次，要树立战胜挫折逆境的信心和决心。办法总比困难多，要有勇气，要有挑战精神，敢于面对和克服各种障碍，实现人生的自我超越。你越过了一个障碍物，人生就前进了一步，离成功就近了一步，战胜困难的决心也随之增大。

🔔 训 练 活 动

训练活动 8-3　　　　　　　　　　准备"应变"

【目的】树立变通的意识，积极适应环境变化。

【步骤】

1. 想一想　如何将吹起的气球放入小口瓶，又如何将小口瓶中吹起的气球取出？你也许非常容易做到，但你未必领悟到其中的道理。想想看，能悟出什么道理？《西游记》中的孙行者在西天取经路上，靠着自己七十二变，当然也靠着一行人同心协力，战胜妖魔鬼怪，最终打通取经的成功道路。

2. 做一做　思"变"。

首先写出关于"变"的词语；然后，回忆自己曾经走过的生活道路，想想自己是如何应"变"的？例如，面对困难时，你是如何随机应变的？在一种办法不能解决问题时，你又是如何变通的？在人前遭遇尴尬时，你是如何应变的？最后，请写出你对"应变"的思考。

提示：要适应环境，就要变通，有时甚至要放弃自己原有的东西，才能适应环境转变的需求，才能获得更大的发展。有人认为大学新生至少应该有"四变"。"心变",转变对人对事主观的、天真的心态;"脸变",担任多种角色,少点娃娃脸,多点成人脸色;"向变",调整或改变原来的奋斗目标;"法变",转变自己的学习、生活、交往的方式方法。

还有哪些需要"变",请你补充:
_____
_____

为此建议你做好3个主要转变:

第一是转变你的学习目的、学习方式方法。

第二是转变你的人际关系观念:不能根据个人好恶交往,学会与自己看不惯的人和平共处,不能将自己的标准强加于人,而应在相互协调的约定下进行自我的心理调适。

第三是转变对自己的认识与评价:通过对自己存在的不足以及和别人的差距进行客观分析。差距分为两类,一类是必须想办法缩短的差距,如学习方面、人际交往方面的问题,因为学习、掌握知识是将来开创事业的必备手段;而交往是重要的辅助手段,这些是你今后安身立命的根本。另一类差距是正常的差距。这类差距能缩短更好,不能缩短也无大碍,因为个体之间肯定存在差异,一个人不可能在所有方面都优秀。在了解自己的不足和差距的同时,还要肯定自己的优点,自爱自信、保持开放的心态,这样才能客观面对"相对平凡"的现状。

训练活动8-4　　　　　战 胜 挫 折

【目的】

1. 遇到挫折不要屈服,要正确地认识挫折。
2. 正视挫折,了解并学习运用一些面对挫折时自我调节的方法。
3. 从挫折中奋起,以更大的信心迎接新的挑战,从而形成能够经受挫折考验的健康心理。

【步骤】

1. 教师给出以下一些挫折事件,学生们来讨论对策
(1) 与周围同学关系紧张,很不受大家欢迎。
(2) 家中生活变得艰难,不能支付目前的学习费用。
(3) 自己变胖,大家经常以此开玩笑。
(4) 有同学发现了自己的一个缺点,并以此给自己取了绰号。
(5) 自己学习成绩在班级最后,努力用功后效果不明显。
(6) 突然发生意外事故,必须休学。
(7) 父母离异,经济困难。
(8) 与自己最好的朋友吵架。
(9) 没考上大学。

2. 回忆自己的挫折。你遇到过一些自己觉得很难面对的挫折吗?请你把自己遇到过的一次挫折写在卡片上,不用写姓名,然后投到纸盒里,可以吗?

3. 小组交流,帮助解决挫折(每4人组成一组,给同学们提建议)
(1) 教师选出有典型意义的挫折分给小组,小组给出解决意见和方法。
(2) 班级交流解决的方法(教师在交流时,教会学生一些面对挫折的方法)。

4. 活动总结　大学生在生活中会遇到各种各样的挫折,我们应该学会运用积极的心理机制化悲痛为力量,从哪里跌倒就从哪里爬起来。成功的人都是从失败中找到经验教训的。培养自信很重要,人在感觉良好时充满自信,处处不顺时缺乏自信。自信通过心理调整获取,越是遇到困难,越要往好处想,这样才能敢于面对问题。

训练活动8-5　　　　　不做受害者

【目的】树立积极主动的责任心态。

【步骤】

1."快速回应"
(1)当教师读出下面词汇时,在活动卡纸上写出你听到词汇后的第一个想法。
(2)看一看你在每个词汇后的回答。你的回答大都是积极的还是消极的?为什么这样?
(3)请在刚才的"消极评价"后面写出理由。如果没有,请在活动卡纸上写出你最近遇到的难题或让你觉得很郁闷的事,可以写两三件。

"快速回应"活动卡

活动句子	第一反应	积极	消极
学校			
老师			
父母			
朋友			
……	……	……	……

2."责怪游戏"
(1)在"游戏清单"里,如果用所给出的立场思考的话,各有什么利和弊?想到多少就写多少。
(2)在你的生活中,你的学校、老师、家人、朋友是怎样介入你的生活并引起一些相似的问题的?
(3)请将你最近遇到的难题写在"立场A"一栏的空白处,然后也用权衡利弊的方式进行分析。
(4)教师提问:你真的相信你对这些问题的看法?你的看法正确吗?
(5)教师澄清:在游戏清单 A 中,持有类似立场的人,被称为"责怪者"。就是说,他们被受害者心理支配,不再对自己的行为负责,甚至还会在做了一个不恰当的决定之后将责任推给他人。那你能不能转变一下,用一个胜利者的立场看待问题呢?
(6)在"游戏清单"中使用胜利者的思维方式,完成"立场B"一栏。

游 戏 清 单

立场A	利	弊	立场B
因为老师不公平,我才在考试中作弊。			
我和我爸爸简直一模一样,他很胖,我也很胖。			
不是我一个人这样做,也不是我的错,大家都这样。			
……			

3.教师总结 要用胜利者的思维方式来思考问题,除了明白不同立场的利与弊外,还要明白接受和承认自己应当为自己的想法和感受负责任,一旦你能为自己的生活负起责任,就不会再埋怨别人。

小 结

本章首先介绍挫折的概念,介绍常见的大学生挫折类型,大学生挫折产生的影响因素,挫折产生后的常见反应。通过测试题、活动训练、案例分析等,大学生可以了解自己的挫折承受力,学会面对挫折的策略,养成战胜挫折的积极心态。

思考与解答

1.本章深入学习了挫折的理论知识,知道了战胜挫折的策略,但当面对生活学习中的种种挫折时,仍然出现情绪波动,怎么办?

2. 知识问答

（1）大学生活中的常见挫折有哪些？

（2）大学生挫折心理产生的原因有哪些？

（3）大学生应对挫折的策略有哪些？

（4）大学生如何培养积极心态应对挫折？

推荐欣赏

电影推荐

《风雨哈佛路》

书籍推荐

崔慈芬．2015．你的世界，不会一直与晴朗擦肩．北京：生活·读书·新知三联书店

格雷格·S．里德．2015．恰到好处的挫折．王丽译．北京：北京时代华文书局

第9章 珍爱生命

生命对每个人来讲都不陌生。可是,你真的了解生命吗?生命的意义是什么?如何珍惜生命的每一天?如何提高生活满意度和幸福感?如何感恩他人?如何健康生活,创造有价值的人生?这些需要我们深深感悟。

人的生命不仅时间长短不同,更有质的差别之分。大自然只赋予我们一张空白的生命纸,我们需要自己为这张纸增添有意义的颜色,使其成为一幅独特的、有价值的画卷。作为新时代的大学生,在快乐中,我们要感受生命;在痛苦中,我们也要感谢生命。拥有正确的生命观和心态,我们才能变紧张为从容,变复杂为简单,变无奈为平和,学会感恩、触摸幸福,体验生命的美好,诠释生命的意义。

第1节 树立正确的生命观

名人名言 生命如同寓言,其价值不在长短,而在内容。

——塞内卡

> **心理故事9-1** 　　　　　　生命就像一根火柴
>
> "孩子,趁年轻,何不埋头苦干,以成就一番事业呢?"老人劝告少年。少年满不在乎地说:"何必那么急呢?我的青春年华刚刚开始,时间有的是。再说,我的美好蓝图还没规划好呢!"
> "时间不等人啊!"老人说,并把少年引到一间伸手不见五指的地下室里。
> "我什么也看不见!"少年说。
> 老人擦亮一根火柴,对少年说:"趁火柴未熄灭,你在地下室里随便选一样东西,便出去吧!"
> 少年借助微弱的亮光,努力辨认地下室的物品。还未找到一样东西,火柴就燃尽了,地下室顿时陷入一片黑暗。
> "我什么也没拿到,火柴就灭了!"少年抱怨道。
> 老人说:"你的青春年华如同这燃烧的火柴,转瞬即逝。朋友,你要珍惜啊!"

人最宝贵的是生命,最脆弱的也是生命。近年来,漠视生命、践踏生命尊严和权利的事件频频发生,从"马加爵事件""药家鑫案""复旦投毒案"到人大连环跳楼事件,引起社会震惊、愤怒、遗憾、痛心,给家庭、学校和社会造成极大的损失。因此,树立正确的生命观,感知生命的意义,拓展生命的宽度和深度,是当代高等教育的重要课题,也是当代大学生的人生"必修之课"(图9-1)。

一、生命和生命观的概念

(一)生命

何为"生命",不同学科、不同学派有不同的认识和见解。

图9-1

从生物学的角度看,生命是由核酸和蛋白质等物质所组成的多分子体系,它具有不断自我更新、繁殖后代以及对外界环境产生反应的能力。

从医学的角度看,生命有3层含义:第一,活着的状态。由新陈代谢、生长、繁衍以及对环境的适应所表现出来的特征,动植物器官能完成其所有或部分功能的状态。第二,有机体的出生或发端到死亡之间的时期。从生物学上看，完整的生命起于胎儿，终结于死亡。第三，将生命物体（动、植物）与无生命、无机的化学物或已死的有机物区别开来的特征的总和。

从哲学的角度看，针对"生命是什么"这个问题，答案还是主要讨论生命的功能或机能方面的特征。余源培主编的《哲学辞典》中指出，生命是一种特殊的、高级的、复杂的物质运动形式。这种复合体系及其组成部分，能不断通过自我调节控制，在同外部环境进行的物质、能量、信息的交换过程中，实现自我更新、自我保存、自我复制、自我组织。

心理学认为，生命即意识到的自我，从婴儿期开始缓慢发展。

法律学认为，生命是动植物或有机体的存在状态。

……

从以上各个学科的定义来看，我们可以从广义和狭义两方面理解生命的内涵。广义上的生命，即一切有机体的存在，包括动植物、人、微生物等。狭义上的生命有3个特点：一是并非独立存在，而是与其他生命体存在着密切的联系；二是具有一个内在的完整结构，而且这个结构是一个有系统的整体；三是有自我意识。前两个特点是一切生命体普遍具有的，第三个特点是人类特有的特点。同时符合这三个特征的生物是人。

（二）生命观

生命观是人生观的一种具体表现和重要组成部分，是指在一定的社会历史条件下，拥有生命的个体对生命本身以及自身以外的其他生命体、生命意义的认识。

国内对于生命观的理解呈现两种方向：

一是认为生命观是人类如何对自然界生命物体的一种态度，也包括人类对自身生命的态度。这种观点是基于生命的自然属性而提出的，一般由存在观与死亡观构成。人的生命是以存在和消亡两种形式表现出来的，有"生"即有"死"，两者之间是对立统一的。所以，不仅要对生命存在观进行研究，探讨人从出生、成长、衰老整个过程所应该具备的思想意识和行为习惯，还要对死亡进行研究，探讨人应该如何面对自己或他人离世。唯有如此，才能整体认识和把握生命。但是，这种观点忽视人生命的社会属性，缺乏对生命过程的详细探究。

二是认为生命观是一种逐渐形成且不断发展变化的过程。生命观是由生命存在观、生命责任观、生命境遇观、生命品质观等方面构成的。这种观点认为人生是一个不断发展变化的过程，受社会实践、生活环境、文化素养等方面的影响而不断变化，不同阶段的人们所面临的困难是不同的，所要承担的责任是不同的，所制订的目标也是不同的。不同之处也有共性特点，都是要求人们以积极向上的态度来面对。

拓展阅读　　　　　　生命的意义

我觉得没有哪个医生能够用概括性的语言来回答这个问题。因为生命的意义在每个人、每一天、每一刻都是不同的，所以重要的不是生命之意义的普遍性，而是在特定时刻每个人特殊的生命意义。这个问题就好比问一个棋手："世界上最佳的招法是什么？"离开特定的棋局和特定的对手，压根不存在什么最佳的招法，甚至连较好的招法也不存在，人的存在也是这样。你不应该追问抽象的生命意义。每个人都有自己独特的使命，这个使命是他人无法替代的，并且你的生命也不可能重来一次。这样，每个人生命的任务就是特定的，完成这些任务的机会也是特定的。

由于生命中的每一种情况对人来说都是一种挑战，都会提出需要你去解决的问题，所以生命之意义的问题实际上被颠倒了。人不应该问他的生命之意义是什么，而必须承认是生命向他提出了问题。简单说，生命对每个人都提出了问题，他必须通过对自己生命的理解来回答生命的提问，对待生命，他只能担当起自己的责任。

节选自《活出生命的意义》（维克多·弗兰克尔著）

二、生命观的理论

在人类历史发展的进程中，很多学者从不同视角对生命进行阐述，对生命发源、生命本质、生死问题等进行了关注和研究，总结出一系列生命哲理，为当代大学生生命观教育留下文化精髓、奠定了理论基础。概括起来，主要有中国传统生命观、西方生命观和马克思主义生命观。

（一）中国传统生命观

在我国传统文化中一直蕴涵着关注生命的教育思想，它以人生命的长久与安宁为价值取向，强调通过内在超越的方式来求得生命的安宁和升华。哲学家们强调在"天人合一"的基础上调节、运转和安顿生命。其中，以儒家、道家和佛教的生命观对后世影响最为深远。

儒家思想是我国传统文化的主流，其考察对象主要是"人"，是一种"入世"的生命哲学。儒家的生命观可以概括为"以生为贵，无辱而尊"，强调尊重生命、敬畏生命，追求仁义，将生命的尊严与仁义德行紧密相连；道家与儒家"入世"的生命哲学不同，是一种"隐世"的生命哲学。在对生命本质的认识上，道家认为生命乃宇宙自然之化生，"道生一，一生二，二生三，三生万物。万物负阴而抱阳，冲气以为和"。在生死观上，道家强调生死应顺其自然；佛家吸收儒家积极入世的生命态度和生命情怀，同时也接纳了道家的超越物质生命的出世哲学，主张现实世界里的一切包括人的个体生命都依存于佛性，通过对佛性的追求来实现自身的生命价值。

（二）西方生命观

因历史基础和传统文化的不同，西方生命观与我国传统生命观存在着一定差异。西方国家关于生命观的研究经历了古希腊时期、近代时期、现当代时期，以凸显、张扬生命存在的独立、自由、价值和尊严为主要思想。

西方生命观最早开始于古希腊哲学思想，其生命观主要包括两个方面：第一，生命是一个"反省"的过程，生命只有经过彻底反省才能有意义与价值。第二，死亡是可以用美德和勇气克服的；近代西方的生命观主要代表人物分别是法国哲学家笛卡尔、德国哲学家康德及黑格尔，他们更多的是从"死亡"角度来看待生命，认为死亡是躯体与灵魂的分离，反对自杀，并且崇尚精神上的永恒；现当代西方生命观包括存在主义生命观和人本主义生命观。存在主义认为人们应当热爱生活和体验生活，因为只有在生命的体验过程中，才能了解到生命的宝贵与来之不易。人本主义的主要思想是倡导人们应以人为本，尊重和关注人的生命，探寻生命的价值，追寻生命的自由。

（三）马克思主义生命观

马克思主义生命观是面向人的全面发展的价值观，是马克思主义哲学的重要组成部分。主要包括生命存在观、生命本质观和生命价值观。

生命存在观强调生与死的客观必然性和辩证统一性。人作为一种高级动物，必须遵循自然界新陈代谢的客观规律，每一个人都不可避免生老病死。生与死是对立的，同时又是相互依存、相互统一的。马克思主义对这一客观规律的辩证认识，使其从不惧怕死亡，从不避讳谈论死亡，而是把死亡视为生命中的重要组成部分，坚持用积极向上的态度、革命的乐观主义精神对待生命。

生命本质观强调自然属性基础上的社会性本质。人的生命是一种自然存在，具有自然属性。但是，人又与其他生命体有着本质区别，那就是生产劳动，这是唯有人才具有的主体活动。人的本质属性是在社会实践中生成的，生命只有在社会劳动实践中才能得到自我肯定和发展，所以人的本质是社会存在物，即生命是一种社会存在。

生命价值观强调奉献社会和全面发展的高度统一。生命是人的存在形式。与动物相比，人不单单是为了活着而活着，更是为了活得更有意义、更有价值。人生的意义既要实现个人价值，还要实现和发挥人类的主体性价值作用，以奉献社会、推动历史发展和社会进步。因而，评价一个人的价值尺度是其所带来的社会效益，而不是索取。

三、大学生生命观

大学生是中国特色社会主义事业的合格建设者和可靠接班人，肩负着实现中国民族伟大复兴梦的历史重任。大学生对生命的认识和态度，不仅关系到自身生命的成长与发展，也影响着和谐社会的构建。

（一）当代大学生生命观的现状及特点

从目前的大学生生命观现状来看，大部分学生能够理性对待生命，尊重生命，重视生活质量，积极求索生命的意义。但是，仍有部分学生对生命缺乏理性的认识，漠视生命；部分学生生活满意度低，"郁闷""迷茫"，生命活力压抑，认为生活前景黯淡，易陷入堕落颓废的状态；极个别的学生对死亡、自杀的认识存在偏差，存在一定程度的自杀倾向。

纵观大学生生命观的现状，主要包含以下6个特点。

第一，对生命的起源和个体生命诞生有一定的了解，但没有真正理解生命的本义。大多数学生缺乏系统的生命知识，缺乏对生命来之不易的理解；对人的个体生命如何诞生、如何发展了解甚少；对于死亡，大多数人只是认识到死亡是生命的结束这个层面。

第二，认识到生命的宝贵，但珍惜、尊重生命的意识不甚理想。部分学生对于"珍爱生命"的认识，仅表现在珍爱自身生命上，而对他人、他物的生命表现出漠视与不尊重。另外，还有部分学生不认为自杀是轻视生命的行为，也不以为轻生就是一种不负责任的行为，不以为漠视生命会给亲人带来伤害。

第三，面对困难和挫折具有正确的态度和勇气，但应对挫折的能力比较弱。部分大学生由于缺乏吃苦耐劳的精神，当遇到苦难和挫折时，容易逃避和退缩，不敢去面对，在挫折面前丧失了斗志，表现出较弱的心理承受力。

第四，认识到生命个体存在的意义，但缺乏对生命价值的深刻理解。虽然大部分大学生能意识到个体生命存在的价值，能明确生活的目标，但是仍有部分大学生感到生活迷茫与空虚，找不到生活的意义，对生命价值持有怀疑的态度，表现出得过且过的生活态度，少部分人甚至表现出对自杀的认同。

第五，肯定生命的平等性，但缺乏对生命平等的真正理解。生命原本没有贵贱之分，但在现实生活中，因为个人身份、社会地位、家庭出生等原因，导致一些大学生觉得生命是不平等的，产生生命有贵贱之分的思想。

第六，生命责任感比较强，但呈现出物质化、自私化的倾向。在生命责任感方面，很多大学生意识到生命是一种责任与承诺，大多数大学生认为自己是一个很负责任的人。不过，一些人由于缺乏对生命应有的责任心，导致对自己生命的随意处置，忽视了自我价值和社会价值的实现。

（二）大学生生命观的教育途径

1. 学校教育　大学生生命观教育在我国还处于一般呼吁阶段，既没有专门的课程设置，也没有具体的课时安排。因此，开设专门的课程教育成为生命观教育的基础。高校应根据自身实际情况，同时借鉴国内外生命观教育的优秀成果，以社会主义核心价值观为指导，与时俱进，创设我国特色的高校生命观教育课程。同时,可以把大学生生命观教育贯穿于大学公共课中,充分发挥公共课育人的作用,以此来达到大学生生命观教育的目的。

2. 社会教育　社会教育对大学生的成长起着重要的作用,但国际形势的快速变化和国内社会情况的复杂多样,导致社会教育在发挥积极作用的同时也给大学生发展带来负面影响。因此,要充分发挥社会教育功能的积极作用,合理利用社会环境中的积极因素,增强大学生的民族自豪感和民族凝聚力,坚持正确的舆论导向,不断优化社会环境,为大学生成长提供良好的社会氛围。另外,结合大学生的生活特点,充分利用网络教育平台,引导网络的正面效能,增强生命观教育的实效性和感染力。

3. 家庭教育　家庭孕育了人的生命,也是生命观教育的第一个课堂,父母是孩子生命观的启蒙老师。家庭教育最大的优势就是亲情,父母与孩子之间的天然亲情,是生命观教育最好的心理条件。因此,家长要为孩子创设温馨和谐的家庭环境,形成良性互动的家庭氛围。通过言传身教、潜移默化来影响和培养孩子正确的生命观。

4. 自我教育　大学生生命观教育的终极目标是实现学生的自我教育。大学生健康生命观的养成离不开教育的教化和引导,但人的主观能动性和主体性也显得极为重要,只有把受动过程和能动过程统一起来,才能实现人的全面发展。

训 练 活 动

训练活动 9-1　　　　　"假如我只有一天生命"

【目的】通过面对必然死亡时未竟的事情,体会到时光珍贵、生命意义,度过有意义的人生。

【步骤】

1. 准备一张白纸。
2. 思考　假如我只有一天生命,我想说……

> 假如我只有一天生命,我想说……

3. 学生分享,或者将这段话带给你想要说给他听的那个人。
4. 教师总结　死亡是每一个个体生命最终的必然结局,它与孕育、诞生、成长一起,构成生命的完整性与不可逆转、不可复制、不可修改等特性,这是宇宙最大的秘密和最大的奇迹。面对死亡,我们不难思索,人生在世就应该活得更有意义,以期对后人、对社会有所贡献,死而无憾。死为生之始,亦为生之终。能够意识到"死亡",即是对生命有限性的自觉,因而也会成为对"生"的意义和价值的追问。"向死"而"思生",能教人坦然面对必然的死亡,过好有意义的人生。

第2节　学会感恩与宽恕

名人名言　有时宽容引起的道德震动比惩罚更强烈。

——苏霍姆林斯基

> **心理故事 9-2** 　　　　　老兵的宽容
>
> 　　一场惨烈的战争中数万士兵丧命于刀剑之下。命运将两个地位悬殊的人——年轻的指挥官和年老的炊事兵推到一起。他们不约而同地选择相同的逃亡之路——沙漠。追兵止于沙漠边缘，他们不相信有人会从那里活着出去。
> 　　"请带上我吧，我知道如何在沙漠中辨认方向，我会对你有用的。"老兵哀求道。指挥官麻木地下了马，他认为自己已经没有了求生的资格。他望着老兵花白的双鬓，心里不禁一颤：由于我的错误，几万个鲜活的生命从这个世界上消失，我有责任保护最后一个士兵。他扶老兵上了战马。
> 　　到处是金色的沙丘，在茫茫沙海中，没有一个标志性东西，很难辨认方向。"跟我走吧。"老兵果敢地说。指挥官跟在他的后面。灼热的阳光将沙子烤得如炙热的煤炭一样，喉咙干得几乎要冒烟。他们没有食物了。老兵说："把马杀了吧！"指挥官怔了怔，也只能如此。他取下腰间的军刀……
> 　　"现在，马没了，你背我走吧！"指挥官又一怔：你有手有脚，这要求着实有点儿过分。但随即他就深深地自责，老兵迷失在沙漠中，完全是因为自己的指挥失误。他背起老兵。大漠上留下一串深陷且绵延的脚印……
> 　　一天，两天……茫茫沙漠好像无边无际。白天，指挥官是一匹任劳任怨的骆驼；晚上，他又成了体贴周到的仆从。然而，老兵的要求越来越多，越来越过分。他会将两人一天的食物吃掉一大半，会将每天定量的水多喝好几口。指挥官没有怨言，他只希望老兵能活着走出沙漠，以弥补自己的罪过。
> 　　他俩越来越虚弱。直到有一天，老兵奄奄一息了："你走吧，别管我了。"
> 　　"不，我们一起走！"
> 　　一丝苦笑浮上老兵的面容："这些天来难道你就没有感到我在刁难、拖累你吗？可我没想到，你的心可以包容下这些不平等的待遇。"
> 　　"我想让你活着，你让我想起了我的父亲。"指挥官痛苦地说。老兵解下身上的一只布包："拿去吧，里面有水，也有吃的，还有指南针。你朝东再走半天，就可以走出沙漠了。我们在这里的时间实在太长了……"老兵闭上了眼睛。
> 　　"我不会丢下你的，我要背你出去。"老兵勉强睁开眼睛："唉，难道你真的认为沙漠这么漫无边际吗？其实，只要走3天就可以出去，我只是带你走了一个圆圈而已。我亲眼看着我两个儿子死在敌人的刀下，他们的血染红了我眼前的世界，这全是因为你。我曾想与你同归于尽，一起耗死在这无边的沙漠里。然而，年轻人，你用宽广的胸怀融化了我内心的仇恨。只有能宽容别人的人才配受到他人的宽容。"说完，老人永久地闭上了眼睛。
> 　　指挥官震惊地伫立在那儿，仿佛又经历了一场战争，一场人生的战争。他得到一位父亲的宽容。此时他才明白，武力征服的只是人的躯体，只有爱和宽容大度才能赢得人心。

　　每个人生命中都会经历很多风风雨雨，也会遇到绚烂的彩虹，关键是如何面对生命的一切。在生活中，你是想做一个斤斤计较、得理不饶人的人，还是做一个豁达、感恩、宽恕的人？

一、感恩和感恩教育

（一）感恩和感恩教育的概念

　　在我国，"感恩"一词最早出现在晋朝陈寿的《三国志·吴书·骆统传》中，"飨赐之日，可人人别进，问其燥湿，加以密意，诱谕使言，察其志趣，令其感恩戴义，怀欲报之心"，这里的"感恩"是心怀感恩，有恩必报之意。《诗经》中"投我以木桃，报之以琼瑶"，这里的"感恩"是一种感恩的意识。在儒家的经典著作中，很多处提到了感恩，《论语·学而》中"孝悌也者，其为仁之本欤"，这里的"感恩"是对父母养育之恩的报答和对国家的回报。目前学术界对"感恩"的定义存在争议，但是学者们比较认同陶志琼教授对"感恩"的解释："感恩就是对他人、社会和自然给予自己带来的恩惠和方便在心里产生认可并意欲回馈的一种认识、一种情怀和行为。"

　　关于感恩教育，陶志琼认为："感恩教育是教育者运用一定的教育方法与手段，通过一定的感恩教育内容对受教育者实施的识恩、知恩、感恩、报恩和施恩的人文教育,是一种以情动情的情感教育,是一种以德报德的道德教育,更是一种以人性唤起人性的人性教育。"感恩教育的核心是培养人的感恩意识。感恩意识引导感恩行为,一个人只有形成正确的感恩意识,才会正确理解感恩的内涵,认识到感恩的重要性,并自觉践行感恩的实际行动,形成一种良好的行为习惯。

(二)感恩的意义

1. 感恩是不可缺少的美德 "鸦有反哺之义,羊有跪乳之恩"。我国自古就有"受人滴水之恩,当涌泉相报"的做人美德。感恩是学会做人的支点。在道德价值的坐标系中,坐标的原点是"我",我与他人、我与社会、我与自然,一切关系都是由主体"我"而延伸。如果人与人之间缺乏感恩之心,就会时时处处以自我为中心,只会爱自己,不会爱别人,只知道索取,不懂得奉献,必然导致人际关系冷漠。对他人的帮助时时怀有感激之心,会使我们知道每个人都在享受着别人通过付出给自己带来的快乐(图9-2)。

图 9-2

一个人拥有感恩之心,就会成为一个有责任心的人。拥有感恩之心,说明他对自己与他人、社会的关系有着正确的认识,一个人知恩图报,则是在这种正确认识之下产生的一种责任感。拥有感恩之心的人,可以认真、务实地从最细小的一件事做起。在现代社会分工越来越细的巨大链条上,每个人都有自己的职责、自己的价值,每个人有意无意间都在为他人付出。当我们感谢他人的嘉言善行时,当我们感谢社会给予我们的肯定时,第一个反应常常是自己应该怎样做,怎样做得更好。这虽是一种非常单纯的回报心理,然而于整个社会,则是非常有意义的良性循环。

2. 感恩是一种美好的心态 从成长的角度看,心理学家普遍认同这样一个规律:心态改变,态度就跟着改变;态度改变,习惯就跟着改变;习惯改变,性格就跟着改变;性格改变,人生就跟着改变。一旦拥有感恩的心态,最终就会升华性格,进而收获美丽的人生。

人生在世,不可能一帆风顺,种种挫折、无奈都需要勇敢地面对,豁达地处理。如果我们有一种感恩的思想,就会关注事物中的积极因素,就可以沉淀许多浮躁和不安,消融许多不满与牢骚,消解内心所有的积怨,战胜困难和挫折。不要总抱怨父母给予我们的太少,而是学会体谅、感恩父母;不要总责怪朋友对我们帮助不够,而是学会信任、感恩朋友;不要总埋怨老师对我们要求太严厉,而要学会理解、感恩老师;不要总是抱怨命运不够好,而要学会在顺境中感恩,在逆境中依旧感恩;不要总哀叹大自然给我们带来的风雨泥泞,而要学会和自然共处,感恩大自然。

3. 感恩是成就辉煌人生的重要支点 成功学家安东尼指出,成功的第一步,就是先存有一颗感激之心,既要时时对自己的现状心存感激,也要对别人为你所做的一切怀有敬意和感激之情。只有对社会、对环境、对周围的人心存感激,才能主动去帮助他人,你也会在遇到困难时得到别人更多的帮助,从而走出大写的人生之路。

一个人懂得感恩并付诸行动,会受到欢迎,人们愿意跟他长期合作。不懂得感恩的人觉得别人帮他是应该的,不思回报,别人就不愿意再与他合作,这样的人就不会有大的作为。感恩也是一种生存竞争力,是成就辉煌人生的重要支点。

心理故事9-3　　　　　　感 谢 信

在洛杉矶一家旅馆，早晨，我在大堂餐厅里发现右前方有3个黑人孩子，在餐桌上埋头写着什么。在就餐的时间、就餐的地方，这3个孩子却没做与吃饭有关的事。我难以按捺心中的好奇，试探着走了过去。在这些孩子应允下，我坐在他们旁边。看到我这样一个肤色不同的外国人到来，他们没有一丝扭捏，而是落落大方地和我谈了起来。约莫十二岁戴眼镜的男孩，是老大；女孩八九岁，是老二；另外一个小男孩五六岁，是老三。从谈话中我了解到他们和母亲暂时住在这家酒店里，因为他们正在搬家，新房还未安顿好。当问他们在做什么时，老大回答说正在写感谢信，他一副理所当然的神情让我满脸疑惑。3个小孩一大早写感谢信？我愣了一阵后，追问道："写给谁的？""给妈妈。"我心中的疑团一个未解一个又生。"为什么？"我又问道。"我们每天都写，这是我们每日必做的功课。"孩子回答道。哪有每天都写感谢信的？真是不可思议！我凑过去看了一眼他们每人手下的那沓纸。老大在纸上写了八九行字，妹妹写了五六行，小弟弟只写了两三行。再细看其中内容，都是诸如"院子里的花开得真漂亮""昨天吃的比萨饼很香""昨天妈妈给我讲了一个很有意思的故事"之类的简单语句。我心头一震。原来，他们写给妈妈的感谢信不是专门感谢妈妈给他们帮了多大的忙，而是记录下他们幼小心灵中感觉很幸福的一点一滴。他们还不知道什么叫大恩大德，只知道对于每一件美好的事物都应心存感激。他们感谢母亲辛勤工作，感谢同伴热心帮助，感谢兄弟姐妹之间相互理解。他们对许多我们认为是理所当然的事都怀有一颗"感恩的心"（图9-3）。

图9-3

（三）大学生感恩教育的途径

1. 加强学习，增强感恩意识　"知是行之始"，要想提高感恩素质，应从加强理论认知学习开始。首先，学习科学理论知识，结合辩证唯物主义和历史唯物主义的基本观点，正确认清自己，把握自己。不断拓展研究内容，多涉猎心理学、伦理学、哲学等学科，全方面多角度地认知感恩。另外，加强传统美德教育，通过中华民族优秀的传统文化加强对自身的熏陶，培养鉴别良莠的能力。以先进人物为榜样示范，通过一个个真实而感人的事例，激发内心深处的情感共鸣，不断激励自己向更高的道德境界攀登。

2. 注重实践，升华感恩情感　通过实践活动，将感恩教育的理论知识与实际行为有效结合，不断增强情感体验度。例如，积极参加公益活动、献爱心、献血活动，参加"为父母洗一次脚""为老师敬一杯茶""为长者让座"等感恩教育活动，参加感恩宣言、感恩演讲、感恩征文等。在看似不起眼的行为中，大学生体验到自我价值实现的成就感和服务奉献的愉悦感，为培养感恩情怀提供了更广阔的空间。

3. 坚持自律，培养感恩习惯　感恩习惯的养成需要从自身修养做起，加强自我教育，坚持道德自律。大学生需要按照感恩教育的目标和要求，通过自我学习、自我反思和自我修养等方式，培养自身主体意识，提高自律性。例如，通过"感恩日记"将日常生活中的感恩细节记录下来，不断总结，不断反思。同时，还要培养"慎独"精神，坚持道德自律，无论何时何地是否有人监督，都不能做不道德的事情。感恩习惯的养成是一个漫长的过程，要持之以恒，完成从他律到自律的行为转变，最终养成感恩习惯，践行感恩之举。

二、学会宽恕

（一）宽恕与宽恕品格

最初，宽恕具有浓厚的宗教色彩，后来因其本身的道德意味被哲学、心理学等学科广泛关注。我国学者对宽恕的概念没有清晰的界定，但我国传统文化早有丰富的恕道思想。《汉语大字典》中将"宽"解释为"不严厉，不苛求"，对于"恕"有两种释义，一是原谅、宽容；二是以自己的心推想别人的心。

"宽恕"自古以来就是中华民族的传统美德，它是处理个人与他人道德关系的基本态度和要求，是指人与人交往之间必须具备的一种推己及人和宽以待人的道德品质。当然宽恕不是无原则的退让、懦弱与胆小，真正的宽恕应该代表着勇气与力量，是勇敢和智慧的象征。所谓的宽恕之心，不是指所有的错误都可以被宽恕，而是建立在承认法律与公正、肩负社会和谐的重要性基础之上的。

宽恕是一个恕人恕己的心理活动过程，宽恕品格也是涵盖这两个方向的一种综合教育过程。所谓宽恕品格，其实质就是促进自我的认知水平由低层次向高层次的发展过程。可以理解为"通过各种形式的活动有目的、有计划地向个体传授宽恕知识、方法和技能，使受教育者掌握宽恕方法、提升实践宽恕的能力，明白宽恕的价值和意义，从而达到对宽恕有正确的认知和态度，并主动做出宽恕行为的影响过程"。

心理故事9-4　　化敌为友

竞选总统前夕，林肯在参议院演说时，遭到一个参议员羞辱。那参议员说："林肯先生，在你开始演讲之前，我希望你记住自己是个鞋匠的儿子。"

"我非常感谢你使我记起了我的父亲，他已经过世了。我一定记住你的忠告，我知道我做总统无法像我父亲做鞋匠那样做得好。"

参议院陷入沉默。

林肯转过头来对那个傲慢的议员说："据我所知，我的父亲为你的家人做过鞋子，如果你的鞋子不合脚，我可以帮你改正。虽然我不是伟大的鞋匠，但我从小就跟父亲学会了做鞋子的技术。"然后，他又对所有的参议员："对参议院的任何人都一样，如果你们穿的那双鞋是我父亲做的，而它们需要修理或改善，我一定尽可能地帮忙。但有一点可以肯定，他的手艺是无人能比的。"

说到这里，所有的嘲笑化作真诚的掌声。

有人批评林肯总统对待政敌的态度："你为什么试图让他们变成朋友呢？你应该想办法打击他们、消灭他们才对。"

"我们难道不是在消灭政敌吗？当我们成为朋友时，政敌就不存在了。"这就是林肯总统消灭政敌的方法，将敌人变成朋友。

林肯两度被选为美国总统。今天在以他名字命名的纪念馆的墙壁上刻着这样一段话："对任何人不怀恶意；对一切人宽大仁爱；坚持正义，因为上帝使我们懂得正义；让我们继续努力去完成我们正在从事的事业，包括我们国家的伤口。"

（二）宽恕及其相关概念的联系与区别

宽恕与公正、仁慈、宽容、原谅、容忍等概念存在一定交集。分清楚与宽恕相关且容易混淆的概念，对正确理解培养大学生宽恕品格以及深层次的相关研究具有重要作用。

1. 宽恕与公正　公正即公平和对等。道德问题的解决需建立在公正、平等的社会规则之上。因此，公正即是在社会规范范围内对道德问题的有效处理。而宽恕则是一种高于公正的善的形式。因此，公正与宽恕是不同道德层次上的概念，只有先具有公正的道德理念，才会具有宽恕理念并可能做出宽恕行为。

2. 宽恕与仁慈　在我国文化中，"仁"和"慈"的含义是大体一致的，即"爱"，强调对他人的爱心。西方文化认为，仁慈作为一种美好的道德品质，"总是不受约束的，它不能以力相逼，仅仅缺乏仁慈并不会受到惩罚，因为这并不会导致真正的罪恶"。由此，仁慈作为道德品质，其存在是没有条件性与目的性的，没有外力的逼迫，也不会导致对他人的实质性伤害。而宽恕是有条件性的，它一般发生在人际伤害或自我心理矛盾之后。关爱和宽恕都是"仁慈"这一道德话题下的分支，但仁慈涵盖的范围更广一些，是宽恕存在的条件之一。

3. 宽恕与宽容　"宽容"一词广义上具有"承受、保护和养育"的含义。现代汉语词典中，宽容主要有两种含义：一是对人度量大，如宽容；二是让、允许，如容让。而"恕"有两种基本含义：一是"原谅、宽容"；二是"以己之心推想他人之心"。可见从单个字释义来看，主要集中在"恕"与"容"的差别上。宽容的对象范围较为广泛，可以是人的思想，也可以是人的行为等内容。而宽恕的矛盾对象则较为具体，宽恕心理、行为往往是和自己直接相关的，无论是宽恕别人还是宽恕自己，都是事后需要的一种心理调适过程。

4. 宽恕与原谅　原谅指通过提供合理化的解释来减轻不宽恕带来的负面情感，而这个合理化的解释使冒犯者的行为可以被理解。可以说，宽恕是一种美德，而原谅不是一种美德。事实上"原谅"就是找一个消除负面情绪的理由，而宽恕则往往发生在冒犯者的不公正的情况下，当个体抱歉的时候，他可能并没有认识到不公正。原谅更倾向于对冒犯行为的忽视，而不一定表达为宽恕。

5. 宽恕与容忍　容忍并不能表达为一种美德，如果一个冒犯者的行为让我感到不舒服，我可以容忍他，但我并不是在宽恕他。容忍并不是消极的反应，只是对他的行为忍受，是一个被动的过程；宽恕相对来讲，是一个更为主动的过程。而且宽恕较之于容忍，受到冒犯的程度更深。

（三）大学生宽恕品格的培养途径

1. 宽恕理念的弘扬　在校园中，可以充分利用课堂教学这一手段进行宽恕及相关理论知识的传授，使大学生群体对宽恕的由来、何谓宽恕及东西方宽恕的异同点等知识有深刻的了解，对宽恕理论、影响因素、技巧等有一定程度的领悟。另外，在家庭教育中，父母应树立整体的家庭道德教育观念。首先，父母要了解家庭道德教育的意义。其次，加强家庭道德文化建设。树立平等、尊重、和谐的家庭道德教育理念，将时代的主流思想和家庭道德建设相结合，完善家庭道德教育的内容。

2. 宽恕行为的强化　培养大学生宽恕品格还可以通过心理咨询案例与分析来进行。目前，很多学校都设有心理咨询室，可以通过大学生日常的心理咨询整理出当今大学生宽恕倾向及动因的具体情况，为培养大学生宽恕品格的进展提供具体的案例资料，这种心理咨询案例分析应该包括个案的分析和团体案例的分析，以便进行有针对性的个体宽恕辅导或者团体宽恕辅导。

3. 宽恕氛围的营造　首先，宽恕品格培养可以通过大学生团体活动来开展。有效利用学生社团这一载体，将宽恕课堂教学与大学生的日常生活紧密结合起来，将宽恕知识，尤其是宽恕的技巧和宽恕对于个体发展的正面作用渗透于学生团体活动中，不知不觉影响大学生的行为方式。其次，家庭氛围和谐对子女的家庭道德教育起着不可估量的作用。根据不同家庭的实际情况，精心设计构建积极的家庭活动，充分发挥家庭的主体作用，营造和谐家庭氛围。最后，要创造积极的社会环境。政府可以通过自己的力量去引导民众，让民众去相信宽恕的力量；运用政府的力量去树立宽恕典型榜样，鼓励人们去发扬他们的这种精神。同时新闻媒体等网络媒体也可以通过现代信息技术去传播关于宽恕的舆论，营造宽恕的氛围，给予宽恕者道德上的赞扬，反之也要适当地给予谴责。也许这些力量看似是弱小的，但是水滴石穿，如果能够长久发展下去，宽恕氛围会越来越强烈，那么对整个社会，尤其是对刚刚走出校园的大学生来说，不仅能够树立正确的世界观、人生观、价值观，同时对促进社会的安定与和谐，保证社会健康地向前发展具有非常重要的社会意义（图9-4）。

图 9-4

训练活动

训练活动 9-2　　我的支持系统

【目的】每个支持、理解、帮助你的人组成你的支持系统，使你健康快乐地成长；同时，你对别人的理解、感激、宽容、支持，也会成为别人的支持系统。

【步骤】

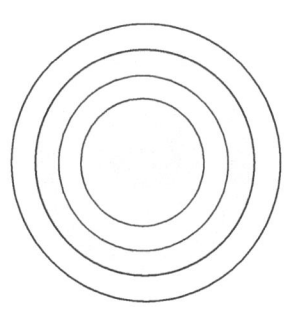

1．把自己的名字写在最里面的圈内。

2．根据获得心灵支持的程度，由内向外（越靠近中心，表示支持的力度越大）依次填写支持你的人。

3．小组分享：

他们为什么会成为你的支持系统？

你从他们那里，获取了哪些支持和力量？请举例说明。

请你对他们说一句心里话。

训练活动 9-3　　自 我 检 测

领悟社会支持量表（PSSS）

领悟社会支持量表，共含有12个项目，分为7级评分的自评量表，用于评价社会支持程度。

指导语：以下有12个句子，每个句子后面各有7个答案。请您根据自己的实际情况在每句后面选择一个答案。例如，选择①表示您极不同意，即说明您的实际情况与这一句子极不相符；选择⑦表示您极同意，即说明你的实际情况与这一句子极相符；选择④表示中间状态。其余类推。

测 试 题 目

1．在我遇到问题时有些人（老师、亲戚、同学）会出现在我的身旁

①极不同意 ②很不同意 ③稍不同意 ④中立 ⑤稍同意 ⑥很同意 ⑦极同意

2．我能够与有些人（老师、亲戚、同学）共享快乐与忧伤

①极不同意 ②很不同意 ③稍不同意 ④中立 ⑤稍同意 ⑥很同意 ⑦极同意

3．我的家庭能够切实具体地给我帮助

①极不同意 ②很不同意 ③稍不同意 ④中立 ⑤稍同意 ⑥很同意 ⑦极同意

4．在需要时我能够从家庭获得感情上的帮助和支持

①极不同意 ②很不同意 ③稍不同意 ④中立 ⑤稍同意 ⑥很同意 ⑦极同意

5．当我有困难时有些人（老师、亲戚，同学）是安慰我的真正源泉

①极不同意 ②很不同意 ③稍不同意 ④中立 ⑤稍同意 ⑥很同意 ⑦极同意

6．我的朋友们能真正地帮助我

①极不同意 ②很不同意 ③稍不同意 ④中立 ⑤稍同意 ⑥很同意 ⑦极同意

7．在发生困难时我可以依靠我的朋友们

①极不同意 ②很不同意 ③稍不同意 ④中立 ⑤稍同意 ⑥很同意 ⑦极同意
8．我能与自己的家庭谈论我的难题
①极不同意 ②很不同意 ③稍不同意 ④中立 ⑤稍同意 ⑥很同意 ⑦极同意
9．我的朋友们能与我分享快乐与忧伤
①极不同意 ②很不同意 ③稍不同意 ④中立 ⑤稍同意 ⑥很同意 ⑦极同意
10．在我的生活中有某些人（老师、亲戚、同学）关心着我的感情
①极不同意 ②很不同意 ③稍不同意 ④中立 ⑤稍同意 ⑥很同意 ⑦极同意
11．我的家庭能心甘情愿地协助我做出各种决定
①极不同意 ②很不同意 ③稍不同意 ④中立 ⑤稍同意 ⑥很同意 ⑦极同意
12．我能与朋友们讨论自己的难题
①极不同意 ②很不同意 ③稍不同意 ④中立 ⑤稍同意 ⑥很同意 ⑦极同意

结果评分：PSSS 的主要统计指标为总分。在自评者评定结束后，将 12 个项目的各个得分相加即得总分。得分越高，说明社会支持系统越好；反之越弱。得分<32 分，你的社会支持系统存在严重问题，可能和你的个性有关。得分<50，社会支持存在一定问题，但不是很严重。

适用对象：PSSS 适用于 18 周岁以上的成年人。可以很好地评定其社会支持系统，帮助个体更好地认识周围的支持力量。

训练活动 9-4　　　　　　我经历过的宽恕

【目的】通过分享经历，领悟生活中的宽恕。

【步骤】

1．你在生活中宽恕过别人吗？你是否被别人宽恕过？写下我宽恕别人的一件事和别人宽恕我的一件事。
2．分享讨论。

第 3 节　触摸幸福

名人名言　人类的一切努力的目的在于获得幸福。

——欧文

心理故事 9-5　　　　　　罗斯福被盗

曾 4 次当选美国总统的罗斯福家中失窃，被偷去很多东西。他的朋友写信安慰他，罗斯福给朋友写了一封回信："亲爱的朋友，谢谢你来信安慰我，我现在很平安。感谢上帝！因为：第一，贼偷去的是我的东西，而没有伤害我的生命；第二，贼只偷去我部分东西，而不是全部；第三，最值得庆幸的是，做贼的是他而不是我。"

这个故事告诉我们，事事要从"失"看到"得"。我们的生活状态在很大程度上取决于对生活的态度，取决于看待问题的方式。祸福相依相生，不要以为眼前看到的是祸，便认为它有过而无功，要客观地对待每件事物。

生活不是一帆风顺的，幸福的人生也会遇到困难和挫折。但是，幸福的人在困难面前仍然能够会心微笑，看到生命对自己的"优待"，然后鼓起勇气，克服困难，去拥抱更大的幸福。

一、幸福和幸福感

（一）幸福

幸福的概念美丽而又模糊，古今中外，社会学家、哲学家、心理学家立足于各自的学术视角对其定义各不相同。《辞海》中解释说：幸福是一种为生活满足和感到快乐并自然持续的愉快心情。心理学上把幸福定义为个人需求得到满足后的愉悦感，幸福是人类需要的情绪体验，人类希

望这种愉悦感的情绪能够持久，并想方设法努力使这种幸福的情绪长久而持续。

幸福思想随着社会的发展而不断完善，直到马克思主义幸福观的提出，才被认为是科学的幸福观，得到社会的广泛认可。马克思指出，"幸福是指人之所以为人的真理与自己同在时的心理状态，包括一切真实的事物、人性的道理、他人的生命甚至动物的生命与自己同在等，是一种心理欲望得到满足时的状态，是一种持续时间较长的对生活的满足和感到生活有巨大乐趣并自然而然地希望持续久远的愉快心情"。

（二）幸福感

随着积极心理学的兴起和不断发展，心理学对幸福感的研究取得了明显的进展。主观幸福感是指个体主观上对自己已有的生活态度正是自己心目中理想的生活状态的一种肯定和感受，即个体自己事先设定好标准，并以此标准对其生活质量进行整体性评价，也是反映个体对生活喜爱程度的过程。主观幸福感主要包括两个部分，分别是生活满意度和情感体验度，其中生活满意度是指个体对其生活质量形成的总体认识与评价；情感体验度是指个体对情绪情感的感受与体验，包括积极情感和消极情感两个方面，其中积极情感表现为轻松、快乐、满意、高兴等感受，而消极情感表现为难过、郁闷、伤心、焦躁等感受。

二、影响大学生幸福感的矛盾冲突

大学生处于青年期和青年早期，身体、心理等各方面逐渐走向成熟，同时也存在很多发展上的问题，这些矛盾、冲突无疑会给其幸福感带来一定的冲击和影响。具体矛盾表现为：

（一）需要交流与自我心理防御

大学生有着强烈的交流欲望和表达欲望，内心渴望得到理解和支持，渴望得到关爱和帮助。但同时，大学生又有着较高的自我防御，不轻易向他人吐露自己内心深处的真实想法，这些自我防御都导致其与父母、老师等缺乏有效沟通，容易产生心理距离。当苦闷无人倾诉、自己不被理解的时候，会影响其对幸福的感知。

（二）强烈的自尊心与自卑感

有些大学生对未来、对生活缺乏合理的规划，强烈的自尊与自卑交融在一起，造成心理上的失衡与不安。例如，有些同学渴望得到别人的认可和赞许，但又害怕自己所期望的关注不能实现，而在行为上表现得无所适从，甚至会用一些过激的行为，如采取打架斗殴、顶撞老师等方式来掩饰内心的自卑与懦弱，用这些错误的方式来维护自己强烈的自尊心。

（三）情感的丰富与情绪的不稳定

大学生往往容易感情用事，敏感冲动，常处于一种无名的烦恼中。虽说也懂得一些有关人情世故的道理，然而却不善于处理情感与理智之间的关系。为此，在遇到一些应激事件时，常常不能冷静和理智对待，各种矛盾冲突都有可能在情绪中反映出来。在很多情况发生后又感到懊悔莫及、苦恼万分，影响生活幸福感。

（四）求知欲强与识别力低

大学生求知欲旺盛，但由于社会经验不足，认知结构和思想方法简单，对真伪、美丑、精华糟粕的分辨能力较差，有时会瑕瑜不分，甚至吸取了一些有害的东西，从而导致自己的行为出现偏差，进而影响生活，降低主观幸福感。

三、提升幸福感的策略

可以通过以下五个方面来提高大学生的主观幸福感。

（一）树立正确的人生观、价值观

要树立正确的人生观、价值观需做到：①认真学习，不断自我评价、自我反省、纠正错误的思想观点。②要有正确的观念，把握好自己的言行。③结合自己的实际情况，树立人生目标，制订阶段性目标，并朝着目标不断努力。

拓展阅读　　塞林格曼的快乐窍门

Seligman 认为，要想大幅增加你的快乐，最有效的办法就是做"感恩拜访"。意思是写出感谢他人的话，任何你想感恩的对象，然后去造访对方，再当面读出这封感恩信。其惊人之处在于，就算只做过一次这种行为的人，事隔 1 个月之后，还是明显快乐得多、比较不沮丧，但是 3 个月之后就无效了，持续更久的办法是每天花点时间写下 3 件很好的事、好在哪里。

（二）营造积极的自我概念

积极的自我概念是指个体对自己的积极看法和态度。大学生可以通过从事实践活动并力争获得成功来营造积极的自我概念，成功可以增强人的自我效能感、价值感，提高自信心，有利于对自己做出正面的自我评价，从而使个体逐渐懂得欣赏、悦纳自己，对生活充满感恩。

拓展阅读　　一项关于幸福感的调查

2001 年 Danner 和他的同事们，在一项对美国 180 名修女的回溯研究中发现：这些修女们在进入修道院时所写的档案中表达出来的幸福程度与她们长寿与否密切相关。经历了半个多世纪之后，一批训练有素的评分者对她们在文字中所反映出的积极情绪进行量化评分。在最幸福的那 1/4 被试者中，有 90%的人寿命超过 85 岁，最不幸福的 1/4 被试者中，只有 34%的人活到了这个年龄。

（三）正确归因，增强控制感

根据美国心理学家韦纳的动机归因理论，成功和失败可归因于以下四个因素：能力、努力、运气和任务难度。把失败归因于主观因素会使人感到内疚和无助，把成功归因于客观因素则不利于个人成就动机的提高。因此，大学生在归因时，要努力避免这两种错误的归因模式，对自己的成败进行客观、冷静的分析，逐渐培养自己的控制感，摆脱无助感。

（四）积极乐观地应对挫折

挫折、压力与不幸本来就是生活的一部分，也是一种值得珍惜的生活体验。我们要正确认识并勇于面对挫折和压力，而不是怨天尤人。大文豪巴尔扎克说过："世界上的事情永远不是绝对的，结果完全因人而异。困难对于天才是一块垫脚石，对于能干的人是一笔财富，对于弱者是一个万丈深渊。"挫折会给人以打击，带来损失和痛苦，但也能使人受到磨炼和考验，从而变得坚强起来。引起挫折感的与其说是那些挫折、应激、冲突本身，不如说是受挫者对所受挫折的看法。因此，我们应该以大智大勇来接受生活中的挫折与不幸。

心理故事 9-6　　为生命画一片树叶

只要心存信念，总有奇迹发生，希望虽然渺茫，但它永存人世。

美国作家欧·亨利在他的小说《最后一片叶子》里讲了个故事，一个生命垂危的病人从房间里看见窗外的一棵树，在秋风中树叶一片片地掉落下来。病人望着眼前的萧萧落叶，身体也随之每况愈下，一天不如一天。她说："当树叶全部掉光时，我也就要死了。"一位老画家得知后，用彩笔画了一片叶脉青翠的树叶挂在树枝上。最后一片叶子始终没掉下来。只因为生命中的这片绿，病人竟奇迹般地活了下来。

人生唯独不能没有希望。希望是人类生活的一项重要的价值。有希望之处，生命就生生不息！其实，幸福早就放在你的面前。饿的时候，有一碗热腾腾的拉面放在你眼前，幸福；累的时候，扑上软软的床,也是幸福;哭的时候,有人递来一张纸巾,更是幸福。幸福本没有绝对的定义,平常一些小事也往往能撼动你的心灵,幸福与否,只在乎你的心怎么看待(图9-5)。

图9-5

训练活动

训练活动9-5   自 我 检 测

主观幸福感

"主观幸福感"量表是由张兴贵编制的,旨在测量青少年对目前生活现状的认识,评价其生活满意度。

指导语:请仔细阅读下面的每一语句,参照你在大多数时间的生活状况,在最符合你观点的数字上做出"√"标记。其中1为"完全不符合",2为"不符合",3为"有点不符合",4为"说不清",5为"有点符合",6为"符合",7为"完全符合"。请按照你的真实想法和感受,而不是觉得应该采取的方式做答,这一点非常重要。

	完全不符合	不符合	有点不符合	说不清	有点符合	符合	完全符合
1．我的朋友们对我很友善	1	2	3	4	5	6	7
2．我喜欢和我的父母在一起	1	2	3	4	5	6	7
3．我在学校里感到不舒服	1	2	3	4	5	6	7
4．我希望自己住在别的地方,而不是现在的地方	1	2	3	4	5	6	7
5．基本没有人强迫我做自己不喜欢做的事	1	2	3	4	5	6	7
6．我在学业上取得了理想的成就	1	2	3	4	5	6	7
7．我生活的环境周围有很多不如意的事情	1	2	3	4	5	6	7
8．基本上我都能按照自己的愿望行事	1	2	3	4	5	6	7
9．我对我的学业状况满意	1	2	3	4	5	6	7
10．如果我需要,我的朋友们都会帮助我	1	2	3	4	5	6	7
11．我喜欢与我的家人待在一起	1	2	3	4	5	6	7
12．学校的很多事情我都不喜欢	1	2	3	4	5	6	7
13．我生活的地方社会治安好	1	2	3	4	5	6	7
14．基本上我有自主选择的自由	1	2	3	4	5	6	7
15．与多数的同学相比,我在学校的发展较全面	1	2	3	4	5	6	7
16．我的朋友们对我很好	1	2	3	4	5	6	7
17．我的家人在一起相处很和睦	1	2	3	4	5	6	7
18．我喜欢去上学	1	2	3	4	5	6	7
19．我生活的地方社会风气好	1	2	3	4	5	6	7
20．我在课余时间做自己喜欢做的事	1	2	3	4	5	6	7

	完全不符合	不符合	有点不符合	说不清	有点符合	符合	完全符合
21．与我的同学相比，我在学校得到的荣誉较多	1	2	3	4	5	6	7
22．我的朋友对我很小气	1	2	3	4	5	6	7
23．我的父母能平等地对待我	1	2	3	4	5	6	7
24．我喜欢学校的生活	1	2	3	4	5	6	7
25．我们生存的世界是和平安宁的	1	2	3	4	5	6	7
26．基本上没有人干涉我的生活	1	2	3	4	5	6	7
27．我觉得自己在同伴中很有面子	1	2	3	4	5	6	7
28．我的家庭成员之间互相讲话很友善	1	2	3	4	5	6	7
29．我在学校的生活很有趣	1	2	3	4	5	6	7
30．我在学业上很有成就感	1	2	3	4	5	6	7
31．我与我的朋友在一起有很多趣事	1	2	3	4	5	6	7
32．我和我的父母在一起能愉快地交谈	1	2	3	4	5	6	7
33．我喜欢学校的活动	1	2	3	4	5	6	7
34．我有很多朋友	1	2	3	4	5	6	7
35．大多数时候我喜欢家长的教育方式	1	2	3	4	5	6	7
36．我的同学都很尊重我	1	2	3	4	5	6	7
37．我在自己的同伴中很有威信	1	2	3	4	5	6	7

结果分析：该量表以总分为主要统计指标，总分越高，表明主观幸福感越好；反之，主观幸福感和生活满意度越差。量表分为 6 个子维度，友谊满意度，包括 1、10、16、22、27、31、34、36、37 题；家庭满意度，包括 2、11、17、23、28、32、35 题；学业满意度，包括 6、9、15、21、30 题；自由满意度，包括 5、8、14、20、26 题；学校满意度，包括 3、12、18、24、29、33 题；环境满意度，包括 4、7、13、19、25 题。

训练活动 9-6　　　　"优点"轰炸

【目的】每个人身上都有优点，都有属于自己的"闪光点"，但是很多人自己没有意识到。那么请我们的同伴帮忙找一找吧，每个人感受自己的"闪光幸福"！

【步骤】

1．每 6 人为一组。每组人围成一个圈，每个人将自己的卡片转交给右手位的同学，拿到卡片的同学在卡片背面写上卡片主人的一个优点，再交给右手边的下一位同学。直到卡片传回主人手中停止。

2．卡片主人念出卡片上写的内容。

3．每位同学谈一下对同伴发现自己优点的感受，体会幸福，收获自信。

第4节　健康生活

> **名人名言**　习惯养得好，终身受其益，习惯养不好，终身受其累。
>
> ——陈鹤琴

案例 9-1　　　　小徐的病因

2017 年 9 月，淮安市某高校大学生小徐被诊断出患有乳腺癌，对于小徐患癌的原因，医生表示，术后他们在和小徐的交流中，注意到一个细节，小徐平时经常熬夜玩手机，凌晨睡觉是常有的事，有时候还会通宵，作息非常不规律。医生表示，熬夜比较多，生活压力调节不当，和小徐的发病存在着一定关系。

点评：经常喝酒、熬夜、玩手机，长期面对电子产品、不运动等各种不良生活习惯易导致内分泌失调并且引发各种疾病。养成良好的生活习惯，健康生活非常容易。引导大学生建立科学、合理、文明的生活习惯是增强其体质与健康水平的重要途径和手段。

一、大学生不良生活习惯的现状

随着社会经济的不断进步和科技信息的飞速发展,人们的生活水平得到了显著提高,一些高科技产品在人们生活中广泛应用,使得大学生的校园生活节奏加快并且丰富多彩起来,从而有了更多的时间和物质消费资源来满足日常的生活需要,与此同时也带来许多不健康的生活习惯,具体表现为以下4个方面。

(一)作息时间不规律

大学生活相对来说轻松自由,这实际上对学生的自理能力、学习能力和与人相处的能力均提出了更高的要求。作息时间执行不到位,一些学生该休息的时候不休息,得不到充足的睡眠,从而会影响第二天的精神状态和学习。如果这种状况长期存在,势必引起恶性循环,使得大学生的学业和健康均得不到保障。

(二)日常饮食不科学

目前很多大学生由于晚上熬夜,早上起床晚来不及吃早饭便去上课,或匆匆忙忙边往教室赶边吃一点,有的索性取消了早饭,有的则在课间饿的时候随便吃些零食。大学生正处长身体的关键时期,这种靠吃些零食充饥或不吃早饭的习惯发展下去,势必会影响他们的身体健康。

(三)体育锻炼不充足

随着网络游戏、电子产品等课余活动方式的兴起,参与传统文体活动的大学生总数呈现下降的趋势。近年来大学生的体质健康达标测试指标下降,肥胖的学生越来越多,这些都与缺乏体育锻炼有很大的关系。

(四)娱乐休闲无节度

在网络世界的大环境下,大学生的业余生活得到了进一步充实,适度玩游戏可以放松心情,但一旦成瘾,很难自拔,从而荒废学业,严重的还会造成性格孤僻、逃避现实甚至轻生等后果。据统计,因学业不过关而导致退学、延长学制的大学生中,大多数是由于长期沉溺于网络,成瘾不可自拔造成的。

拓展阅读　　　　网络成瘾的特征

网络成瘾者对网络有一种心理和行为上的过度依赖感,以上网为生活重心,上网时间失控,一旦停止上网,马上就会出现不安、烦躁、乏力、情绪低落、兴趣丧失、头晕目眩、食欲下降、注意力不集中等不良反应。具体呈现为以下特征:

1. **渴求性**　其思维、情感和行为全由上网活动控制,在无法上网时会体验到强烈的焦虑和渴望。
2. **逃避性**　为应付环境变化或追求某种体验,通过网络活动来产生激动、兴奋、刺激和紧张等情绪体验,也可从中获得一些安宁、躲避甚至麻木的情感效果。
3. **耐受性**　必须逐渐增加上网时间和投入程度,才能获得以前未有过的满足感,就像吸毒者必须逐次增加毒品摄入量一样,耐受程度不断增强。
4. **烦躁性**　在意外或被迫不能上网的情况下,会产生烦躁不安等情绪特征和全身颤抖等生理反应。
5. **冲突性**　导致成瘾者与周围环境产生冲突,如与家庭、朋友、工作、学习、社会活动和其他爱好等的冲突。
6. **矛盾性**　成瘾者有时持有矛盾心态,当意识到过度上网的危害时却又不愿舍弃上网带来的各种精神满足之间的矛盾。
7. **反复性**　经过一段时间的控制和戒除之后,成瘾行为会反复发作,并且表现出更为强烈的倾向。

二、培养大学生良好生活习惯的意义

良好生活习惯是奠定大学生健康人生的基础。生活中,人们的一言一行绝大程度来源于个人习惯。吸收良好的饮食理念,习得规律的锻炼习惯,注重身体素质提高,这些理念和习惯为我们健康的人生提供保障。

良好的生活习惯有利于促进和谐校园文化建设。大学生良好的生活习惯对于营造和谐、积极向上的校园文化至关重要。大学生勇敢迎接生活中各种挑战的积极人生态度,一种明辨善恶、美丑,追求崇高、积极向上的高雅审美趣味,一种诚信、开放、互助协作的处世胸怀,展现出当代大学生的人文精神。

良好的生活习惯有利于和谐人关系的建立和发展。大学生活的特点是集体化,有集体观念的同学更能够充分认识到集体对个人健康成长的重要意义,因而热爱集体、融入集体、建设集体,养成良好的公共道德,如遵守作息时间、注意个人及寝室清洁卫生、尊重他人、帮助同学等,拥有如此良好生活习惯的同学在校园人际交往中无疑是最受欢迎的人。

心理故事 9-7　　　　习惯的力量

理发师傅教自己的学徒理发,每次练习过后,徒弟都会顺手将剃头刀插在模子上,师傅对此也习以为常。不久,弟子学成出徒,师傅决定让他为自己理一次发以示结业。结果可想而知,理完后,徒弟像往常一样将刀插在了师傅头上。

启示:良好的习惯都是从生活中一点一滴的小事中经过长时间的积累养成的,坏习惯也是如此。及时改掉不良习惯,养成健康习惯,从小事做起。

三、培养大学生良好生活习惯的途径(图 9-6)

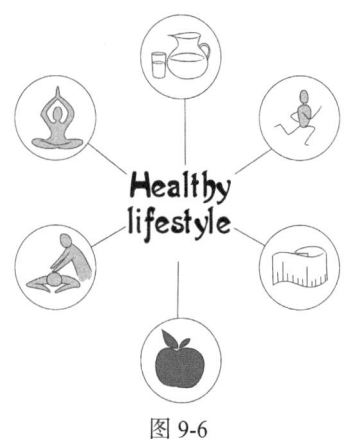

图 9-6

(一)安排好作息时间,形成良好的作息习惯

有规律的生活对促进身心健康是非常有利的。大学生应注意培养自我控制和约束能力,增强时间观念,养成良好的作息习惯,睡眠时间每天一般不少于 7 小时,早睡早起,适当午休。

(二)进行适当的体育锻炼,养成自觉锻炼的习惯

生命贵在运动。大学生在安排好学习的同时,也要根据自身条件进行适当的体育锻炼,这样不但可以缓解学习压力,还可以增加生活乐趣,有助于提高学习效率。跑步、打篮球、踢足球、打羽毛球等活动都有助于增强体质,提高抵抗能力,如果能够在锻炼过程中逐步找到适合自身特点的体育活动项目并一直坚持下去,将会终身受益。

(三)安排好饮食,养成良好的饮食习惯

近几年,我国因饮食问题产生的疾病逐渐增加,发病率越来越趋向于年轻化。青少年中肥胖率的快速增加,高血压、高血脂等老年病的低龄化倾向等,都与饮食习惯有关。大学时期应合理安排好饮食,定时定量、细嚼慢咽,早饭要吃好、午饭要吃饱、晚饭要吃少,注意营养搭配、荤素搭配,不挑食偏食,加强全面营养,多吃蔬菜和水果。

（四）不沉溺于网络，形成合理掌握使用网络时间的良好生活习惯

网络已成为大学生生活与学习的重要陪伴者，它在带来极大便利的同时，也对大学生的思想品德、学业、身心、人际关系、情绪情感、兴趣爱好等多方面带来不少负面影响。大学生应当合理认识和利用网络，积极发挥网络的优势作用，合理安排时间，多做有意义的事情（图9-7）。

图 9-7

拓展阅读　　基于认知行为疗法的网瘾干预技术

1．分层级安排任务。治疗中遵循循序渐进的原则，将目标进行层级划分。如将上网时间分为每次上网5小时、每次上网4小时、每次上网3小时、每次上网不超过2小时，在完成每个任务的过程中，心理咨询人员都要进行及时鼓励，使个体获得成功的体验，逐步达到最终的目标。

2．积极的自我对照。网瘾个体在处理他人传达的信息时多存在消极的偏见，常常忽视积极的评价甚至低估自己，这些负性信念往往影响他们正常的人际交往或学业，并且进一步加剧网络依赖的程度。心理咨询人员应尽量使个体关注自身取得的进步，注重与最差状态的距离，而非与最好状态的距离。

3．积极的自我陈述记录。个体将每天所做的积极的事情或值得认可的项目简单列出来，如"我今天要先完成作业""将上网时间控制在2小时内""下午和同学一块打篮球"等，通过完成积极的自我陈述记录，个体有助于保持积极信念，抑制上网的欲望。

4．实用体验。对于网络依赖者，当他不愿上网时，假如他一天已上网10小时，心理治疗者通过给他追加网络使用时间，比如再加上3小时，使得个体对网络感到疲倦，从而逐步减少上网时间，逐步摆脱网瘾。

5．团体辅导。将网络成瘾学生组织起来，分组进行辅导，采用认知行为的技术分四个层面进行干预：①在问题解决层面，使团体成员客观评价自我的网络使用行为、动机及后果。②在认知和情绪反应方面，纠正认知偏差，改善情绪反应方式。③在人际交往方面，评估个人的人际关系网络，寻找社会支持资源。④在自我管理方面，制定策略，提高自我管理技能。通过团体辅导，使个体恢复正常的生活节律，提高自我管理能力，健康地使用网络，避免其陷入更深的网瘾中。

（五）要远离烟酒，形成良好的卫生习惯

大学生应该明确目标、振奋精神，从自身做起、从一点一滴做起，逐步养成良好的卫生习惯。从进校开始就严格要求自己，制定养成生活习惯的计划，坚持不懈，杜绝不良影响。

训 练 活 动

训练活动9-7　　习 惯 碉 堡

【目的】改变习惯需要付出努力。通过本活动，增强改掉坏习惯的意志力。

【步骤】

1．讨论　你有哪些不良生活习惯？它是如何影响你的生活的？

2．采取哪些有效措施可以帮助我们改掉不良习惯？

3．写下你的措施。

训练活动9-8　　网络的利与弊

【目的】引导学生正确认识网络，合理利用网络。

【步骤】

1．学生自由组合，分成正反两组围绕"网络的利与弊"展开一场辩论赛，老师担任主席评委，正方主题是"网络利大于弊"，反方主题是"网络弊大于利"，准备时间3分钟。

2．辩论赛流程

立论阶段

（1）正方一辩开篇立论，3分钟。

（2）反方一辩开篇立论，3分钟。

驳立论阶段

（3）反方二辩驳对方立论，2分钟。

（4）正方二辩驳对方立论，2分钟。

自由辩论

（5）自由辩论。

总结陈词

（6）反方总结陈词，3分钟。

（7）正方总结陈词，3分钟。

3．教师总结　呼吁广大同学合理使用网络，保障自己身心的健康发展。

训练活动 9-9　　　　制作"上网自控检测表"

【目的】通过分析自己的网络时间，提高控制能力。

【步骤】

1．自己填写表格。

2．请朋友评价。

3．坚持下去，看看发生什么积极的变化。

1周上网自控检测表

星期	上网时限	活动内容	是否主动下线	是否因上网而耽误学习或活动	自评	朋友评语
星期一						
星期二						
星期三						
星期四						
星期五						
星期六						
星期日						

注：自认做得好就画一个☺，然后再请朋友评价，1周后继续列表进行自控。

小　结

本章首先介绍了生命和生命观，指出大学生生命观现状、特点以及大学生生命观的教育途径。其次，指导大学生学会感恩和宽恕，并通过案例和自测分析了解自己从他人身上获得的社会支持，学会感恩生命；带领学生体会和触摸幸福，了解幸福的含义及框架，并测量自身的主观幸福感。最后，针对学生的生活习惯提出了建议和对策。

思考与解答

1. 通过这个章节的学习，我更深刻地认识和理解了生命的含义，但我有时还是无法控制一些悲观想法，对生命有些沮丧，该如何是好？

2. 知识问答

（1）什么是生命？什么是生命观？

（2）结合自己的实际情况，谈谈大学生应如何树立正确的生命观。

（3）请举例分析自己经历过的感恩和宽恕，并体会二者的魅力。

（4）分析自己的主观幸福感，并思考今后应如何对待生命，收获幸福。

（5）结合自己的生活，谈谈如何建立健康的生活方式。

推荐欣赏

电影推荐

《当幸福来敲门》《网瘾少年》

书籍推荐

阿德勒．2017．自卑与超越．若初译．武汉：华中科技大学出版社

派克．2007．少有人走路：心智成熟旅程．于海生译．合肥：安徽人民出版社

塞利格曼．2010．真实的幸福．洪兰译．沈阳：万卷出版公司

威尔·鲍温．2009．不抱怨的世界．陈敬旻译．西安：陕西师范大学出版社

维克多·弗兰克尔．2014．活出生命的意义．吕娜译．北京：华夏出版社

第10章 适应职业

大学时期是人生历程的一个重要十字路口,在面临多重可能性选择的时候,一份明确的职业生涯规划犹如人生导航,引导学生顺利实现职业理想。在职业发展的过程中,良好的职业规划和适应能力是成功所必备的。

第1节 规划职业生涯

名人名言 如果不做职业生涯规划,你离挨饿只有三天。

——徐小平

心理故事 10-1　　　　斯皮尔伯格的故事

斯皮尔伯格在 17 岁时,有一次到一个电影制片厂参观,尔后,他就偷偷立下了目标,要拍最好的电影。第二天,他穿了一套西装,提着爸爸的公文包,里面装了一块三明治,再次来到制片厂。他故意装出一个大人模样,骗过了警卫,来到了厂里面,然后找到一辆废弃的手推车,用一块块塑胶字母,在车门上拼出"斯蒂芬 · 斯皮尔伯格""导演"等字样。他利用整个夏天去认识各位导演、编剧等,天天忙着以一个导演的生活来要求自己,从与别人的交谈中学习、观察、思考,并最终在 20 岁那年,他成为正式的电影导演,开始了大导演的职业生涯。他在 36 岁时就成为世界上最成功的制片人。在电影史十大卖座的影片中,他个人就有 4 部。

从这个故事我们可以看到,职业生涯规划对立志成才、实现理想有着重要的作用。

一、职业生涯规划的概念

职业生涯规划是指个人和组织相结合,在对个体职业生涯的主客观条件进行测定、分析、总结研究的基础上,对自己的兴趣、爱好、能力、特长、经历及不足等各方面进行综合分析与权衡,结合时代特点,根据自己的职业倾向,确定其最佳的职业奋斗目标,并为实现这一目标做出行之有效的安排。例如,做出个人职业的近期和远景规划、职业定位、阶段目标、路径设计、评估与行动方案等一系列计划与行动。

职业生涯规划的目的绝不只是协助个人按照自己的条件找一份工作,达到和实现个人目标,更重要的是帮助个人真正了解自己,为自己订下事业大计,筹划未来,拟订一生的方向,进一步详细估量内、外环境的优势和限制,在"衡外情,量己力"的情形下设计出各自合理且可行的职业生涯发展方向。

案例 10-1　　　　　　　　　择 业 迷 惘

刘勇是计算机专业学生,开始他想做一个软件工程师,因为这和他的专业更贴近。但是他从报纸上看到,软件工程师是一个青春职业,和年龄有很大关系,35 岁以后软件工程师就面临着被淘汰的可能,工作会不太稳定。于是他想去卖包子,他认为他家楼下卖包子的生意很稳定,后来因为家里的反对,放弃了这个想法。看到很多公司高层领导都从销售开始做,他决定去公司应聘销售,但是没有成功,他又回到 IT 业,想做 IT 培训老师,但还是没有成功。整个过程下来,他找了很多工作,做了很多选择,但都没有成功,变得非常失望、焦虑,他觉得自己的能力不被社会所接受。后来为了逃避就业的压力,他决定考研,成为高校中的考研一族。

点评： 刘勇之所以在就业的道路上屡遭挫折，一方面由于他不太清楚自己适合的工作，因而求职方向变动很大，另一方面他缺乏持之以恒的韧劲，因而"只换目标，不换方法"。建议刘勇进行自我分析，选择适合自己的就业方向，同时积极行动起来，干一行爱一行。相信在不断地努力下，刘勇会取得成功。

二、职业生涯规划的流程

系统化职业生涯规划是一个循环的过程，其理念是了解自我内部世界，了解外部职业世界，把自己放在最恰当的位置。具体包括分析自我、分析环境、确定目标、计划与行动以及评估与调整五方面。

（一）分析自我

明确系统化职业生涯规划是一个"由内而外"的过程，诚实地自问：我的兴趣是什么？我有哪些人格特质？我有哪些与众不同的、赖以为生的技能？哪些东西是我生命中不能缺少的等。解决"我是谁、我想干什么、我能干什么"的问题。

拓展阅读 　　　　　　　　职业性向的类型

美国著名职业指导专家约翰·霍兰德认为，每一个人的职业性向都可归为一定的类型，他提出了以下6种基本类型。

1．实际性向。这种人乐于做有规则、按基本程序进行的技术性或技能的工作，但不善于与别人交往，常常喜欢从事那些包含着体力活动并且需要一定的技巧、力量和协调性才能承担的职业。这类职业的例子有摄影师、电工、木匠、裁缝等。

2．研究性向。这种人乐于独立解决一些抽象的问题，擅长分析和推理，对发挥创造能力和想象力的工作兴趣浓厚，又喜欢担任管理工作，常常喜欢从事那些包含着较多认知活动（分析、推理、理解等）的职业，而不是那些主要以感知活动（感觉、反应或人际沟通及情感等）为主要内容的职业。这类职业的例子有机电工程师、计算程序设计员、生物学家、化学家及数学教师等。

3．艺术性向。这种人感情丰富、想象和创造力均很强，但操作能力差，常常喜欢从事那些包含着大量自我表现、艺术创造、情感表达及个性化活动的职业。这类职业的例子有诗人、编辑、艺术家、广告制作人及音乐家等。

4．社会性向。这种人擅长处理人际关系，乐于助人，常常喜欢从事那些包含着大量人际交往内容的职业，而不是那些包含着大量智力活动或体力活动的职业。这类职业的例子有心理医生、外交工作者、律师、营销人员、护士及医生等。

5．企业性向。这种人有一定的组织管理才能，擅长开展管理人的工作，常常喜欢从事那些包含着大量的以影响他人为目的的语言活动专业。这类职业的例子有厂长、校长、管理人员、律师和公共关系管理者等。

6．常规性向。这种人喜欢接受稳定的有条理的具体任务，能在较长的时间内从事某一项工作，常常喜欢从事那些包含着大量结构性的且规则性较为固定的职业，在这些职业中，雇员个人的需要往往要服从于组织的需要。这类职业的例子有会计、银行职员、打字员、统计员等。

（二）分析环境

明确职业的分类和内容、专业与职业的关系、人力资源市场现状、就业的相关政策，学会生涯人物访谈，建立自己预期的职业库，确定自己的职业方向。解决"我能干成什么"的问题。

（三）确定目标

感知目标的重要作用并能确定自己的职业目标，在搜集、分析、评估信息的基础上做出科学决策，并制订和实施行动计划。解决"我的职业目标是什么、怎样管理我的职业生涯"的问题。

图 10-1

（四）计划与行动

学会权益保护，提高求职技能，完善心理调适能力，做好各种职业准备。解决"我怎样才能成功就业"的问题。

（五）评估与调整

重点解决职业适应问题，能根据自己的职业生涯满意度调整自己的职业生涯规划。解决"我怎样做个成功的职业人"的问题（图10-1）。

三、职业生涯规划的原则

正确的职业生涯规划能使一个人走向成功之路，不正确的职业生涯规划可能使一个人走很多弯路，与成功失之交臂。为了正确制订职业生涯规划，人们必须遵循一些原则，主要有：

1. 清晰性原则　目标、措施是否清晰、明确？实现目标的步骤是否直截了当？

2. 挑战性原则　目标或措施是具有挑战性，还是仅保持其原来状况而已？

3. 动态原则　目标或措施是否有弹性或缓冲性？是否能依循环境的变化而作调整？

4. 一致性原则　主要目标与分目标是否一致？目标与措施是否一致？个人目标与组织目标是否一致？

5. 激励性原则　目标是否符合自己的性格、兴趣和特长？是否能对自己产生内在的激励作用？

6. 合作性原则　个人的目标与企业目标是否具有合作性与协调性？

7. 全程原则　拟定职业生涯规划时必须考虑到职业生涯发展的整个历程，作全程的考虑。

8. 量化清晰原则　生涯规划各阶段的路线划分与安排必须具体可行。

9. 务实原则　实现生涯目标的途径很多，在做规划时必须要考虑到自己的特质、社会环境、组织环境及其他相关的因素，选择切实可行的途径。

10. 可评量原则　规划的设计应有明确的时间限制或标准，以便评量、检查，使自己随时掌握执行状况，并为规划的修正提供参考依据（图10-2）。

图 10-2

心理故事 10-2　阿诺德·施瓦辛格的明星历程

四十多年前，一个十多岁的穷小子，身体非常瘦弱，却在日记里立志长大后做美国总统。如何能实现这样宏伟的抱负呢？经过思索，他拟定了一系列目标。做美国总统首先要做美国州长——要竞选州长必须要得到雄厚的财力后盾的支持——要获得财团的支持就一定得融入财团——要融入财团最好娶一位豪门千金——要娶一位豪门千金必须成为名人——成为名人的快速方法就是做电影明星——做电影明星前得练好身体，练出阳刚之气。按照这样的思路，他开始行动。某日，当他看到著名的体操运动主席库尔后，他相信练健美是强身健体的好点子。他开始刻苦而持之以恒地练习健美，他渴望成为世界上最结实的壮汉。3年后，借着发达的肌肉，一身似雕塑的体魄，在以后的几年中，他囊括了各种世界级的"健美先生"称号。

22岁时，他踏入了美国好莱坞。在好莱坞，他花费了10年时间，利用自身优势，打造坚强不屈、百折不挠的硬汉形象。终于，他在演艺界声名鹊起。当他的电影事业如日中天时，女友的家庭在他们相恋9年后，也终于接纳了这位"黑脸庄稼人"。他的女友就是赫赫有名的肯尼迪总统的侄女。2003年，57岁的他，告老退出影坛，转而从政，成功竞选为美国加利福尼亚州州长。

四、职业生涯规划中容易出现的问题

大学生在规划职业生涯的过程中，容易出现以下问题：

（一）忽视职业生涯规划

有些学生缺乏职业生涯规划意识，对职业生涯规划的重要性认识不够，甚至错误地认为计划赶不上变化，做职业生涯规划无用或用处不大。

（二）把职业生涯规划等同于职业选择

职业选择，单纯地讲，就是找一份工作，实际上也是根据自身兴趣、爱好、能力等因素选择符合自己工作的一个过程，因而是职业生涯规划中的一个重要环节，但它显然不是职业生涯规划的全部。

（三）职业发展路径不清晰

不少大学生选择考取学位和证书为发展主路径作为职业生涯规划的职业目标。还有些人"为保险起见"，准备了4条以上的发展路径，但这些路径的结果差距较大，路径之间也缺乏内在联系，发展方向和路径的模糊不清势必导致在实际选择中的犹豫不决，不利于核心职业目标的实现。

（四）社会实践的方向不够明晰

为了增加"工作经验"，不少人选择了在校兼职，如做家教、促销员和业务员等；还有人花费大量时间参加各种文体活动，只是为了向用人单位证明其兴趣广泛。大学生社会实践缺乏职业方向性，遍地开花，注重量的积累而忽视质的要求，不仅使其疲于奔命，而且增大了盲目性和风险性。

（五）过于追求所谓的"最佳规划"

有些人对经济学讲的"最小成本、最大收益"津津乐道，花费大量时间和精力寻找"最佳规划"，希望"一次规划，终身受益"，在做规划时面面俱到，不愿舍弃，在行动中也不愿从小事做起，碰到困难就不知所措，不会灵活采取调整措施。实际上，由于诸多因素的限制，一个人几乎无法作出十全十美的职业生涯规划，况且，由于外部环境变化和自身认识、能力的提高，职业生涯规划也需要不断调整，与时俱进。

针对以上职业生涯规划误区，大学生要克服片面强调职业的经济收入和"出人头地""光宗耀祖""非公不选"等错误观念，要加强对职业生涯规划的重视和学习，及时有效地规划好职业生涯。

训练活动

训练活动 10-1   制定职业生涯规划书

【目的】帮助大学生做好职业生涯规划。

【步骤】

分组商讨，个人制定职业生涯规划书。

职业生涯规划书（例）

姓名	性别	年龄	专业	班级	所在学校	家庭住址
职业素质分析结果							
职业兴趣类型							
职业性格特征							
职业技能							

续表

总结：我能干什么？我擅长干什么？

职业长期目标定向和SWOT分析结果（我能做什么）				
	S（优势）	W（劣势）	O（机会）	T（威胁）
目标产业				
目标行业				
目标职业				
目标岗位				
在职条件				
职业生涯发展规划阶段分解目标（我看重什么）				
1. 学习目标	近期		中期	长期
学历				
职业资格证书				
2. 收入目标	起薪		职业发展中期收入	最终目标收入
职业收入				
其他				
3. 家庭目标	恋爱时间段	结婚时间段	住房	养老
4. 职务目标	初职岗位		晋升岗位	职务总目标
5. 职称目标	初级职称	中级职称	高级职称	专家
6. 健康目标	健康途径	保健途径	医疗途径	应急措施
职业发展道路（如何实现我的职业理想）				
职业道路选择				
理由1				
理由2				
理由3				
路径选择	就业_____ 深造_____ 创业_____			
路径A				
路径B（备用）				
路径C（备用）				
在校期间学习生涯规划（现在的我从何做起）				

续表

一、课程目标	课	相关选修课	学习方式
1年级			
2年级			
3年级			
二、职业资格目标	证书名称		考证期限
三、职业素质目标	社团选择	竞赛项目选择	社会实践项目选择	其他

毕业后的行动计划（实现目标的措施）
一、实现近期职业目标的主要措施
二、实现中期职业目标的主要措施
三、实现长期职业目标的主要措施

注：该表简明设计了共性的思路和框架，教师和学生可以根据自己的个性和需要，编制个性鲜明的职业生涯规划书。

第2节 适应职业角色

> **名人名言** 这个社会越来越公平，付出就会有回报。你如果踏踏实实把自己擅长的事件做好了，名誉、财富都会随着你对这个社会的贡献而到来。
>
> ——李彦宏

案例10-2　小刘的困境

毕业生小刘学习成绩和其他方面条件都不错，在就业的初期满怀信心。但由于专业冷门，找过几家单位都碰了壁，结果产生了自卑感，在后来的择业过程中表现越来越差，陷入恶性循环而不能自拔，以至于到了新的用人单位，只能被动地问人家"学某某专业的要不要"，其他什么话都不敢讲，最终未能落实就业单位。

问题： 小刘失败的原因是什么？他应该从哪些方面入手缩小校园生活与岗位要求之间的差距呢？

大学生完成学业、走向社会，面临着从"学校人"向"职场人"的转变。如何尽快并顺利完成这一角色的转换、实现良好的职业适应，尽快度过"职场适应期"，是摆在大学毕业生面前的一个重要的现实问题。

一、角色转换

（一）角色转换的概念

对于大学毕业生来说，角色转换特指的是从自己的学生角色转换到职业角色。其中，学生角色可以这样界定，"在社会教育环境中依赖非自身劳动收入的资助，学习知识，培养能力，全面提高自身素质和完善自身的知识结构，努力使自己成长为社会合格的人才"；职业角色可以这样界定，"在某一职位上，以特定的身份，依靠自身知识和能力并按照一定的规范具体地展开工作，在行使职权、履行义务为社会做出贡献的同时取得相应的报酬"。

百度人力资源总监鲁灵敏曾经在一次演讲中提出，从学生角色向职业角色转换过程中有"五个转变"非常关键。

1. 情感导向到职业导向　　毕业生进入职场后应尽可能按照职业操守行事，即使认为自己非常有能力，也要遵章办事，而不能像之前学生时代一味任由自己的性情处人处事。

2. 由思想意识到实际行动　　大学毕业生要脚踏实地、兢兢业业地工作。很多大学生在参加工作之前都很有自己的想法，说起事情来也头头是道，但是到了岗位上却往往眼高手低，说的比做的好。

3. 成长导向到绩效导向　　事实上指出了从学生角色到职业角色在社会职责上的转变。学生时期的主要职责和任务是积累知识，而工作后则要开始承担各方面的责任，包括经济上的独立和家庭义务。

4. 从剔除个人导向到树立团队意识的转变　　职场最为看重的就是员工的绩效，只有努力工作、多多付出，才会等价地得到更多回报。当代很多大学生都有一个明显的特点就是个性化强，团队和集体意识淡薄。工作不同于读书，有时候更需要的是与他人的配合和团队精神。

5. 从兴趣导向到责任导向的转变　　这是进入社会后非常重要的角色转变。大多数学生比较明显的特点是凭兴趣做事，比较注重自我的感受。进入社会后，就必须学会为家庭、为公司、为社会承担责任。

（二）角色转换的原则

大学毕业生从学生角色转换到职业角色，通常会经历一个长期、艰苦的过程，而且需要遵循一定的原则。

1. 不断增强职业角色意识　　对于刚刚步入工作岗位的大学毕业生来说，需要对自己的职业角色意识进行高度强化，对职业角色的责任、任务及工作要求等有充分的认识，从而促使自己能够准确而及时地进入职业角色中。

2. 不断增强社会责任意识　　大学毕业生在进入工作岗位后，其工作或服务的效率、质量和贡献等都不会被认为是其个人的事情，而且会从其承担的社会责任出发对其工作或服务的效率、质量和贡献等进行评价。因此，大学毕业生在进入工作岗位之后，要时刻对自己所从事的工作会对社会发展产生怎样的影响进行关注，并要对自己在社会中应承担的责任进行明确，还要依照职业角色规范的要求不断提高自己的职业道德和职业素质，以便更好地履行自己应尽的社会义务。

3. 不断增强独立自主意识　　大学生成为职业人后，要想将自己在学习期间所掌握的知识与技能以提供服务或劳动的方式回报给社会，就需要不断提高自己的自主意识。随着大学毕业生在进入工作领域后面临的社会竞争压力增大、支撑家庭的压力增强、个人生存和发展的压力增加，其自主意识与自立能力将会不断地得到提高。

案例 10-3　　　　　　　　　　小 李 求 职

学校举办小型招聘会，通信工程专业毕业生小李的父母在招聘会尚未开始时，就早早地到会场打听单位的情况。招聘会开始很久以后，小李才姗姗来迟，并由家长陪同前往用人单位摊位前面谈。面谈过程中，小李发言的时间还没有其父母多，结果谈了一家又一家，最终一无所获。这天，她40多岁的父亲又走进了某用人单位的人力资源部，说是想应聘。招聘主管接过简历后发现，这是一位应届毕业生的简历，正在诧异，小李的父亲解释说，是为女儿来送简历，并咨询招聘相关信息。招聘主管很有礼貌地接待了他，回答了他的问题，之后特别提醒他：大学毕业生已到了独立的年龄，应当自己解决自己的问题或困难，求职是人生大事，更应当自己面对。

点评：小李依赖父母，在求职上亦是如此。建议小李明晰自己求职路上应承担的责任，学会独立自主。

4. 不断提高心理调适能力　在角色转换过程中，大学生往往会由于自身认知能力和心理发展水平以及家庭和社会等因素的影响，无法对自己角色转变的实质形成正确的认识、无法坚持不懈地进行角色转换，从而出现了自己的心理不适应职业角色的社会地位和要求的现象，即出现了心理困扰。对于这些心理困扰，应及时采取有效的措施进行调适。

二、职业适应

（一）职业适应的概念

职业适应也称工作适应，是指人在职业活动中，对工作提出各种问题时的一系列心理过程。主要是指个体对工作环境、工作任务、工作活动的适应，以及对自身行为和新的工作需要的适应。具体地说，就是人在工作生活环境中根据职业工作总的性质的外在要求，对自身的身心系统进行评价，对职业行为进行自我调适，并努力达到自我与经验相互一致的心理过程。有专家研究认为，大学毕业生的职业适应期为3年。人们可以适应某职业，但内心不一定认同该职业，可能对其评价很低，甚至低于社会评价的一般水平。据调查，刚参加工作时，有70%多的大学毕业生认为自己"完全适应"或"基本适应"工作需要，有20%多的人认为"基本不适应"或"完全不适应"。

（二）职业适应的内容

大学生在进行职业适应时，通常来说要包括以下5个方面的内容。

1. 角色适应　大学毕业生在就业初期，由于对职业角色的认知和理解不够深入，很容易发生角色错位或角色偏差，因而大学毕业生还需要对职业角色的权利和义务、职业角色规范、职业角色的行为模式等有所了解和把握，进而增强对职业角色的认同感和归属感，更好地适应职业。

> **拓展阅读**　你知道用人单位欢迎谁吗？
>
> 每一个单位总是欢迎具有下列品质的员工：诚实守信，有团队意识的人；吃苦在前，乐于奉献的人；爱岗敬业，同甘苦、共患难的人；充满自信，善于学习的人；基础扎实，具有多种技能的人；专业能力强，善于沟通的人；追求效率，勇于创新的人。

2. 生理适应　指的是大学毕业生能够很好地适应劳动的强度和紧张度，也能够很好地适应工作的节奏、时间，还能够适应自己身体的各感觉器和运动器官。

3. 心理适应　指的是大学毕业生的大脑适应职业的各种信息，引起的感觉、情绪、情感、性格、意志等各种心理变化活动。

4. 智能适应　指的是大学毕业生依据职业岗位要求的知识与能力结构对自己的知识与能力结构进行补充与调整，进而与职业岗位的要求相适应。

5. 群体适应　指的是大学毕业生通过对各种人际关系进行调整，进而与新的协作集体相适应。

（三）大学生职业适应中存在的问题

1. 理想与现实的脱节　目前多数学生家庭环境优越，自我成长经历不丰富，想法较为单纯，对社会现实了解不够,自我太过理想化,职业期望值过高。虽然在就业前已经有大部分学生清楚认识到了就业难的问题,但是在进行工作选择时还是期望值过高,可是现实未必能如人所愿。因此,大学毕业生应积极调整认知,降低理想值,适应现实的职业特点。

2. 心态过度急于求成　刚毕业的大学生往往满怀雄心壮志,对待工作的热情很高,想干出一番事业,希望能在最短的时间得到同事的赞许与领导的认同,在最短的时间内升到一定职位。年轻人有理想和抱负是一件好事,但是任何事情都有一个过程,必须循序渐进,不可急于求成。

3. 缺乏应有的人职匹配　部分毕业生在选择就业时没有充分考虑到人职匹配,去招聘会时看到有工作岗位就投简历。而有的毕业生甚至连自己的兴趣爱好也不了解,四处撒网,这样的做法盲目性非常大,即使找到了工作,也不一定合适自己,对接下来的职业适应和职业发展也会带来隐患。

(四)大学生职业适应的策略

大学毕业生要想尽快完成职业适应,可以借助一定的策略,具体来说有以下6个方面。

1. 要树立正确的职业观　一般来说,大学毕业生树立正确职业观应包括3个方面的内容:一是有正确的职业待遇观,即不能只看重物质待遇而忽视精神待遇,而且物质待遇要不断通过自己的诚实劳动来提高;二是要有较高层次的职业苦乐观,即积极地将职业和工作看成个人谋生和致富的手段与途径,并能够正确地处理个人地位、待遇与乐于奉献的关系;三是要有客观的职业地位观,即对职业地位(包括权力、工资、晋升机会、发展前景、工作条件等)有客观而正确的认识。

拓展阅读　　　　理性对待职业流动

职业流动也就是现在所说的"跳槽",通常来说,人们在进行了一定的职业流动后,有可能找到比之前更好的工作,但也有可能找到的工作比之前更差。职业流动既是一种策略,也是一种学问,大学生一定要慎重对待职业流动。

1. 不对职业流动抱太高的期望　职业流动并不意味着一定能在职业上取得成功。因此,大学毕业生在选择进行职业流动时,要做到以下5点:①不要指望一下子就能够通过职业流动选择到理想的企业和单位。②不要一味地只想通过职业流动进入大公司。③不要一味地只想通过职业流动进入外企。④不要一味地只想通过职业流动就一下子从普通员工晋升为经理或是主管。⑤不要只是通过工资和奖金对职业流动的结果进行衡量。

2. 只在具备一定的能力和资本基础上考虑职业流动　当前,大学毕业生进行职业流动已是非常普遍的现象。但对于他们来说,选择职业流动时,最核心的原因应该是自己的职业定位和自己的职业目标。因此,大学毕业生如果现在所从事的职业以及所在的单位与自己的职业方向、职业期望和职业设计相符合,就应该在现在的工作单位和工作岗位待下去,切不可因为一些非目标性的原因频繁且盲目地进行职业流动。若不得已要进行职业流动,则需要慎重考虑自己是否真正具有职业流动的能力与资本,包括自己是否有适应新工作、新环境、新人际关系的能力,是否有勤于思考和善于总结的能力,是否有同行业过硬的专业本领等。

2. 要积极培养乐观的职业心态　大学毕业生进入工作岗位后,首先要培养自己乐观的职业心态,这样才能在面对新的环境和同事、面对多样的工作要求和问题时积极、自信、乐观,从而更好地适应职业。

3. 要不断提高职业道德素质　不论哪种职业,都会有自己的职业规范和道德标准;不论哪种工作岗位,也会有自己的岗位规范与职责,严格而详细地规定着该岗位工作人员的职业道德、业务能力、操作要求、注意事项等。大学毕业生只有不断地提高自己的职业道德水准,并切实遵守相应的职业和岗位规范与道德,才能更好地适应职业。

4. 要不断完善知识与技能结构　随着科学技术的迅猛发展及知识更新速度的加快,任何职业和岗位都会发生一定的变化。此时,若不能及时地掌握相关职业和岗位的新知识和新技能,便难以适应职业和岗位的新要求,进而会被职业和岗位所淘汰。因此,大学毕业生要不断完善自己的知识与技能结构,以使自己能够更好地适应职业。

5. 要主动地融入团队之中　大学毕业生在进入工作单位、步入工作岗位之后,应积极主动地工作、努力寻找团队的积极品质,以便自己能快速融入团队之中。同时,大学毕业生还要经常对自己的缺点进行检查,并始终保持谦虚的态度,以使自己更快地被领导和老员工所接受。

案例 10-4　　　　　　　　　经营主题咖啡店

Meet Coffee 的经营者是五邑大学管理学院大三学生李明、陶宛军和信息学院大二学生冯杰文。此前他们都通过兼职赚了一些钱,便萌生了共同创业的念头。为此三人还特意去广州大学城考察了市场,最终综合考虑人流量和客户需求,三人决定在宿舍楼下一间以"舒适"为主题的咖啡店。开业后,三个老板进行了明确分工:李明负责财务和原材料购进等,陶宛军负责店面卫生、微博营销,而冯杰文负责出纳和店面装饰等。2015 年 9 月 1 日,咖啡店开始正式营业,聘请了一位专业的师傅调制饮品。在三人的共同努力下咖啡店每天能收入 500 元左右。

点评:三人合伙工作,意见不合是经常的事,但他们总是把工作和感情分开对待,遇事也总能共同商量、团结协作,克服困难。所以 Meet Coffee 一直经营得不错。

6. 要与同事建立和谐的人际关系　人的一切社会活动都不可避免地要与其他个体发生相互作用与联系,这种在个人情感基础上建立的、在社会活动过程中形成的相互联系就是人际关系。和谐的人际关系有助于人们尽快地对新环境消除陌生感和孤独感,进而更快地适应新环境,更好地完成工作。因此,刚刚步入工作岗位的大学毕业生要特别注意与领导和其他同事进行良好而有效的沟通,进而与他们建立和谐的人际关系,为自己创设良好的外部工作环境,以使自己更好地适应职业。

训 练 活 动

训练活动 10-2　　　　　　　　　模 拟 入 职

【目的】深切感受到第一天入职的氛围,面对一些需要注意的问题。

【步骤】

1. 人员安排　由少数人充当公司管理人员,大多数人充当公司员工。
2. 注意事项　每个人都要穿正装,要和以前从未交谈过的人进行交谈,注意言谈举止,遵守规则。让每一个人都感受到入职的气氛。
3. 交流感受　每一个人在活动结束后要谈论自己的感受,加深对角色转变的理解。

第 3 节　做好创业准备

名人名言　对所有创业者来说,永远告诉自己一句话:从创业的第一天起,你每天要面对的是困难和失败,而不是成功。我最困难的时候还没有到,但有一天一定会到。

——马云

案例 10-5　　成功的秘诀就在于"多一次等待"

小萍大学毕业后，带着妹妹小丽从农村来到省城打工，姐妹俩几经周折被一家礼品公司招聘为业务员。初期来到省城打工的她们没有客户，也没有任何关系，每天只能提着沉重的钟表、影集、茶杯、台灯及各种工艺品的样品，沿着城市的大街小巷去寻找买主。五个多月过去了，她们跑断了腿，磨破了嘴，仍然到处碰壁，连一个钥匙链也没有推销出去。

无数次的失望磨掉了妹妹小丽最后的耐心，小丽辞职，重找出路。小萍说，万事开头难，再坚持一阵，兴许下一次就有收获。小丽不顾小萍的挽留，毅然告别那家公司。第二天，姐妹俩一同出门。小丽按照招聘广告的指引到处找工作，小萍依然提着样品四处寻找客户。几天后的一个晚上，两个人回到出租屋时却是两种心境：小丽求职无功而返，小萍的付出却得到了回报，拿回来人生拼搏的第一张订单。这是一家她多次登门过的公司，因为要召开一个大型会议，感于小萍的诚意，故向她订购250套精美的工艺品作为与会代表的纪念品，总价值20多万元。小萍因此拿到2万元的提成，淘到了打工的第一桶金。从此，小萍的业绩不断攀升，订单一个接一个。几年过去了，在事业上尝到了甜头的小萍成立了自己的公司。因有了打工经历，又选择了自己熟悉的行业，小萍创业的道路一帆风顺，经过近1年的创业，公司就有了不错的效益。小萍在还没有看到光明时，选择了等待，并在等待中积聚成功的力量。

点评： 只是相差一次等待，就使原本有相当机遇的姐妹俩走上了迥然不同的人生之路。

选择创业其实就是选择一种希望、一种生活，困难来临，不能绝望，成功来临，不能骄傲。创业的道路并非一帆风顺，那么创业者需要具备哪些素质？需要做好哪些准备呢（图10-3）？

图 10-3

一、创业素质

创业素质是创业者必须具备的重要素质之一，它是指创业者创业所必需的各种能力、品性、习惯等各方面的综合性素质。创业素质是个综合性很强的概念，其内涵深刻、丰富而且具有广泛的外延。

拓展阅读　　创业素质的内涵

全球创业管理教育和研究最著名的商学院美国百森商学院企业管理研究中心主任、著名管理学专家威廉·D.拜格雷夫曾将优秀创业者的基本禀赋归纳为10个"D"：理想（Dream）、果断（Decisiveness）、实干（Doers）、决心（Determination）、奉献（Dedication）、热爱（Devotion）、周详（Details）、命运（Destiny）、金钱（Dollar）和分享（Distribute）。

亚马逊网站推荐两次荣获年度"美国俄亥俄州青年企业家"称号和"全美青年企业家奖"的美国创业家，同时也是著名演说家的马丁·J.格伦德认为，成功创业者的"九大素质"分别是选择一个爱好、制订一个目标、拿着薪水学习、与成功者为伍、相信自己、以己之长发财致富、敢于提问、不循规蹈矩、不墨守成规和努力工作等。

中国内地富豪榜的开创者胡润则提出了创业者"十大财富品质"。他认为，作为成功创业者，100位中国内地最大的富豪们共同的品质有10项，诚信列于十大财富品质排行榜之首，其次分别是把握机遇、创新、务实、终身学习、勤奋、领导才能、执着、直觉和冒险。

我国《科学投资》杂志在研究了国内上千例创业者案例后提出，"中国成功创业者十大素质"是欲望、忍耐、眼界、明势、敏感、人脉、谋略、胆量、与他人分享的愿望、自我反省的能力。

由于创业素质内涵的综合性与广泛性,且对于不同的人群其侧重点又有所不同,我们通过对相关理论的整理分析将与大学生自主创业有关的创业素质划分为两大部分:创业心理基础和创业的知识技能,其中创业心理基础包括创业意识、创业心理素质;创业的知识技能包括创业能力、创业相关知识、技能。它们之间没有绝对的界限,而是相互渗透、相互影响的。

(一)创业心理基础

1. 创业意识 创业意识包括创业需要、创业动机、创业兴趣、创业理想、创业信息、创业世界观。创业意识的形成主要指创业者在头脑中形成自己自主谋生和发展所要达到的目标。影响创业意识的因素包括自身的创业素质情况和社会创业环境的影响。创业意识是准备和实施创业的基础和前提,也是形成创业目标的重要因素。良好的创业意识有助于正确分析,制订出正确的创业目标,评估创业的风险,学习和掌握创业的知识和理念。没有创业意识或者缺乏创业意识,就不可能较好地准备和进行创业。因此,创业意识的培养是促进学生创业素质形成的基本前提。大学生创业意识的培养应该包括自主创业意识、风险和冒险意识、创新意识、竞争意识、成功意识、时效意识、市场意识、法律意识等的培养,另外还应注意培养自我管理、自主决策和独立生活的能力;培养克服自卑心理和吃苦耐劳的精神。在创业意识的教育中,还要注意克服传统观念的影响,树立正确的就业观和人才观,勇于创业,敢于创业。

2. 创业心理素质 心理素质包括意志与毅力、兴趣与爱好、自信心、钻研精神、心理承受能力等。创业者的心理素质对创业成功起着关键性的作用。大学生应加强良好的心理素质的培养和训练,包括创业应有的信心、胆识、恒心、诚心,只有这样才能正确对待成与败、得与失,不惧怕困难和风险,保持坚定的信心和决心,始终充满自信、坚韧不拔、乐观向上、勇于创新,并妥善处理和应对各种不利的局面,化解矛盾,使所创立的事业从小到大,不断走向辉煌。

(二)创业能力和创业相关知识与技能

哈佛大学拉克教授讲过这样一段话:"创业对大多数人而言是一件极具诱惑的事情,同时也是一件极具挑战的事。不是人人都能成功,也并非想象中那么困难。但任何一个梦想成功的人,倘若他知道创业需要策划、技术及创意的观念,那么成功已离他不远了。"可见,创业能力、相关知识与技能对成功创业而言是多么重要。知识经济时代的特点决定了知识,特别是所从事行业所需的相关专业知识对创业成功所起到的重要作用。只有掌握了相应知识,才能对所从事的行业进行准确分析和判断,及时把握各种机会。成功创业需要的知识和能力:创新知识与能力,包括创造性思维、创造技法、发明与革新、适应与求变等;决策知识与能力,包括信息获取、情报检索、预测决策、反馈调节等;经营管理知识与能力,包括领导科学、组织管理、财务管理、金融与投资、市场营销、电子商务等;社会活动知识与能力,包括人际交往、合作共事、公共关系、社情民意调查分析等。

二、创业者要做的准备

创业既可能带来成功的喜悦,也潜藏着巨大的风险。因此,大学生创业前要做好充分的准备,不可打无准备之战(图10-4)。

(一)要有充分的心理准备

1. 要有创业的欲望 表现为有强烈的需要、动机和兴趣,并且把创业当成生命中重要的事情。"创业首先需要成功欲望,其次需要强烈的成功欲望,再次需要

图10-4

更强烈的成功欲望"。在"创·通天下"上海市大学生创业论坛上，上海财经大学创业中心主席徐远重激情四溢地提出："创业是你想要创业，还是你一定要创业？"毕业于复旦大学化学系的博士张雷是"上海复爱绿色化学技术有限公司"的老总，他提出，"创业者最好是理想主义者，考虑的不是利益，能拿到 1 万元的月薪，还是选择一个月拿 2000 元去创业？能有多少人走出这一步？"

案例 10-6　大三学生合伙开快餐店月入 5 万

开一家快餐店，每月收入 5 万余元。日前，武汉商贸职业学院学生皮俊桢说："我只是参加社会实践，喜欢不断挑战自己。"

皮俊桢是武汉商贸职业学院汽车服务与营销专业大三学生，被同学们称为"兼职达人"。他实地调查市场，观察、计算商业区人流量，还把两个同班同学拉入伙，3 人共投入 15 万元，9 月在一所大学旁开了一家"漫步 Bar 炸鸡坊"。从采购材料到宣传销售，皮俊桢和同学都从零开始做起。功夫不负有心人，快餐店经营得不错，月收入 5 万余元，还雇用了 6 名员工。

"他很能吃苦，也很有想法。"合伙人邓明华说，虽然有点累，但是非常开心，很有成就感。皮俊桢的第二家快餐店也即将开业。他有个梦想，将快餐店做成一个快餐店品牌，并为同学们提供更多的就业机会。

点评：主人公有梦想、有行动，踏踏实实地朝着梦想迈开。

2. 要有信心　人的意志可以发挥无限力量，可以把梦想变为现实。对创业者来说，信心就是创业的动力。要对自己有信心，对未来有信心，要坚信成败并非命中注定而是全靠自己努力，更要坚信自己能战胜一切困难。

拓展阅读　《创业者》歌词

人生需要交真朋友
低谷的时候出把手
其实他一直就在你身边
大众创业贴针灸
健康生命人人都要求
创新的脚步不停留
千年针灸贴着更自由
大众创业贴针灸
每一个人都很优秀
优秀的人就该去奋斗
家一样的团队在你身边
大众创业贴针灸
每一片都是我们的信仰
每一片紧贴着你的梦想
中医的智慧都有福享受

3. 要有胆识　该出手时就出手。在创业界，往往是风险与机会并存。创业者必须善于发现新生事物，并对新生事物有强烈的探求欲；必须敢于冒险，即使没有十足把握，也应果断地尝试。创业需要有迈出第一步的勇气和胆量，如果你不敢迈出第一步，即使你再有智慧、再聪明，创业的机会也会离你远去。

心理故事 10-3　　史玉柱的故事

史玉柱在深圳开发 M-6401 桌面排版印刷系统，身上只剩了 4000 元钱，他却向《计算机世界》定下了一个 8400 元的广告版面，唯一的要求就是先登广告后付钱。他有 15 天的期限，前 12 天他都分文未进，第 13 天，他收到了 3 笔汇款，一共 15 820 元，2 个月后，他赚了 10 万元。他又将这 10 万元投入广告，4 个月后，他成了百万富翁。

我们不得不佩服史玉柱的胆识，在资金紧张的情况下，还能将全部资金投入到广告中去，在赚到钱后又继续投入广告，他的做法的确很难让人理解，但是他成功了。也许你会说，他是赌一把，刚好赢了而已，可是他随后的创业之路也遇到了一些困难，但他最终还是凭借过人的胆识再次取得了辉煌，所以他的成功并不是偶然，而应归因于他具有一般人所没有的胆识。

4. 要有恒心　创业是个过程，不是立刻就会见到回报的，不是今天做了，明天就会有回报的，它也许是 1 个月、1 年甚至更长时间。在创业过程中，要学会坚持，持之以恒地朝向你的创业目标努力。坚持下去，才可能成功。

5. 要有诚信　市场经济已进入诚信时代，作为一种特殊的资本形态，诚信日益成为企业的立足之本与发展源泉。创业者品质决定着企业的市场声誉和发展空间。不守"诚信"或可"赢一时之利"，但必然"失长久之利"。反之，则能以良好口碑带来滚滚财源，使创业渐入佳境。

（二）要有充足的信息准备

1. 区域经济发展信息　了解区域经济发展信息，既可以捕捉到有利于自身发展的机会，又可以验证个人发展目标是否符合经济社会发展需要。

2. 行业信息　收集行业相关信息、搜集行业发展趋势材料，了解该行业的生命周期阶段、行业发展前景、行业的进入和退出障碍、行业的竞争情况等，以做到知己知彼、百战不殆。

3. 产品市场需求信息　以销售为例，创业之前，应该先清楚：销售什么产品或者服务、向谁销售产品或者服务、如何销售产品或者服务、满足客户的哪些需要。对产品的需求做到准确定位，同时，一定要选择朝阳产业的产品开发和与此相关的创业活动，并及时捕捉产品创新点。

（三）要有必备的知识

1. 创新知识　目前，大学生创业的项目一般规模较小、技术含量较低，容易被别人复制。经常是今天你在创业，明天就可能有一批类似的创业项目如雨后春笋般拔地而起。所以，创业者必须具备创新知识的能力，只有不断改革，才能永葆竞争力。大学生要不断学习产品创新、技术创新、盈利模式创新、营销方式创新等方面的知识，培育创新思维，突破思维定势，不墨守成规，能根据客观情况的变化，及时提出新目标、新方案，不断开拓新局面，创出新路子。不断创新，才能不断前进。

2. 决策知识　决策贯穿于创业的整个过程中，从项目选择到产品定位、从销售策略到员工招聘等每一个步骤都需要决策，所以创业者应该学会做决策，一个创业者首先要成为一个决策者。大学生创业，首先要从众多的创业目标及方向中进行比较分析，选择最适合发挥自己特长与优势的创业方向和途径、方法。在创业过程中，能从错综复杂的问题中发现原因，找出因果关系，善于从中把握事物的发展方向，以正确处理问题，做出正确的决定。识时务者为俊杰。当一个机会来临时，要抓住时机，迅速做出决定，主动出击。否则，犹犹豫豫，便可能丧失了发展的机会。很多资金不多的创业者，都是依靠准确抓住某个不起眼的信息而挖到"第一桶金"的。因此，要想创业成功，不能害怕做决定，不要临时做决定，做了决定就不要害怕失去什么。

3. 经营管理知识　大学生创业初期的合作伙伴往往是亲朋挚友，由于初涉商场，知识单一，又缺乏实践经验，往往出现决策随意、信息不通、理念不清、患得患失、用人不当、忽视创新、急功近利、盲目跟风、意志薄弱等现象。加上对合作伙伴的完全信任，而忽略了企业管理的重要性，长此以往，导致企业的管理混乱不堪，最后企业的存活也就越来越艰难。因此，大学生一定要具备足够的经营管理知识。大学生创业应该学习人事管理、资金财务管理、物资管理、生产运营管理、市场营销管理等方面的知识。例如，资产负债表、利润损益、营销组合模式，与此相关的《中华人民共和国公司法》《中华人民共和国商标法》《中华人民共和国劳动合同法》等法律知识，都应该被创业者所熟知。

4. 社会活动知识　　在当今提倡合作双赢的时代，过去那种单枪匹马的创业方式已越来越不适应时代需求。扩大社交圈，通过朋友掌握更多信息、寻求更大发展，日益成为成功创业的捷径。

拓展阅读　　　　　　　　　俞敏洪谈社交能力

我刚开始出来的时候，社会上那些风气啊三教九流啊，我完全不懂，跟他们打交道的时候觉得特别吃力，新东方的发展也处处受制于人，一会儿居委会的老太太来把我骂一顿，一会儿城管的人来了又把我罚一通，最后弄得没办法，我慢慢学会了把自己心态放得平和，去理解这些社会上的人，最后当你开始混迹于这个社会，并且思想和境界又超越这个社会的时候，你大概就能干出点事情来了。你不能显示出不愿意跟社会打交道的样子，但你看事情的眼光又是超越社会的，"大隐隐于市，小隐隐于野"就是这个概念，小的隐士、没有什么出息的隐士才跑到山林里去隐居起来，不愿意跟社会打交道，那些大的圣人、智者都是在社会中跟人打交道而思想境界又超于社会的人。做企业也是这样，一个企业家，如果不能和社会同存却又不超越于社会，就会很麻烦，所以我觉得社交能力对一个企业家或创业者来说，十分重要。

（四）要有足够的资金

对于创业，资金总是让人头疼的一件事，资金短缺是大学生创业的拦路虎，大学生创业资金来源于哪里？下面几个途径也许正是你需要的。

1. 向家人朋友自筹资金　　是部分大学生创业者的主要选择之一。其优势在于向亲友借钱一般不需要承担利息，这种方式只在借钱和还钱时增加现金的流入和流出。这个方法筹措资金速度快、风险小、成本低。缺陷体现在向亲友借钱创业，会给亲友带来资金风险，甚至是资金损失，如果创业失败就会影响双方感情。

2. 巧用国家政策　　现在国家对于大学生创业有很多的政策，为创业者提供小额创业担保贷款，是国家鼓励创业的主要政策之一。针对大学毕业生自主创业，除了国家的扶持政策外，各地也有一些相关的扶持优惠政策，以鼓励高校毕业生自主创业。其优势在于利用政府资金，不用担心投资方的信用问题；而且，政府的投资一般都是免费的，进而降低或免除了筹资成本。但申请创业基金有严格的申报要求；同时，政府每年的投入有限，筹资者需面对其他筹资者的竞争。

3. 借助创业公益组织　　目前，国内有专门指导创业的组织，他们可以是大学生创业资金来源。例如，YBC 是由共青团中央、中华青年联合会、中华全国工商联合会共同倡导发起的一个旨在帮助青年创业的教育项目，该项目可为 18～35 岁的青年提供无息无抵押贷款，贷款总额在 3 万～5 万元。

4. 参加创业比赛　　这是一个公平竞争的机会，参加创业比赛对大学生创业者来说是一个挑战，参与是一个学习与收获的过程，还有获得奖金的机会，确实诱惑人。一般创业大赛的创业培训资金非常丰厚，通过决赛得到第一名的选手往往能得到 10 万元左右的创业培训基金，目前很多大学生都将参加创业大赛当作挑战自我的机会和创业实战的平台。创业大赛吸引了很多大学生的参与。

案例 10-7　　　　张某的创业之路

沈阳城市建设学院的学生张某，步入大学校园就开始在思考着要做点什么事情。他认为，事情成与不成都不太重要，重要的是一直要思考，一直努力进步。在他大二的时候，一个偶然的机会他报名参加了学校组织的大学生创业计划大赛，感觉机会到了。于是他带头组建团队，确定项目，做策划方案。但是在首轮比赛就被淘汰了。在之后的 1 年里他又报名参加了"挑战杯"全国大学生创业大赛，又重新组建团队，加班加点地做策划，连续 1 个多月每天奋斗到凌晨。参赛项目名称为"线圈"，是个集合的校园服务项目。当时 6 个人，从 3000 多字的策划，反复修改到 3 万字左右。此次大赛他得了三等奖。后来他又把"线圈"这个项目落地，成立了"线圈"传媒工作室。再后来，"线圈"项目逐步进入社会，他不断地打磨自己的项目和历练团队合作能力。注册了公司，先后承接了一些商业项目，如一些品牌的整体策划与首秀的执行以及在沈阳奥林匹克体育中心成功举办"613 泡泡跑"和"830 广电跑"。

点评： 创业大赛既是舞台，又是平台。参赛者收获的不仅是技术、知识，更收获了精彩的人生。

5．金融机构贷款　由于银行财力雄厚，而且大多具有政府背景，因此在创业者中很有"群众基础"。从目前的情况看，银行贷款有抵押贷款、信用贷款、担保贷款、贴现贷款等。银行贷款的优点是利息支出可以在税前抵扣，融资成本低，运营良好的企业在债务到期时可以续贷。缺点是一般要提供抵押（担保）品，还要有不低于 30% 的自筹资金，由于要按期还本付息，如果企业经营状况不好，就有可能导致债务危机。国家对大学生创业提供了一系列优秀的资金政策支持，创业者应熟知。

（五）要有高绩效的团队

一个好汉三个帮，红花也需绿叶衬。不管创业者在某个行业多么优秀，他都不可能具备所有的经营管理经验，而借助团队则可以发挥团队成员的作用，拓展人脉关系、巧用各种资源，提高创业成功概率。

拓展阅读　　一个处于良性运转的高绩效团队具备的特征

1．目标清晰　高效的团队有清晰的奋斗目标，这个目标激励着团队成员为共同理想的实现而不懈奋斗。

2．技能互补　高效的团队是由一群有能力的人组成的。他们具备实现理想目标所必需的技术和能力，而且相互之间有良好合作的个性品质，从而能够出色地完成任务。

3．沟通良好　成员之间通过畅通的渠道交流情感、互通信息，能最大限度地消除误解、凝聚士气。

4．承诺一致　团队成员对群体具有认同感，把自己属于该群体的身份看作自我价值的实现。因此，创业库（cykuu.com）教授经验指出，承诺一致的表现是对团队目标的奉献精神，愿意为实现目标而调动和发挥自己的最大潜能。

5．恰当领导　高绩效团队领导者往往担任的是教练和后盾的角色，他们对团队提供指导和支持，但并不试图去控制它；他们鼓舞团队成员的自信心，帮助他们更充分地了解自己的潜能。

6．相互信任　团队成员之间相互作用、直接接触，彼此相互影响，形成一种默契、关心和信赖，不论何时，不论需要怎样的支持，成员之间都相互给予，彼此协作，共同完成团队的目标。

创业是一项复杂的事业，大学生作为建设创新型国家、实现"两个一百年"奋斗目标和中华民族伟大复兴的中国梦的人才智力支撑，有朝气、有活力，富于开创和探索精神，是国家的未来、创业创新的希望，所以，大学生从现在开始做好准备，加强实践、总结经验、取经学习，顺应时代潮流，抓住历史机遇，积极投身创业创新实践，勇当大众创业、万众创新的先锋队和主力军，为国家发展和社会进步做出应有的贡献。

训练活动

训练活动 10-3　　评估自身的创业素质

【目的】清晰了解自身的创业素质。

【步骤】

1. 分组讨论　创业素质包含什么？
2. 自己评估　你具备哪些创业素质？

评估内容			评估结果
创业心理基础	创业意识	创业需要	
		创业动机	
		创业兴趣	
		创业理想	
		创业世界观	
	创业心理素质	信心	
		胆识	
		恒心	
		诚心	
创业知识技能	创业相关知识及能力	创新知识与能力	
		决策知识与能力	
		经营管理知识与能力	
		社会活动知识与能力	

小　结

本章首先通过对职业生涯规划的概念、意义、原则、流程和影响因素的介绍，帮助学生正确理解职业生涯规划，通过相关训练活动帮助学生初步进行职业生涯规划。然后介绍了角色转换、职业适应方面的相关知识，帮助学生正确认识角色转换，理解职业适应，正确对待职业流动。最后阐述了创业素质和创业应做的准备，帮助大学生正确理性创业，提升创业素质。

思考与解答

1. 通过本章的学习，我还是不能很好地确定自己未来的职业目标，还是感到前途比较迷惘，我该怎么办？

2. 知识问答

（1）什么是职业生涯规划？职业生涯规划对大学生有什么重要意义？

（2）职业生涯规划主要应遵循哪些原则？职业生涯规划的具体步骤有哪些？

（3）角色转换的原则有哪些？

（4）如何尽快实现职业适应？

（5）创业前，应做好哪些准备？

推荐欣赏

电影推荐

《肖申克的救赎》

书籍推荐

白山．2008．做事不贪大做人不贪小．北京：北京工业大学出版社

大卫·贝尔，罗伯特·李．2004．世界最佳公司面试题．鲁儒钰译．北京：企业管理出版社

李可．2007．杜拉拉升职记．西安：陕西师范大学出版社

李开复．2008．做最好的自己．北京：人民出版社

宋三弦．2005．我为什么不要应届毕业生．重庆：重庆出版社

参 考 文 献

艾里希·弗洛姆. 2005. 爱的艺术. 亦菲译. 北京：京华出版社
安德鲁·杜布林. 2015. 人际关系：职业发展与个人成功心理学（原书第10版）. 姚翔，陆昌勤译. 北京：机械工业出版社
安妮塔·伍尔福克. 2015. 教育心理学：主动学习版（原书第12版）. 伍新春译. 北京：工业出版社
贝姆·艾伦. 2011. 人格理论：发展、成长与多样性. 第5版. 陈英敏，纪林芹，王美萍，等译. 上海：上海教育出版社
边玉芳. 2006. 心理健康. 上海：华东师范大学出版社
陈桂香. 2013. 大学生心理健康教育. 北京：高等教育出版社
陈国梁. 2009. 大学生心理健康教育. 广州：华南理工大学出版社
陈寿. 2006. 三国志. 北京：线装书局
邓先丽. 2015. 大学生心理健康教育. 北京：中国人民大学出版社
方俐洛，凌文辁，刘大维. 2002. 职业心理与成功求职. 北京：机械工业出版社
冯建军. 2004. 生命与教育. 北京：科学教育出版社
付建中. 2010. 教育心理学. 北京：清华大学出版社
郭本禹. 2003. 当代心理学的新进展. 济南：山东教育出版社
郭常亮. 2012. 心理健康教育. 北京：北京邮电大学出版社
郭德俊. 2011. 心理学. 北京：中央广播电视大学出版社
黑格尔. 1978. 哲学史讲演录. 第四卷. 贺鹿麟，王太庆译. 北京：商务印书馆
胡宜安. 2009. 现代生死学导论. 广州：广东高等教育出版社
黄冬福. 2017. 大学生心理健康教育. 北京：高等教育出版社
黄希庭. 2010. 健全人格与心理和谐. 重庆：重庆出版社
黄希庭，郑涌. 2009. 大学生心理健康教育. 上海：华东师范大学出版社
蒋乃平. 2013. 职业生涯规划. 北京：高等教育出版社
金圣荣. 2017. 非暴力沟通. 南京：江苏人民出版社
雷开春，王晓楠. 2016. 社会心理学新编. 上海：复旦大学出版社
李浪. 2006. 社会心理学. 长春：吉林文史出版社
李林淑. 2016. 做成就孩子的治愈系妈妈. 李小晨译. 桂林：漓江出版社
李小融. 2014. 高职生心理健康教育. 第2版. 北京：高等教育出版社
李新民. 2010. 正向心理学教学活动设计. 高雄：丽文文化事业
李亚平. 2009. 教师与学生心灵的对话——积极心理学在教育教学中的应用. 北京：首都师范大学出版社
李兆良，黄冬梅，高燕，等. 2009. 论宽恕教育与社会和谐. 医学与社会，22（8）：68-69
林泳海. 2011. 学校心理健康教育. 北京：高等教育出版社
蔺桂瑞，扬芷英. 2010. 大学生心理健康与人生发展——成长，从关爱心灵开始. 北京：高等教育出版社
刘次林. 2003. 幸福教育论. 北京：人民教育出版社
刘萃侠，片成男，王国芳，等. 2016. 社会心理学. 北京：中国政法大学出版社
刘继良. 2004. 生命教育论. 北京：中国社会科学出版社
刘金菊. 2011. 中国城市的职业流动：水平与差异. 人口与发展，（2）：88-92
龙春华. 2014. 再苦也要笑一笑插图·精读本. 北京：华夏出版社
卢家楣，伍新春，桑标. 2014. 现代心理学：基础理论及其教育应用. 上海：上海人民出版社
罗伯特·霍尔登. 2014. 爱的能力. 汤珑译. 南京：译林出版社
马丁·塞利格曼. 2010. 真实的幸福. 洪兰译. 沈阳：万卷出版公司
马国杰，李俊杰，张敏，等. 2013. 新编大学生心理健康教程. 河南：郑州大学出版社
孟丽娟. 2013. 大学生就业与创业. 济南：山东人民出版社
孟维杰. 2014. 社会心理学. 哈尔滨：黑龙江大学出版社
孟勇. 2005. 论网络与大学生心理健康教育中国成人教育. 中国成人教育，（09）：43-44
彭茂. 2015. 大学生心理健康自助读本. 长春：吉林大学出版社
彭贤，王平. 2008. 人际关系心理学. 北京：清华大学出版社
山东省职业教育教材编写组. 2006. 心理健康. 济南：山东教育出版社

山东省职业教育教材编写组．2014．心理健康．济南：山东教育出版社
石伟，黄希庭．2003．内隐自尊研究．心理科学，26（4）：684-1686
斯托曼．2006．情绪心理学——从日常生活到理论．王力译．北京：中国轻工业出版社
孙科炎，武义龙．2012．人格心理学．北京：中国电力出版社
唐慧敏．2017．大学生心理健康教育．北京：高等教育出版社
陶志琼．2004．关于感恩教育的几个问题的探讨．教育科学，（4）：9-12
腾玉成，许关众．1999．大学毕业生职业适应调查分析．青年研究，（10）：11-12
童瑛，陆丽青．2005．暗示技术在提高自我效能感中的运用．现代教育科学，（5）：24-26
汪向东，王希林，马弘，等．1999．心理卫生评定量表手册（增订版）．北京：中国心理卫生杂志社
王春雷．2014．护理礼仪与人际沟通．济南：山东人民出版社
王江红，曹建琴．2016．大学生心理健康．北京：人民卫生出版社
王金海，郭海峰．2012．大学生心理知识读本．北京：教育科学出版社
王瑞祥．2013．大学生心理健康教育．武汉：华中师范大学出版社
王玉花，云长home，赵阿勐，等．2011．大学生健康心理学．上海：第二军医大学出版社
吴增强．2003．当代青少年心理辅导：向成熟发展的科学．上海：上海科学技术文献出版社
谢红霞．2011．沟通技巧．北京：中国人民大学出版社
杨伯峻．2015．论语译注．北京：中华书局
杨眉．2010．心理健康教育实践指导．合肥：安徽教育出版社
阳志平．2009．积极心理学团体活动课操作指南．北京：机械工业出版社
杨子云．2016．心理学与大学生活．北京：北京大学出版社
姚斌．2013．青春期心理保健．北京：人民卫生出版社
姚真真．2012．大学生网络心理健康状况及其干预策略研究．南京：南京邮电大学硕士论文
叶星，毛淑芳．2017．大学生心理健康指导．北京：北京邮电大学出版社
俞国良．2006．社会心理学．北京：北京师范大学出版社
余源培．2009．哲学辞典．上海：上海辞书出版社
于忠华．2016．关于独立学院开展大学生就业指导工作的思考．中国高教研究，（10）：55-57
约翰·圣达洛克．2008．心理调适．王建中译．北京：高等教育出版社
曾荣侠，李新旺．2003．试论自我效能感对学生学业成就的影响．教育研究与实验，（4）：53-55
张慧，郑培月．2009．心理健康教育教程．北京：中国传媒大学出版社
张丽锦．2016．儿童发展．西安：陕西师范大学出版总社有限公司
张玲．2001．心理健康研究与指导．北京：教育科学出版社
张文新．2016．大学生心理素质训练．济南：山东人民出版社
张元．1994．现代生命科学与工程．杭州：浙江大学出版社
张云仙，孟丽娟．2016．大学生心理素质训练．济南：山东人民出版社
赵永久．2014．爱的五种能力．北京：作家出版社
仲少华，蒋南牧，王红姣．2012．新编大学生心理健康教程．上海：上海交通大学出版社
周虹．2015．大学生心理健康教育实用教程．镇江：江苏大学出版社
周丽玉．2012．高职生心理健康与发展．北京：中国原子能出版社
周全新，李小玲，孔彬．2014．大学生心理健康教育．西安：西安交通大学出版社
朱熹．2011．诗集传．北京：中华书局
Cilliland．2000．危机干预策略．肖水源译．北京：中国轻工业出版社

教学基本要求

一、课程性质和课程任务

心理健康教育课程是高等职业教育的一门公共基础必修课,也是德育课程的重要组成部分。本课程的任务是通过对学生进行心理健康基本知识、基本方法的教育,树立心理健康意识,提高心理素质,帮助学生正确认识和处理学习、生活、就业中遇到的心理问题,促进其身心全面和谐发展。本课程学习时间建议为68学时。

二、课程教学目标

学生通过本课程的学习,学生应达到以下目标:

(一)认知目标

1. 了解大学生常见的心理问题,理解心理健康、心理咨询、危机干预等基本知识,大学生心理健康标准、心理咨询、危机干预的原则和方法,掌握心理健康的标准、增进心理健康的途径。

2. 了解大学生自我意识特点、常见偏差及归因,理解自我意识、自我效能感、自尊的基本知识,理解掌握认识自我、调试自我的方法和途径。

3. 了解健康人格的意义,理解人格的基本知识和气质、性格等个性心理特征,掌握健康人格的标准、积极人格的塑造途径。

4. 了解情绪的含义、种类、发生机制,理解大学生常见的情绪问题,掌握情绪识别、管理、调控的策略。

5. 了解兴趣、学习兴趣的含义,理解学习习惯,掌握有效的学习策略。

6. 了解人际关系的功能,理解人际交往、人际沟通的影响因素,理解建设性处理人际冲突,掌握人际交往、人际沟通的原则和方法。

7. 了解爱情的本质、构成要素、心理特征,理解爱的能力、大学生恋爱困境,掌握恋爱心理调适的方法。

8. 了解挫折的含义与种类,理解挫折的形成原因、反应,掌握积极应对挫折的策略。

9. 了解生命及生命观、良好生活习惯的意义,理解感恩、宽恕、幸福的含义,掌握学会感恩、学会宽恕、提高幸福感的途径。

10. 了解职业生涯规划的概念、角色转变的含义,理解职业生涯规划的流程、原则,理解创业素质,掌握适应职业角色的原则、创业者要做的准备。

(二)情感态度观念目标

1. 树立心理健康意识,积极关注自我心理健康,正确面对出现的心理问题。

2. 培养积极情绪,能认识到自己的优点,肯定自我价值,增强自信、自尊,提高自我效能感。

3. 具有积极主动适应的心态,建立归属感和信任感。

4. 体验人际交往的重要性,积极面对人际交往中出现的困惑,友善宽容,乐于交往。

5. 培养学习的兴趣与信心,激发自己的潜能,拥有学习热情,体验学习过程中的积极感受,树立终生学习和在实践中学习的理念。

6. 树立敬畏生命、珍爱生命的意识，树立积极应对挫折的态度，追求健康生活方式。

7. 正确对待与异性同伴的交往，形成正确的友谊观和爱情观。

8. 认同职业角色，勇于面对职业压力，树立积极乐观战胜职场困难的信心，培养担当意识和社会责任感，提升创业心理素质。

（三）运用目标

1. 运用心理保健技能，觉察和分析自己的心理状态，主动进行心理调适，提高心理健康水平。

2. 保持积极心态，悦纳自己、发展自己，适应新环境。

3. 塑造积极人格。

4. 有效识别、管理、调控情绪。

5. 运用学习策略，主动适应学习生活，提升自学能力、创新能力、实践能力。

6. 运用人际交往的原则和方法，提高人际交往能力，真诚沟通，建立和谐人际关系。

7. 能与异性同学正常交往，提高爱的能力。

8. 提高应对挫折的能力。

9. 能塑造感恩、宽恕等积极心理品质，形成健康生活方式。

10. 确定符合自身心理特点的职业志向，形成所学专业需要的职业心理素质，提高职业适应能力。

三、教学内容和要求

教学内容	了解	理解	掌握	教学活动参考	教学内容	了解	理解	掌握	教学活动参考
一、辨识健康				理论讲授	二、认识自我				理论讲授
（一）心理健康概述				多媒体演示	（一）自我意识概述				多媒体演示
1. 健康与心理健康的概念	√			团体活动	1. 自我意识的概念、结构		√		团体活动
2. 心理健康的标准		√		主题讨论	2. 自我意识对个体成长的作用		√		情景模拟
3. 大学生常见的心理问题	√								心理测量
4. 大学生心理健康的标准		√			2. 自我意识对个体成长的作用		√		
5. 增进大学生心理健康的途径			√		3. 大学生自我意识的特点	√			
（二）走近心理咨询					4. 大学生常见的自我意识偏差及成因		√		
1. 心理咨询的概念	√				5. 良好自我意识的标准			√	
2. 正确理解心理咨询	√				6. 完善自我的途径与方法			√	
3. 心理咨询的原则	√								
4. 心理咨询的理论与方法	√				（二）提升自我效能				
（三）了解心理危机干预					1. 自我效能		√		
1. 心理危机	√				2. 自尊		√		
2. 心理危机干预	√								

续表

教学内容	了解	理解	掌握	教学活动参考	教学内容	了解	理解	掌握	教学活动参考
三、优化人格				理论讲授 多媒体演示 团体活动 情景模拟 心理测量 主题讨论	1. 人际冲突的概念、影响、技巧		√		
（一）揭开人格面纱					2. 建设性地处理人际冲突			√	
1. 人格概述	√				七、经营爱情				理论讲授 多媒体演示 团体活动 心理剧 主题讨论
2. 人格形成的影响因素		√			（一）爱情概述				
（二）解读气质与性格					1. 爱情的本质、构成要素、特征		√		
1. 气质		√			（二）走出恋爱困境				
2. 性格		√			1. 大学生的恋爱心理特点		√		
（三）塑造健康人格					2. 大学生的恋爱困惑及调适			√	
1. 塑造健康人格的意义	√				（三）培养爱的能力				
2. 健康人格的标准		√			1. 爱的能力的概念		√		
3. 塑造大学生健全人格的途径			√		2. 爱的能力的范畴及培养			√	
四、管理情绪				理论讲授 多媒体演示 团体活动 主题讨论 绘画、音乐、沙盘	八、应对挫折				理论讲授 多媒体演示 团体活动 心理剧 主题讨论
（一）情绪概述					（一）走近挫折				
1. 情绪的概念	√				1. 挫折的概念、种类、影响		√		
2. 情绪的分类	√				2. 挫折产生的原因		√		
3. 情绪的有关理论	√				（二）战胜挫折				
（二）大学生的情绪特点及调控策略					1. 大学生常见的挫折反应		√		
1. 大学生情绪发展的特点	√				2. 大学生战胜挫折的策略			√	
2. 大学生常见的消极情绪	√				九、珍爱生命				理论讲授 多媒体演示 团体活动 情景模拟 心理测量 主题讨论
3. 大学生情绪健康的标准		√			（一）树立正确的生命观				
4. 大学生调控情绪的策略			√		1. 生命和生命观的概念		√		
五、有效学习				理论讲授 多媒体演示 团体活动 心理测量 主题讨论	2. 生命观的理论		√		
（一）培养学习兴趣					3. 大学生生命观		√		
1. 兴趣及学习兴趣的概念	√				（二）学会感恩与宽恕				
2. 学习兴趣的作用		√			1. 感恩和感恩教育		√		
3. 学习兴趣的培养与激发		√			2. 学会宽恕		√		
（二）掌握学习策略			√		（三）触摸幸福				
（三）养成学习习惯			√		1. 幸福和幸福感		√		
六、学会交往				理论讲授 多媒体演示 团体活动 心理剧 情景模拟 主题讨论	2. 提升幸福感的策略			√	
（一）人际交往概述					（四）健康生活				
1. 人际交往的概念	√				1.培养大学生良好生活习惯的意义		√		
2. 人际交往的功能、影响因素		√			2.培养大学生良好生活习惯的途径		√		
3. 人际交往的原则			√		十、适应职业				理论讲授 多媒体演示 情景模拟 主题讨论 拓展训练
（二）运用沟通技巧					（一）规划职业生涯				
1. 人际沟通的结构、分类	√				1. 职业生涯规划的概念		√		
2. 人际沟通的影响因素		√			2. 职业生涯规划规划的流程、原则		√		
（三）处理人际冲突									

续表

教学内容	教学要求			教学活动参考	教学内容	教学要求			教学活动参考
	了解	理解	掌握			了解	理解	掌握	
（二）适应职业角色					（三）做好创业准备				
1. 角色转换		√			1. 创业素质		√		
2. 职业适应			√		2. 创业者要做的准备			√	

四、学时分配建议

教学内容	学时数		
	理论	实践	小计
一、辨识健康	2	3	5
二、认识自我	4	4	8
三、优化人格	4	4	8
四、管理情绪	4	3	7
五、有效学习	4	6	10
六、学会交往	2	4	6
七、经营爱情	2	2	4
八、应对挫折	2	2	4
九、珍爱生命	4	2	6
十、适应职业	4	6	10
合计	32	36	68

注：本课程共68学时，计4学分。实施学分制的学校，按16学时折合1学分。

五、教学实施建议

（一）教学实施建议

倡导"体验学习、积极成长"的理念，以学生为中心，以促进学生和谐健康发展为目标，以积极成长为导向，以灵活多样的活动为形式，以丰富的自学资源为补充，激发学生积极学习，掌握相关知识，提高心理自助能力，有效地解决日常学习、生活和工作中的问题。

（二）教学评价建议

1. 评价的目的 帮助学生体验和领悟自己的成长，促进学生健康发展，帮助教师改进教学，保障课程目标的实现。防止对学生心理健康水平做出终结性评价，利用评价结果对学生进行比较与分等。避免把心理健康教育对象局限于少数存在心理行为问题的学生。

2. 评价方式 采用过程性评价，发挥评价的激励作用。通过行为观察、座谈交流、问卷调查、情境测验、成长记录等形式对学生的情感、态度、策略、行为等方面的发展做出全过程、持续性的记录，激励学生在原有基础上不断进步。对教师教学的评价包括学生的反馈、教师自我反思、专家和同行评定等方式。

3. 评价主体 采用多主体、开放性的评价，根据具体情况，综合采用教师评价、学生自我评价、学生相互评价、家长评价、企业评价等多主体评价。

（三）课程资源开发与利用

1. 教学资源开发与利用 加强教学资源库的建设和管理，开发与利用互联网、音像资料、多媒体教学资料、网络交流平台等数字化资源，实现资源共建共享。结合学校实际情况，建设心理咨询室、团体活动室、宣泄室、沙盘室、心理拓展园等，开展心理健康教育活动。

2. 社会教育资源开发与利用 利用图书馆、博物馆、科技馆等社会资源，调动家长、社会工作者、行业专家等教育资源，参与学校心理健康教育活动；加强与企事业单位、社会团体、公共文化机构、街道社区及青少年校外活动场所等的联系与合作。

思考与解答参考答案

第1章

1. 大学生心理健康方案的制定应该从以下几方面去着手。

（1）树立正确人生观和世界观。树立正确的人生观、世界观有利于大学生确定积极的人生目标，积极的人生目标往往能提高大学生承受压力与挫折的能力，保持积极乐观的精神，并使大学生懂得生命存在的意义。

（2）要有健全的自我意识。首先，要保持一个清醒的头脑，对自我有一个全面清晰的认识。其次，要有容我的胸怀。再次，要有容人的魄力。

（3）要树立积极的心态。面对挫折不气馁、面对成绩不骄傲，勇于追寻希望、乐观，坚持感恩、宽恕，用美好的心态积极生活。

（4）要正视现实，适应环境。以较为客观、全面、公正、不主观、不偏执的态度对待周围事物，不脱离实际来谈自己的发展。

（5）要讲究学习方法。大学生的最基本的学习方法：第一，学习与思考相结合；第二，学习与研究相结合；第三，学习与致用相结合。

（6）要建立和谐的人际关系。人际关系对一个人的成功是非常重要的，所以，处理好人际关系对于大学生来说也是在校期间必须要做的。

（7）增强自身的实力及职业规划意识。首先，提高自身综合素质，增强职业竞争能力。其次，培养实践能力。再次，充分调动一切积极因素，增强实践能力。大学生必须自觉提高践行职业生涯规划的能力，充分发挥自身的主观能动性，真正将职业规划与实际行动结合起来。

2. 略

第2章

1. 理想自我与现实自我有差距是很正常的，从积极心理学的角度来说，个体对自身的现状不满意，希望达到更好的状态，是一种积极向上的表现。虽然在这个过程中，个体会体验到焦虑、烦恼等消极情绪，但这是"破茧成蝶"的必经过程。有些个体面对理想自我和现实自我不一致时，采取了逃避、退缩等消极的解决方式，不利于自我理想的实现和个人身心健康，因此，需要进行调适，找出适合自己的积极解决方法。建议从以下方面进行尝试，首先我们应当全面、深刻地认识"现实自我"，确保自己的"现实自我"客观、清晰；在此基础上确定比较现实、积极、可以通过自身努力实现的"理想自我"；接下来，努力拼搏、积极地对待成功和失败，主动总结经验教训，不断地创造条件，逐步实现"理想自我"，从而达到积极的自我统一。

2. 略

第3章

1. 老板通过三位助手各自的行为表现，找到了满意的答案。他认为甲首先离开危险区，立于不败之地，也表现了客观、谨慎、稳重、老练的特点；乙积极向危机挑战，抢先救火，忠于公司，表现出了勇敢、大胆、敏捷、果断、敢于冒险的特点；丙对公司的安全早有了解和信心，甚至可能是才智过人，早已看出这是一出"戏"，表现出了沉着冷静、深谋远虑、胸有成竹的特点。老板通过自己的观察，根据他们的性格特征，分别将甲、乙、丙安排在不同的岗位上，发挥他们的性格优势，以做到人尽其才。安排如下：

甲——财务管理；乙——业务推广；丙——筹划和后勤。

2. 略

第 4 章

1. 之所以有这个困惑，是因为头脑中有不合理信念："人不该有负面情绪""发脾气是不好的行为和表现"。其实，在人类的进化史上，情绪的产生属于自我防御机制，有利于我们的生存和发展。情绪本身没有好坏之分，当愤怒、急躁等情绪产生时，不要排斥它，而是接纳它，关照它，觉察我们的内在心理需要，如我内心的想法是什么？这个想法是怎么来的？是属于过去的经验还是对未来的焦虑担心？这种情绪反应其实是一个成长的机会，催眠大师斯蒂芬·吉利根博士（Stephen Gilligan）提出面对负面情绪对自己说的四句话：这非常有意思；这是有些东西在疗愈和成长；我确信这是对我有意义的；欢迎，欢迎。通过说这四句话可以帮助自己回到内在。

2. 略

第 5 章

1. 小陈喜欢上网、玩游戏，并不能说明他对计算机专业感兴趣，他在填报志愿前没有对所选专业进行了解，将娱乐与专业混为一谈。

虽然兴趣是最好的老师，但生活中有些事情是可能不感兴趣也要去做的，如学好英语、数学、计算机这些基础课程，这些学科是今后继续深造或工作的基础，打基础是苦功夫，不愿吃苦是不能修成正果的。

建议小陈通过多种途径加强对本专业现状和发展前景的了解，明确自身在校期间努力学习理论知识和专业技术的必要性，不断提高专业学习兴趣。同时，应调整自己的认知，在学习前不断给予自己积极的暗示，告诉自己："我从这节课开始要认真学好这门功课，在学习中我一定能找到乐趣。"在积极的情绪状态中展开学习的旅程。

2. 略

第 6 章

1. 首先，沟通技巧不能生搬硬套，必须灵活运用，在生活实践中反复练习使用，才能运用自如，这是自我改变的渐进过程，需要时间，不能心急。其次，沟通技巧无法避免所有的人际冲突。人际冲突本身无所谓好坏，每次冲突都是了解、锻炼自己的契机，不能害怕冲突的出现，但是人际冲突的处理方式却有好坏之分。面对冲突，寻找建设性的方法，达到双赢的结果。如果沟通后，发现差异仍然无法消除，要学习接受不能接受的事情，接纳"不解决的解决"这样的处理结果。

2. 略

第 7 章

1. 爱是能力，亦是艺术，没有一项能力或一门艺术是脱离实践而存在的。爱的能力不是知道了相关理论后，一朝一夕就可以练就的。因此，在爱情中，要时刻提醒自己用爱的理论指导爱的实践。爱，是绽放的时刻，也是成长的过程。我们首先要允许爱情中存在问题，分析问题的原因，从所学的理论中找出最合适的解决方法才是关键。"爱，绝不是两个人独立成一个世界；爱，是两个人共同去欣赏这个世界"。弗洛姆的话提醒我们将爱的格局扩大，在相互扶持中成长，共同欣赏世界的美好，这是两情相悦之爱，更是博爱。

2. 略

第 8 章

1. 任何人要想取得成功，背后都有一段艰辛的奋斗史，作为年少的我们更是如此，没有挫折，何来成功？我们的成长道路坎坷崎岖、充满荆棘。在挫折与失败面前痛哭、悔恨、怨天尤人，或者在痛苦中沉湎不能自拔这不是我们这代莘莘学子的选择。面对苦难挫折，我们应坦然面对，用顽强的毅力，演绎不一样的精彩。就像当年红军战士翻五岭，过乌江；四渡赤水，越过乌蒙；巧渡金沙江，飞夺泸定桥；爬雪山过草地，短短一年时间里，靠着双脚，完成了举世无双、惊天动地的万里长征，创造人类历史上的伟大奇迹。面对挫折苦难，我们不仅不能气馁，而且还要学会感谢挫折和苦难，是它让我们发现了自己的不足，使我们更加坚强。

2. 略

第 9 章

1. 每个人的生命中都会遇到一些意想不到的困难，没有人的生命是一帆风顺、一往直前的，那么在困难面前有一些沮丧、有一些低落也是正常的。只要坚定对生命意义和价值的认识，尊重生命，热爱生活，重新站起来勇敢地面对困难和挫折，相信这些悲观和沮丧也会迎刃而解。

我们不怕跌倒，而是怕跌倒后就此趴下，失去了对生命的把持。所以，当你悲观、沮丧的时候，应该合理调动情绪、改变自己的不良认知，最重要的是坚定生命的信念和价值。只有明确生命的意义，树立生命的信心，冷静下来，认清当下的问题，合理进行分析，困难才能迎刃而解。相反，如果生命观摇摆不定，在困境面前就失去"主心骨"，也难以调动自身的防御系统进行保卫攻击，很容易被逆境打倒，而丧失生命的斗志。

2. 略

第 10 章

1. 针对你这种情况，你可以在老师和同学的帮助下进一步全面分析自我，更准确地认识自我。具体来说，第一应该更加深入分析自己的各方面能力、兴趣爱好、个性特长等。第二可以在老师的帮助指导下进行多维度的职业测评，认真分析测评结果。第三可以反复练习制定《职业生涯规划书》，让老师和同学多提一些宝贵意见，供自己参考。第四在校期间尽量多参与社会实践，较全面地了解社会，积累一定的工作经验，同时在实践中可以更好地认识自我，寻找和确定自己的未来职业目标。

2. 略